[美]杰德·迪尔伯里(Jed Dearybury)
[美]朱莉·琼斯博士(Julie Jones, PhD)　著　颜玮 译

好玩的课堂

游戏如何改变学习？

U0369120

机械工业出版社
CHINA MACHINE PRESS

图书在版编目（CIP）数据

好玩的课堂：游戏如何改变学习？ / （美）杰德·迪尔伯里（Jed Dearybury），（美）朱莉·琼斯（Julie Jones）著；颜玮译. — 北京：机械工业出版社，2023.7

书名原文：The Playful Classroom

ISBN 978-7-111-73312-6

Ⅰ.①好… Ⅱ.①杰… ②朱… ③颜… Ⅲ.①中小学 – 教学研究 Ⅳ.①G632.0

中国国家版本馆CIP数据核字（2023）第116095号

机械工业出版社（北京市百万庄大街22号　邮政编码100037）
策划编辑：刘文蕾　　　　　责任编辑：刘文蕾　丁　悦
责任校对：韩佳欣　陈　越　责任印制：单爱军
北京联兴盛业印刷股份有限公司印刷
2023年8月第1版第1次印刷
165mm×225mm·24.75印张·302千字
标准书号：ISBN 978-7-111-73312-6
定价：69.80元

电话服务　　　　　　　　　网络服务
客服电话：010-88361066　　机　工　官　网：www.cmpbook.com
　　　　　010-88379833　　机　工　官　博：weibo.com/cmp1952
　　　　　010-68326294　　金　书　网：www.golden-book.com
封底无防伪标均为盗版　　　机工教育服务网：www.cmpedu.com

谨以此书献给我们
过去的、现在的及未来的学生。

专家推荐

"有人说，老师对学生的影响是永久的，你永远不知道这种影响会在何时何地停止。无论您是教师还是学生家长，或者只是一个普通人，都请读一读这本书。同时，也请您注意观察自己的影响力，让您对您周围的孩子（甚至成年人）产生延绵不断、长久不息的影响。请准备好从这本书中获得启发吧！"

安东尼·迪本德

医学博士

《玩商》（*Playful Intelligence*）作者

"杰德·迪尔伯里和朱莉·琼斯两个人带领读者踏上了一次有趣好玩、引人入胜且富有创意的游戏教学之旅！这本书您必须要读，因为它非常适合所有年龄段的学生，教师可以很方便地将其中丰富多样的创意方法付诸实践。真是太了不起了！"

戴恩·斯莫科罗夫斯基

2013 年美国堪萨斯州年度优秀教师

曾入选 2019 年度美国全国教师名人堂

"有趣好玩的教室对每一位教育工作者来说都是必不可少的。在教育改革势在必行的时代，本书帮助教育工作者重新审视他们与学生之间的关系，并在整个学习过程中保持创造性和灵活性。这本书真的很棒，我已经把它当成礼物送给了我所有的老师们！"

安·玛丽·泰勒

南卡罗来纳州艾肯市马溪小学执行董事

2008 年南卡罗来纳州年度优秀教师

"杰德和朱莉分享了很多切实可行并且易于操作的课堂策略，他们通过笑声和创造力邀请我们进入了精彩的游戏世界！我简直笑得停不下来了，同时，我也从他们身上学到了很多。从早期教育到中学教育，所有年龄段的老师都可以从本书中找到宝藏！"

杰梅莱·科斯博士

佐治亚大学教育学教授

佐治亚州 2014 年度优秀教师

"玩中学不是一种奖励，而是一种要求！如果您想要深入地、满意地、好奇地学习，那么这本书将会激励您并且为您提供很多实用的方法。"

马特·米勒

《扔掉教科书》（*Ditch That Textbook*）和

《扔掉家庭作业》（*Ditch That Homework*）作者

"这本书准确地找到了可以帮助教师提高学生学习能力和课堂参与度的方法，同时，也为读者创造了一种快乐的、奇思妙想不断涌现的感觉。杰德·迪尔伯里和朱莉·琼斯为教育工作者提供了实用的策略和优秀的案例，使其能够将游戏的关键元素融入任何课堂之中去。"

迈克·索斯基尔

《第四次工业革命中的教学：站在悬崖旁边》

（*Teaching in the Fourth Industrial Revolution:*

Standing at the Precipice）作者

2017 年"全球教师奖"前 10 名决赛选手

推荐序

　　这是一本具有划时代意义的书。全书始终贯穿着欢乐的美国南方主义（如果您是一位对美国南方语境没有什么经验的人，那么您可能需要一份词汇表来帮助您读懂这本书），那些原本可能会令人产生误解的、对游戏玩耍的本质沉闷、迂腐、流水账般的描述完全被作者以其充满顽皮天性的生命力激活了。

　　尽管我一生之中大部分时间都在研究游戏玩耍的行为和游戏玩耍的科学，但请您不要盲目相信我上面的这些话。

　　请您自己阅读这本书吧！

　　虽然玩耍行为本身并没有明确的定义，但真正的玩耍都有一个具体的特征，那就是会让人产生积极的情绪。通读这本书时，读者一定能回忆起自己在玩耍（和非玩耍）时感受过的情绪。这种回忆将使读者能够在认知和情感上"理解"游戏与玩耍的本质和重要性。作者的专长就是将这种对积极情绪的体验和经验应用于课堂之中。

坦率地说，正是这种认知和情感的结合将记忆和学习固定在了一个积极的、乐观的、越来越复杂的脚手架上，让学生"玩家们"在这个脚手架上找到更多的知识。在这样的脚手架上，游戏玩耍和学习几乎是同义词。内在的、源自游戏玩耍的动机是发育中的大脑能够产生学习欲望的主要动力。

幼儿的家长和专业教育工作者将会发现，本书中提到有关游戏玩耍的科学很容易理解，其中的指导方法也很容易实施。当他们把这些指导应用于实践时，就能帮助孩子找到适合孩子自己的基于游戏玩耍的独特学习模式，这种学习模式会让他们和孩子双方都倍感惊喜。游戏玩耍和学习的结合还将加强和维持孩子本身的精力，使他们变得更有活力，更有人情味。这本书还鼓励教师认可自己的游戏天性，并将其融入课堂之中，去创造一种让教师和学生双方都欣然接受自己游戏天性的课堂气氛。

哇哦！

经过医学、精神病学和临床研究方面的大量正规培训后，50年来我一直喜欢研究游戏玩耍的行为。我了解到，玩耍对我们所有人来说都是终身受益的，不玩耍的后果（尤其是在生命的早期）是毁灭性的。我曾观察过野生动物在非洲原野里无拘无束地玩耍，也曾采访过不知玩耍为何物的监狱里的杀人犯，还曾与哈佛大学和斯坦福大学的科学家以及其他从事客观科学研究以确定游戏的生物学特性的科学家进行过交谈。我了解到，游戏玩耍已经存在了数百万年，而且在每个爱玩的物种中（尤其是我们智人）都有其独特的进化历程。

这些不同的生活经历让我明白了游戏玩耍是什么以及游戏玩耍不是什么，我得出的结论是：游戏玩耍是我们所有人长期生存的必要条件。

杰德和朱莉成功地提炼出了游戏的本质，并运用专业精神将其应用到了课堂上。

哇哦 +1！

我特别喜欢第二十三章关于游戏人格的内容。识别一个人的游戏人格以及能令其保持好奇心和参与学习过程的内在原因会有很多潜在的好处。

想象一下，在您自己的整个学前教育、小学、初中和高中教育中，您的家长、教师和朋友都在强化那些您天生热爱的东西。他们曾鼓励过您自发地参与必修课上的活动，这些活动帮助您体验到了真实的自己。如果情况真是这样，那么您所接受的教育就是为您一个人量身定制的，而您则必将成为一个更自信、更有能力的成年人。

随着时间的推移，随着游戏人格这一概念的普及，有意识的学生家长会知道，他们需要从孩子很小的时候就留意哪些活动和行为会让孩子感到快乐和兴奋。有这种意识的学生家长将能够做到辨别和培养孩子的游戏人格，他们（以及随后的教师和其他看护人）将可以指导孩子的发展和教育，使其更好地适应每个孩子与生俱来的能力。

我们当前的幼儿养育和教育方式并未特别要求教师应优先考虑将游戏人格作为教育重点。正在兴起的关于游戏的科学，特别是基于每个孩子的深度参与和好奇心的教育，可能会被认为是理想主义或不切实际的。

其实并不是这样的。

这就是本书的奇妙之处。杰德和朱莉正在向我们展示如何做才能比当前以考试为导向的教育模式做得更好。他们已经认识到并正在利用越来越多的科学成果表明：将游戏玩耍与学习相结合是最大限度地提高我们人类能力的最佳手段。它可以培养孩子们不断进步的能力，让他们得以应对快速变化的工作和家庭生活所带来的挑战。

是的，从我们目前的模式出发还有很长的路要走。不过，陪伴我们前行的有进化生物学、人类的天性、科学和对快乐的追求。

每个人都喜欢游戏和玩耍。科学表明，充满游戏玩耍的课程是孩子学习的最佳方式。所有的教师都希望他们的学生学得又快又好，所有的学生家长都致力于培养孩子的整体成就感和幸福感。鉴于这些事实，合乎逻辑的结论是（正如杰德和朱莉所展示的那样）：游戏和玩耍对于课堂学习是非常重要的。他们向我们展示了可行的方法，让我们可以摆脱传统僵化的教育方式。

有一种观点认为工作和娱乐是对立的：如果您在玩耍，享受自己正在做的事情，那么您就没有在工作。持这种观点的人觉得教室必须是学生记忆知识、学习考试、打磨成绩的地方。这本具有里程碑意义的书不仅驳斥了这一观点，而且以令人着迷的有趣节奏提出了"玩耍＝学习"的真理。它介绍的最新研究成果表明：在课堂上开启持续学习的关键是有趣的参与。来自关于学习的科学研究的证据是：一个喜欢玩耍的学习者和一个喜欢玩耍的教师能够形成一个非常有效的学习系统。此外，从事这方面研究的科学家明确地认识到：玩耍的反面不是学习，而是抑郁。严重缺乏玩耍会导致抑郁症。此外，全美国的调查数据显示，在年轻人中，抑郁症发病率和自杀率正在增加。我们目前培养和教育年轻人的方法往往是让他们闭嘴，扼杀他们的能力，而不是引导他们成长为稳定的、有能力的成年人。

这本书需要走出课堂去触及教育政策制定者和学生家长。教育政策制定者已经承认，有标准化考试的教学并没有像人们预期的那样奏效。他们也承认，教育科学可以解释为什么它没有奏效。在大量考试标准的驱使下，教师无法享受教学过程，学生也往往不快乐。学生家长必须认识到，自己完全替孩子做出安排，包括替孩子选定"玩耍日"（而不是让孩子自己选择）并设定对课外活动、音乐课、导师的期望值，也许都是出于想让孩子加入常春藤盟校的"善意的"目的。但是，对于他们珍爱的孩子来说，那也许并不是最好的选择。

斯图亚特·布朗　博士

序

亲爱的老师，

您觉得耳朵发烫吗？在美国南方，这意味着有人一直在谈论您。如果您在理解俚语这方面需要帮助，请随时在推特上与我们联系。不过，我们认为您完全可以根据上下文的线索来理解我们的意思。

说到线索，有什么线索能让您知道您现在读的这本书是有多么不可思议吗？您选择这本书是为了更好地工作，是为了让自己在教师这个岗位上变得更专业，是为了您的学生而让自己变得更好。您已经拥有了教师资格，您很可能已经在职业发展上花费了无数小时，而现在，您正在通过阅读我们的文字继续寻求作为教育工作者的成长方法。您希望营造一个好玩有趣的课堂，让学生能真正充分参与到那些有意义且有趣的学习中去。

我们写这本书的原因是我们收到一个信息，它希望我们能帮助您成长。我们被点燃了，我们快要沸腾了。当然我们还没疯狂到真的浑身着火或者像开水那样咕噜咕噜冒泡。请您不要误解。我们的意思是，我们对自己与学生互动的工作充满了热情和兴奋感，我们希望您也是。朱莉说这个话题真的"摇动了她的拖拉机手柄"。她的意思是说，她真的非常兴奋。我们跑题了。您看，对于真正的美国南方人来说，当我们真的很兴奋时，会让这些美国南方的小词小句满天飞。

令我们难以置信的是：您选择了这条道路作为您一生的工作。这可并不容易。事实上，它是地球上最难的工作之一，而我们在本书中要求您去做的一些事情会让它变得更加困难。我们将要求您深入钻研、挑战自己、质疑自己（和我们），并始终关注教学的核心——孩子们。没有他们，我们就没有工作、没有职业、没有事业。

很多次放学之后，眼泪可能会从您的脸颊流下，因为您感到自己被打败了。如果您还没有流过泪，请不要担心……眼泪就快来了。我们都有很多故事，很多让我们只是坐在教室里就能感到崩溃的故事。眼泪太多了，像倾盆大雨一样。我的能力可以当老师吗？我能触及学生吗？我能让学习变得与学生密切相关、引人入胜和有趣好玩吗？我如何才能让学习对我的学生来说是件有意义的事情？我如何才能将教学内容与学生的生活联系起来？

我们打赌，在很多日子里，您可能会关上教室的门，看着教室的墙壁，质疑自己当天所做的一切。我们自己就曾经那样做过。在很多日子里，教师会议结束后，您可能会对管理者和同事感到非常生气，以至于想要辞职。我们自己就曾经那样过。在很多日子里，您可能会感到自己就像停车场里的一棵松树那样孤独。我们自己就曾经那样过。在很多日子里，您教的学生可能会像没头苍蝇似的到处乱跑。我们自己教的学生就曾经那样过。但是，请相信我们，这段旅程是值得的。使命的呼唤比我们要经历的种种艰难困苦要强大得多。

学习必须是有意义的。

学习必须是与学习者的生活相关的。

学习必须是有趣好玩的。

我们知道您的许多家庭成员可能会试图劝说您退出教育行业。他们也许会问："你为什么非要当教师不可？"

我们知道您做教师赚不了多少钱。别人会说："我们当服务员都比你当教师挣得多。"

我们知道您会被别人看不起，因为教师不像其他职业那样可以工作一整年。人们会说："每年夏天你都要失业！"

我们知道您可能会因为您的职业选择而受到别人的嘲笑。他们会说："你本来可以做任何你想做的事！"

您必须无视那些反对者，对他们的话置之不理。

您要找些新的东西来听。

听听您教过的和将要去教的学生们的声音。

听听他们正在乞求您的关注。

听听他们正在呼吁既有意义又能鼓舞人心的学习。

听听他们正在需要您的爱、同情和理解。

当您专注于学生们的声音时，您会愿意做任何事情去帮助他们。在您的职业生涯中，您最需要的就是一间体现"学习是有意义的、有趣好玩的并且与学习者相关联"的教室。

您将不再在乎那些试图让您远离真正教学的消极者。

您将不再担心放学后一边咒骂一边大哭的日子。

您将不再在意您对那些不像您一样去理解教学的同事有多生气。

为什么？因为在您追求创造有趣好玩的课堂时，那些乞求、哭泣和需要您的学生们的声音会淹没它们。

等等，"'好玩的课堂'是什么意思？"我们听到您在教室的后面发问。我们不是在谈论一所一整天都在休息的学校，也不是指一个好像海市蜃楼的地方。有趣好玩的课堂是一个让教师能拥抱一些好东西的地方，这些好东西可以超越学校里原本的普通、平凡、传统和无聊，激发教师去接触那些有着更多渴望的学生。

这个地方的学习不仅仅是让学生们去剪切、粘贴什么东西，然后再去挂在公告板上。

这个地方的学习不仅仅是让学生们去做一个又一个彼此没有关联的工作表。

这个地方的学习永远不会让学生们在经过长时间的休息之后无奈而沮丧地说："呃……又得回学校了。"

好玩的课堂是一个有意义的、与学生相关而且有趣的地方。本书中的点子会辅助您、鼓励您、给您赋能，让您把这个关于课堂的梦想变成现实。我们保证说到做到。

为了让好玩的课堂成为现实，我们要有一些基本的信念，这是很重要的。

- 游戏玩耍的理由。玩耍可以创造未来。今天现实中的火车、飞机和汽车都是昨天孩子们在纸板上的创作。
- 游戏玩耍激发创造力。还记得当您需要一个帐篷但没有帐篷的时刻吗？您用椅子和毯子自己做了一个。您通过批判性思维，使用您拥有的材料去玩耍并真正解决了一个问题。
- 游戏玩耍建立信任。玩耍可以在学生、家长、同事、管理人员和我们自己之间建立起信任。如果我们不断地怀疑彼此的能力、动机、判断和资格，我们又怎么能在游戏玩耍中共同前进呢？
- 游戏玩耍强化关系。我们的学生在跟着我们学习之前是一个真实的人，他们离开我们的时候仍然是一个活生生的人。记住这个事实比记住他们的考试分数、个人信息和成绩级别对我们更有好处。
- 游戏玩耍构建社群。我们在当地范围、区域范围和全球范围内生活并与他人互动。游戏玩耍有助于我们塑造一种支持、了解、敏感对待他人和同情所有人的心态。
- 游戏玩耍促进成长。我们总是可以变得更好。游戏玩耍能帮助我们成长。

趣味课堂的核心理念超越了教育的历史和未来。它们一直都存在，并且会永远存在下去。无论是有大量的课堂预算还是甚至根本连一毛钱的预算都没有，都同样可以拥有一个有趣好玩的课堂。我们写这本书的目的就是说明这是为什么。当我们了解了为什么我们可以做到以及我们要做什么时，我们自然就知道怎么做了。

当我们寻找好玩有趣的时刻时；

当我们为自己和学生提供玩耍的时间、空间和机会时；

当我们不害怕玩耍搞砸学习，然后再重复这一过程时；

当我们牢记"玩得越多，我们就会变得越会玩、越有趣"时；

当我们记得"玩耍使我们快乐，而快乐的人才会玩耍"时；

我们已经让您一窥其中的乐趣了。现在，快加入我们，和我们一起探究玩耍的奥秘吧！我们要把所有让人激动兴奋的点子都告诉您！

从现在开始，我们就是您的玩伴了。

杰德和朱莉

目　录

第一部分　游戏玩耍的理由

第二部分　游戏玩耍激发创造力
创造力启发游戏玩耍

第三部分　游戏玩耍建立信任

信任为游戏玩耍创造机会

第四部分　游戏玩耍强化关系
关系是通过游戏玩耍来强化的

第五部分　游戏玩耍构建社群
社群在玩耍中强化

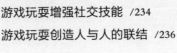

第六部分　游戏玩耍促进成长

成长升级玩耍

第七部分　出去玩吧！

第一部分

游戏玩耍的理由

为什么我们必须和孩子们一起上场玩耍、一起提出问题、一起保持好奇？因为新想法不会来自那些无须思考、只是简单重复的事实。

玩耍可以创造未来。今天现实中的火车、飞机和汽车是昨天孩子们在纸板上的创作。

第一章

嘿！所有人注意了！
（是的，是说你们所有人）

嘿，大家好。我们看到您待在那里，满心疑惑地想知道我们将如何把那些 15~20 分钟的课间休息时间写成一整本书。您是不是担心我们会告诉您"请走出教室和您的学生一起去玩单杠"？好吧，您这么想并没有错，但这不是本书的目的。您知道吗？当我（朱莉）开始思考玩耍的概念时，我也是这么想的，而且我的脸上还带着尖酸刻薄的表情。

对我好一点儿吧，杰德。我自己的孩子们还穿着尿布，而我却在一所中学任教。这所中学以简单粗暴的直接教学为基础，同时还因学生考试分数高而备受称赞。这样的我，对游戏和玩耍能了解多少呢？简直可以说我是一无所知啊。

好吧，我说谎了。对我来说，在我的成长过程中，玩耍就是荡秋千。我爸爸的水暖器材店外面有一个用铁链围起来的院子，院子里有一个金属秋千。是的，我会一边荡来荡去，一边用自己最大的音量放声歌唱。

对我来说，玩耍还是给我的芭比娃娃们穿上全天候装备，然后，让她们去攀登她们的珠穆朗玛峰（床边挂着的白色钩针毯子）。

玩耍是转呼啦圈。

玩耍是涂鸦和堆纸箱子。

玩耍是在我的佳能打字机上打出我内心的 E. B. 怀特。

玩耍是在我家地下室户内户外的通用地毯上滑旱冰。

玩耍是把我精心挑选的《保姆俱乐部》和《南茜·朱尔》的周边收藏品按顺序摆放在我的书架上。

就是类似这些事情而已吧。

总之，玩耍是与学校不沾边的事情。

然后，我的朋友杰德来了。认真来说，杰德算是一名幼儿教育工作者。但请不要因此认为我们所有的建议和方案都只是"哦，好可爱呀"。杰德现在也教成年人，他（现在是我们）所使用的方法背后的理念与其教授幼儿时的埋念是大同小异的。在教学方面，我们就像红薯和山药^㊀。我们很紧密，就像一个人一样。不是"华夫格，挤着坐"的那种"紧密"，是关系很好的那种紧密。

好吧，下面来说说本节的内容：首先，我们将根据游戏玩耍的概念来"摇动您的拖拉机手柄"，即让您兴奋起来。这是我们现在正在做的事。其次，对于追求知识的科学爱好者，我们将为您提供游戏玩耍背后的研究，包括为什么孩子（不仅仅是幼儿，甚至是青少年和我们这样的老师）应该玩得更多一些。最后，我们将带您踏上一段旅程，在游戏玩耍的世界中重新构建课堂。无论是作为一位老师还是作为一个人，您都会更有效率的。您会喜欢上这段旅程的。您一定会喜欢它的，因为它很

㊀ 美国南方俚语，意思是有点像，但又不完全一样。——译者注

有趣，很有娱乐性。

您会打心里喜欢上它的！

这种喜欢有点像您在迪士尼玩的"小小世界"，一圈玩下来之后，您就会整天都停不下来地哼唱那首歌。

给玩耍下个定义

我们所有人都在某个时候玩耍过。尽管由于社会经济、文化和社会规范的原因，大家玩耍的内容和方式可能不尽相同，但我们大多数人都知道玩耍的感觉。正是在那些时刻，我们的精神冲破了时间的禁锢，我们放下理智，沉浸于玩耍的体验中。然而，当需要给玩耍下定义时，我们（尤其是学术界人士）又会变得犹豫不决起来。在学术界，从小学三年级一直到高等教育，那种边玩边学或边学边玩的想法似乎受到了不好的评价。除了大家都认为"玩耍的定义是模棱两可的"之外，似乎不能在任何方面达成一致。

> 我们在万豪酒店的大堂中央度过了一个非常有趣好玩的时刻，我们想弄明白那个正确的词是"包装（wrap）"还是"说唱（rap）"。请相信我们，因为当时的游戏实在太有趣了，所以我们谁都没有忘记到底哪个词是正确的。正是因为我们当时的玩耍，这个需要我们学会的词才被牢牢掌握了。

回到刚才的话题上来，先看看下面这些历史上关于玩耍的学术定义吧：

- 玩耍是一个"悖论"，因为它既是又不是它看起来的样子。

  ——杰弗里·贝特森，生物学家（1955）

- 玩耍是"阈限的"或"类阈限的"（占据现实与非现实之间的空间）。

  ——维克多·特纳，人类学家（1969）

- 玩耍是"两栖的"（同时向两个方向进行）。

  ——迈克尔·斯帕里奥苏，古典学者（1989）

我们还可以继续罗列下去。不过，您应该已经明白我们的意思了。让我们来把事情弄得简单一些吧。玩耍并不是您想象的那样。请看下面这张图。

这是我们为您画的草图，但真正的工作表正飘荡在这张图的周围，而且，是一位老师朋友前段时间用短信发给我们的。您看出问题了吗？没有？别担心，您很快就能看出问题的。在现实生活中，玩耍比这里呈现出来的感觉要多太多了。

当大多数人听到"玩耍"这个词时，他们会想到一些玩游戏的行为。他们会想到单杠和秋千、捉迷藏和红色漫游者解谜游戏、红绿灯和西蒙说。

此外还有：

- 四个方块
- 木头人
- 妈妈，我可以吗？
- 丢手绢
- 沙丁鱼
- 泡菜

是的，他们是对的。不过，让我们来扩展一下这个概念：先是"玩耍"，然后是"好玩"。前者描述一种行为，后者描述一种心态。两者我们都会提到。

玩耍是在院子里扔飞盘（靠气流和风力），或画出您所看到的东西（科学的观察方法），或为了愉悦而阅读（对文字的想象和视觉体验）。好玩是在所有这些活动中微笑或大笑；好玩是我们看待世界的方式；好玩是用蹦蹦跳跳来代替规规矩矩地行走；好玩是一种心态，一种有意为之的娱乐方式。好玩的心态包括对我们身处的世界有感知，对我们的选择有主见，对某种流程保持尊重直到它变成一种习惯，以及以结果为催化剂，激发出更多的创造力。

按照我们的朋友、医学博士安东尼·德贝内代的说法，好玩并不是一种全新的智力形式。相反，它是内在智能和人际智能的延伸（此处引用了霍华德·加德纳的"多元智能理论"）。

虽然玩耍和好玩是两个独立的概念，但两者都是必需的，并且都可以让孩子获益。请继续读下去吧。

第二章
玩耍是一种行为

让我们深入探讨这个观点：玩耍是一种行为。是的，孩子们每天都在玩耍。但我们所说的玩耍不仅仅是这样的场景：午餐后的 20 分钟里，老师们一边闲聊一边扫视着操场，观察是否有潜在的、可能会带来伤害的冒险行为。操场上的孩子们的确算是在玩耍。但这只是其中的一种：自由玩耍。我们可以抛开这个场景的局限去讨论一下，当我们和学生一起玩耍（荡秋千、踢足球、赛跑等）时，我们对他们表现出了多少爱。不过，我的祖母说过，任何事情都有发生的时间和地点，这是非常重要的。通过自由玩耍，孩子们学会了相互合作、遵守规则、扩展想象、强心健体以及从容应对失败。机会游戏⊖和简单的视频游戏也属于这一类。

另一种不那么广为人知的玩耍是深度游戏。这个词是因为克利福德·格尔茨（1973）而流行起来的。他是一位研究巴厘岛斗鸡的人类学家。巴厘岛斗鸡不仅仅是自由玩耍那么简单。在美国，斗鸡是非法的、恶

⊖ 指凭运气多过凭技能的游戏。——译者注

劣的和错误的，我们对这种做法绝不容忍。然而，在巴厘岛，这是财富和社会地位的体现，是具有高象征意义的村庄之间的竞争。巴厘岛斗鸡同时也是个人化的，它为人们提供了一种自由游戏所没有的、可以持久获益的满足感。

黛安娜·阿克曼在她的著作《心灵深戏》中解释说："深度游戏是一种狂喜的游戏形式。在它的役使下，所有的游戏元素都是可见的，但它们都被带到了强烈和超凡的高度。因此，深度游戏真的应该按心情来分类，而不是按活动来分类。"当我们使用"深度游戏"这个词时，我们实际上是在谈论过程，即"深度游戏"是如何发生的。

正在发生的事情本身并不像它是如何发生的那么重要。比如，"我们在打牌"并不意味着我们参与了深度游戏，但如果我们处于具有战略性、竞争性的状态，我们就是在进行深度游戏了。阿克曼分享道："某些活动很容易变成深度游戏，比如艺术、宗教、冒险和某些运动，尤其是那些发生在相对偏远、安静和危险环境中的活动，如水肺潜水、跳伞、悬挂式滑翔、登山等。"

那么，将自由玩耍与深度游戏区分开的具体条件是什么呢？一共有四个条件。而且，至少当其中一个条件发生时才能算是深度游戏。

当某种体验符合下列条件时，它就变成了深度游戏：

- 这种活动吸引人动脑，给玩家提供了挑战以及需要被解决的问题。
- 这种活动为玩家提供了新的环境，让他们可以使用自己在工作中也会用到的技能。
- 这种活动既提供了与工作相同的满足感，但又不尽相同，因为其获得的奖励更加清晰、明确。

- 这种活动为玩家提供了与自己过去的联结（童年记忆、家庭等）。

请把以上内容再读一遍。现在就读。我们等着您。您明白了吗？我们每天都有机会在课堂上进行深度游戏，而且一整天都做深度游戏也行。不过，在与学生相处的课堂时间里，我们并不想一直都玩深度游戏，我们希望将深度游戏和自由玩耍（也称为休息或非工作）结合起来。大脑需要一段时间的专注和放松。这就是为什么作家在写作过程中要抽出时间去散步，而科学家们也会停下手头的实验去打壁球。

我们的大脑就像波浪，有波峰和波谷。我们不能厚此薄彼，要保持平衡。我们要在这种平衡中找到灵感。通过工作、深度游戏和休息的平衡，我们可以激发和维持大脑的创造力。这就是为什么有些公司会刻意搭建供员工放松的空间，因为他们想让员工在特殊的物理空间中想出好玩的点子。我们在公立学校可能没有足够的资金在办公室里建一个高尔夫果岭，也无法将教室装饰成老式地铁车厢和旋转书柜。但是，我们可以将世界各地文化中好玩的一些想法纳入其中。让我们通过一些富有想象力的游戏来探索某些想法吧：

- 想象一下，学校推行"午睡"的制度。我们所知道的"午睡"起源于西班牙，源自拉丁语"hora sexta"，意思是第六小时。传统上，一天的时间从黎明开始，所以第六小时是正午时间。这是休息充电的好时机。对于学校教育来说，午睡可以被认为是休息的代名词，泛指体力、脑力和其他身体方面的休息。想象一下，学生们被鼓励放慢速度、互相对话交谈的场景，大致就是如此。
- 想象一下，所有的教育工作者都拥护丹麦流行的"Hygge（舒适惬意）"的生活方式。所有空间的设计都会考虑到舒适和惬意。例如，灵活的座椅，教室里会放上沙发或松松软软的椅子，学生们可以捧着一本好书蜷缩起来读。令人愉快的气味弥漫在走廊里，灯光也会自然而舒适。所有学生都不会在午餐时看手机，而是与朋友一起用餐、交谈，进行眼神交流。老师的休息室会是怎样的呢？它或许可以让老师们真的"躺平"呢。

- 想象一下，我们每小时提供15分钟的休息时间。是的，那就是说，在传统的上学日中，每天至少有七次课间休息和自由活动时间。您是不是会认为我们是在胡编乱造？事实上，这是芬兰的文化规范。每过一小时，学生们就可以去户外玩耍15分钟，而在这15分钟里，老师几乎从不会打断他们。德克萨斯州的一些学校已经采用了这种设置，而且初期实践的效果是惊人的！稍后我们将对此进行更多的讨论。

我苦思冥想99次，但却一无所获。我停止思考，游入沉默之中，真相却来到了我的身边。

——阿尔伯特·爱因斯坦

你们明白我们刚才做了什么吗？我们让自己的大脑在关于深度游戏的讨论中休息了一下，让它玩了一会儿，做了一会儿梦。现在，我们的音乐过渡时间结束了，我们回来了。你们中的许多人可能会认为，一次20分钟的休息时间就可以在深度游戏和自由玩耍之间取得平衡。您可以把全班学生都带出教室，让他们跑来跑去、扭来扭去，然后再把他们带进教室，让他们重新开始工作。然而，这 20 分钟可只是 6~7 小时的学习时间中仅有的 20 分钟。从开始读这本书以来，你们自己休息了多少次呢？起身去洗手间了吗？有没有把位置从坐在桌边换成了坐在那把带柔软毯子的椅子上呢？是否从书页上转开了视线去与朋友或其他重要人物交谈呢？我们知道你们可能想要一个这样的课堂公式：X（游戏时间）+Y（其余时间）。但实际上，这两者应该全天都结合在一起，这样才能使全班的学生和他们的老师都培养出一种有趣好玩的心态。

第三章

有趣好玩的心态

在《玩商》（*Playful Intelligence*）一书中，安东尼·迪本德分享了影响整体幸福感的五种品质：想象力、社交能力、幽默感、自发性和求知欲。通过观察、研究以及数百次的采访，迪本德发现，那些在以上方面表现出相关技能的人似乎生活得更轻松、更聪明，他们更能为自己的日常生活带来乐趣。

我们所有人都想这样生活，是不是？

我们也想在课堂上这样做，是不是？

我们也想让我们的学生去想象这种生活的所有美妙之处，是不是？

当我们为您分解这些品质时，我们希望您像我们一样做下面的思考：

第一，我们自己将如何在这些方面为我们的学生做出榜样？

第二，我们将如何鼓励我们的学生拥抱、接受游戏玩耍中关于以上提到的五种品质？

想象力

您可能会认为，在游戏玩耍这个话题上，想象力与艺术或音乐的表达是相关联的。迪本德原本也是这样认为的，但他在采访的过程中发现，实际情况并非如此。在他的工作中，健康成年人的想象力表现为在心理上重构困难情境的能力。这并不是逃避我们需要面对的问题，而是以不同的方式看待它们，即用想象力来解决问题及应对困难的情境。通过深度游戏和做白日梦来练习想象力，会增加我们的同理心。同理心，是此处要重点关注的词。它是一粒种子，是可以让全球发生积极变化的种子。

您肯定听说过格蕾塔·通贝里这个名字。她来自瑞典，在 16 岁的时候为气候变化而努力发声。2019 年 9 月 18 日，通贝里向美国国会喊话，敦促他们采取行动。在美国国会为她鼓掌时，她回答说："请收回你们的赞美，我们不想要。不要邀请我们来到这里，然后只是告诉我们说我们是多么的鼓舞人心，而你们自己却什么事情都不去做，因为这样并不会带来任何结果。"

有多少学生知道关于气候变化这个话题的不同观点呢？联合国紧急呼吁各国采取行动，共同守护我们生活的世界。说到培养同理心，我们可以每天将教学的重点放在这个可持续发展目标上，这是一个多么绝妙的为学生提供丰富学习体验的方法啊！

想象力也是一种帮助我们转变思维方式的品质。例如，您可以花点时间在互联网上搜索"直觉效应"。这项专注于识别解决方案偏差的研究表明，即使存在更好的解决方案，参与者也会根据以往的经验去解决问题。他们的思维模式基于他们之前所获得的经验而固定不变。

可持续发展目标

此刻，请正在阅读这本书的您暂停一下，在脑海中想象一个小丑。您甚至可以在本页的空白处画出一个小丑。您的小丑有红头发吗？明白了吗？我们说的就是这个！想想麦当劳和博佐小丑是如何告诉我们小丑必须有红头发的吧！小丑的头发可以有各种各样很酷的颜色，但我们还是会不经意地画成红色。

有一次，我试图教一年级的学生如何写信。我在黑板上给他们做示范：

亲爱的妈妈，

　　等等，等等，等等（在这里插入内容）

　　　　　　　　　　　　　　　　　　　　　　爱您的杰德

您能猜出这些一年级的小学生中有多少位在他们自己的信上写了"爱

您的杰德"这五个字吗?

如果我们过分依赖过去的经验来解决问题,就会强化这些神经连接,从而限制创造性思考的能力。我们会因为自己默认的想法而陷入困境。但是,当我们运用想象力时,我们就会重构问题,打开思路,并以一种新的方式看待世界。

想想重构对学生的影响吧。就在前几天,我(朱莉)向我的学员们发出了挑战,让他们像历史学家那样去阅读。这是一个职前教师培训班,班上的学员不到一年就会去教自己的班级。我班上的学员学习轨迹大致相同,他们可以自己选择作业。他们提出了使用国际教育技术协会教育者标准⊖来展示他们获得的知识。学员们提出的问题大多是这样的:"您想让我们怎么做?""您想让我们做多长时间?""您想要一些图片吗?"

每期学员都会问这样的问题。教育心态的重塑是我必须指导他们的内容之一。我是怎么回应他们的呢?我的回答是:这都不是我想要的。我对他们说:"你们想创造什么来展示你们的理解或技能呢?谁将从你们创造的产品中受益呢?"我的这些学员都是大学生。当他们最终跨过从被动接收内容到扮演领导者角色的桥梁时,他们就重构了学习这件事。

我们有多少次按照过去的方式去做事而只是因为它曾经奏效过一次呢?我们不了解你们,但我们教授的每一节课都是独一无二的,并且需要用到那些为我们教育工作者定制的策略。具有丰富想象力的教师能够识别机会,走上通往新成果的道路,而不是依赖老办法、老套路。

⊖ International Society for Technology in Education,简称 ISTE,是全球教育科技领域的推进者与标准制定者。——译者注

社交能力

有趣好玩的社交能力包括拒绝那种将"他们"与"我们"作对比的心理。具有有趣好玩的社交能力的人只会看到"我们"。身上自带这种特质的人具有强烈的平等意识，这种意识是通过谦逊和不强势的社交方式建立起来的。这些人有办法让周围的每个人都能感到自己是被重视的。他们通过与他人的真实互动，将他人视为一个个鲜活的人而不是标签。具备有趣好玩的社交能力的老师会拒绝刻板的印象。他们首先爱学生，然后才去教学生。

为了真正进行教育，那些具有有趣好玩的社交能力的人会抛开成见并倾听学生的故事。我们必须聆听学生的声音，我们必须理解那些声音。这些真实的只言片语是我们理解学生需求的重要线索——他们需要课外辅导吗？他们需要更多的挑战吗？他们需要友谊的联结吗？他们渴望扮演领导者的角色吗？在医学领域，倾听是诊断的关键。在教育领域，倾听是满足学生需求的关键。说到底，我们都想要得到一个处方，去帮助别人成为一个更好的人。

在这条诊断之路上，我们必须提防锚定偏差的陷阱。当我们过分重视初始信息（如学生的历史数据、考试分数、成绩级别，去年任课老师对该学生的评价，该学生给自己留下的第一印象等）时，我们的大脑就会开始锚定。一旦发生这种情况，我们的思维就很难调整了。

二年级的老师史密斯夫人每学年开始时都会跑到学校大厅里，告诉所有三年级的老师说新一批"小可爱"要来了。可悲的是，她从来没有说过哪些小孩可爱或者孩子们哪里可爱，因为她只想说那些她不喜欢的学生和她不喜欢的事情。所有人注意啦，如果一旦遇到史密斯夫人，可千万不要听她的话。请记住，我们此刻的目标是开发有趣好玩的课堂，而要做到这一点，首先要有强大的、有趣好玩的头脑。爱说闲话的老师可跟有趣好玩毫不沾边。

幽默感

我们通常将笑声视为幽默的标志，所以幽默感是迪本德（2018）所定义的好玩心态中最容易被发现的特征。然而，根据 E. B. 怀特的说法，我们在分析幽默时必须十分小心，不要在分析幽默的过程中杀死了幽默。注意：您将要阅读的内容可能会有点儿烧脑。

幽默可以被剖析，就像青蛙可以被解剖一样。但在这个过程中被剖析的幽默会死去，就像被解剖的青蛙会死掉一样。而且，除非你是一个纯科学爱好者，否则那些解剖出来的内脏一定会让你觉得沮丧。

——E.B 怀特

控制笑声的大脑区域是下皮层，这一区域也控制呼吸和肌肉反射。当我们体验到快乐时，大脑中亮起的区域被称为中脑腹侧被盖区。所以，当我们体验到快乐或大笑时，"快乐化学物质"多巴胺会从中脑腹侧被盖区向大脑前部（负责判断、创造力和解决问题的部分）推进。关键点来了，您准备好了吗？喜悦、快乐、创造力和批判性思维是相互关联的。这还不算完。我们大脑的连接性以及激发树突的惊人能力会将情绪与每次的学习体验结合到一起。

所以，教育工作者可以做出完全不同的选择。我们可以让学生感到沮丧而停止学习（学习真是太痛苦了），我们也可以将学习与积极的情绪联系起来，从而使两者建立起牢固的联系（贝里奇 & 克林格尔巴赫，2015；詹森，2005）。迪本德将这种效果称为恢复力，它是幽默的主要好处之一。

幽默带来的另一个好处是在人际关系方面。"对其他人来说，正确的幽默类型是安全的，是可以一起去探索世界、一起玩耍并一起培养关系的"（迪本德，2018）。回想一下您上一次和朋友出去玩的情景吧。您并没有随机选人，而是选了那些和您亲近的、彼此相处融洽并且经常联系的人。那些在您核心圈子里的人，是可以让您不必像在学校时那样"紧绷着"的人。

也许你们一群人去了你们最喜欢的地方吃晚饭、看电影，然后还去喝了酒。一路上你们打打闹闹的，一直很开心。毫无疑问，你们正在做的事情就是玩耍。你们可能不会这样称呼它，因为你们是成年人，不过，事实就是如此。你们肯定大笑过、分享过有趣的故事，而且还经常互相开玩笑。这正是我们在这里谈论的内容。当我们使用亲和型幽默（让他人放松、娱乐和改善人际关系的幽默）时，我们允许自己放下个人的戒备，开放地参与对话（马丁，2006）。

我们已经知道了，教育首先是一件关于人际关系的事情。所以，现在您明白了吧，幽默是成功课堂氛围的基本要素。根据我们的朋友李·胡伦博士（2010 年出版的《在学校里，幽默是件严肃的事》一书的作者）的说法，笑声有以下七个好处：

- 减少压力荷尔蒙。
- 增加免疫细胞。
- 促发内啡肽的释放。
- 暂时缓解疼痛。
- 提供一种自然的疗愈。
- 增强记忆力和智力。
- 扩展创造力。

有了这些好处，再加上它只是很单纯的快乐这一事实，我们为什么不使用双关语来逗笑孩子们呢？

自发性

自发性是当我们在例行公事之外去做计划外的事情时表现出的特征。教学的艺术包括使用自发性。比如，我们在教学时使用学生的问题来追随他们的好奇心，直到他们恍然大悟的那一刻为止。我们最喜欢的来自课堂的记忆是那些我们的教案变得毫无用处的日子。我们在那一刻如此沉醉于学习，以至于我们参照学习大纲的范围和顺序"沿着小路去到了我们从未梦想过的地方"。之所以能做到这一点，是因为我们接受了由学生和他们的好奇心来带领的自发性，而不是由数英里之外对我们的学生一无所知的人所制订的既定计划。那些人离我们实在太远了。

学生相信我们允许他们探索，而自发性则允许这种探索在课堂上发挥领导性的作用。自发性也是一门科学。它在我们的日常生活中表现为心理上的灵活性，即对计划外和不可预测的事情做出的心理反应。

有些老师是这样的：当他们得到一个新的学生时，当他们被分配了一项新的书面任务时，或者当他们自己精心计划的课程意外脱轨时，他们就会感到不知所措。您认识这样的老师吗？他们可能需要一些练习才能将自发性运用自如。我们不想在这里骄傲自满。我们自己也曾茫然不知所措。我们自己设计的课程也曾偏离过轨道。但是，我们做到了因势利导，让事情的发展像鸭子背上的水滚落下来那样自然。因此那些不知所措或偏离轨道的时刻反而成了我们生活中更加愉快、更加难忘的时刻。

我们希望自己可以说：我们是那种能轻松应对干扰的老师。但是，在实际情境中，我们还是会感到有点儿分心。并不是我们无法轻松应对，而是我们不记得在电话响起之前、访客到来之前我们在做着什么事情，或者我们那该死的写字板到底跑到哪儿去了。这就像那句老话：如果得到了柠檬，那就做成柠檬水吧。如果我们有心理上的灵活性，就不会感到慌乱了。我们的学生不会担心自己做哪些事会让我们生气发火。我们不会取消休息时间，因为我们已经休息过了！我们不会随随便便惩罚学生。我们深呼吸，我们微笑，我们重新评估而且就事论事。

我们该如何鼓励学生的自发性呢？可以从给他们解决问题的机会开

始。有人会想到项目式（PBL）教学法。其实任何类型的学习，无论是基于项目还是其他类型，混乱和不可预测的情况都是会发生的。

请回想一下，我们是否会经常要求学生去想象替代性的解决方案或者重新构建问题呢？在人格科学中，这被称为"经验的开放性"。如果我们是开放的，我们就将是自发的。如果我们是自发的，我们就有灵活性。如果我们有灵活性，我们就会允许自己去创造、去拥有大胆的想法并制订新的解决方案。猜猜看这是什么？这就是在玩。而且，这个循环是多么美妙啊！

刚刚提到"替代性的解决方案或重新构建问题"时，我的大脑立即开始思考如何通过重组去教二年级的学生做两位数的加减法。过去我们教授这个概念时，有很多关于"新数学"的讨论。人们，主要是学生家长，只会用"借位或进位"的旧方法来解决两位数的加减法，他们想不到还有什么其他的可能性。做减法时要借位，做加法时要进位。学生家长曾经就是这样学会的。那是唯一的方法，没有其他方法。即使他们珍爱的孩子——小蒂米认为自己的方法更容易，他们也不会支持蒂米的方法。因为他们认为蒂米必须要学会借位和进位。

具有讽刺意味的是，"新数学"这个概念本身就措辞不当。几个世纪以来，世界各地的人们一直都在使用我们现在教授的方法来求解方程式。让人们感到新鲜的是，这是他们这些成年人第一次遇到一个问题可以有各种不同的解决方案。他们都受到了定势效应⊖的影响。虽然，对某些学生来说，解决问题有一种更简单的方法，但这些学生的方法并不是家长所熟知和常用的。因此，家长会坚持认为这些新方法是不对的。大错特错！学

⊖ 心理学术语，指有准备的心理状态能影响后继活动的趋向、程度以及方式。——译者注

生的方法是对的，家长的方法也是对的。在我们的思维中应用自发性有时可以承认双方都是正确的，因为我们可以得到相同的结果。

求知欲

当您读到本节的标题时，可能会把求知欲等同于好奇心。虽然这两者可以作为近义词来互换，但是这里所说的求知欲心态与好奇心是不同的。好奇心会激发行动，但迪本德博士所指的那种求知欲会让您停下脚步。那是令人产生敬畏的时刻。那是时间冻结而您在一瞬间感恩于原始情绪的时刻。

孩子们每时每刻都在体验求知欲。他们会停下来观看一条长毛虫爬树。当他们体验磁力的推拉时，他们会把头转向一边，把嘴巴张开。从他们的脸上可以看出求知欲。我们之所以知道这一点，是因为孩子们的眼睛亮了，他们的脸上可能会有笑容，他们的眉毛可能会皱起来。但是，他们的表情总会有停顿。那种停顿是他们情绪体验发生的时刻，是大脑允许他们花时间把信息和感受重新组合并反映出来的时刻。

求知欲在神经心理学层面上来说是一种情绪。我们知道您在想什么。您在想："太好了！太棒了！我将用美妙的体验来'勾住'所有跟我学习的人。"虽然我们确实希望您这样做，但是，如果您开始为明天的计划列出更多的"钩子"，那您就把求知欲这件事情弄错了。求知欲不是体验什么，而是怎么体验。具有有趣好玩性质的求知欲会让我们更多地关注如何看待环境，而不是看到了什么。如果我们不断地让我们的学生通过宏大和雄伟来体验求知欲，那我们就会造成求知欲膨胀。学生可能会开始依赖您给他们的"额外的东西"，他们的求知欲门槛就会越来越高。

那我们该怎么办呢？很简单。我们自己为学生树立榜样，让他们看到我们是如何在小事情上发现我们的求知欲的。每一次体验、每一堂课都有展示求知欲的机会。找到它，悄悄告诉您的学生。您的眼睛睁得大大的，您的声音很低很低，学生的身体向您倾斜过来……您明白了吗？求知欲是会传染的。

第四章
玩耍的收益

　　本章的目的是帮助您重新构建对玩耍的思考。对某些好学者来说，本章的内容将非常适合您。你们中的一些人需要这些货真价实、论据丰沛的研究成果去支持自己做思维上的改变。如同玉米面包食谱中的蛋黄酱会让面包变得浓郁而美味一样，这部分内容会让您的体验变得丰富而回味无穷。您会在这里看到一些经典的（早期的）研究和一些最新出版物的融合。正如您所看到的，科学理论给课堂（不仅是幼儿课堂）游戏提供了很好的支持，而且，真实的案例每天都在增长。

大脑的收益

　　玩耍和探索会触发脑源性神经营养因子（BDNF）的分泌，这是脑细胞生长所必需的物质（格雷诺 & 布莱克，1992；戈登，2003；德文，2014），有关脑源性神经营养因子的更多信息，请参阅第十四章。

　　运动为大脑提供氧气，也为大脑提供神经营养因子，这增加了神经元之间连接的数量（杰森，2005）。

玩耍和运动可能会增加儿茶酚胺（一种与去甲肾上腺素和多巴胺一样的大脑化学物质）的分泌，这通常有助于激发和提升情绪（查乌洛夫，1989；杰森，2005）。

学业的收益

我们会在被给予频繁而短暂的自由玩耍的机会时关注学业任务（凯斯拉克，帕特里克，索尔，科特曼，戈麦斯 - 皮尼利亚，1998；比约克伦德 & 佩莱格里尼，2000；佩莱格里尼 & 荷尔摩斯，2006；史蒂文森 & 李，1990）。

游戏玩耍与语言技能的发展之间存在联系，特别是具有象征性的游戏，比如，戏剧等假装游戏（费舍尔，1992；刘易斯，2000）。

许多早期研究认知的人忽略了游戏玩耍，认为它与智力成长是脱节的。他们错了。实际上，游戏玩耍和以游戏为导向的运动可以提高认知能力（西尔弗曼，1993）。

游戏玩耍允许我们犯错而不会产生高风险的后果，从而增强了我们的学习能力（福代斯 & 韦纳，1993）。

休息中的大脑会自动切换到默认模式网络（DMN），这是一系列相互关联的大脑区域。当我们停止关注外部任务时，这些部分就会被激活，将我们向外的注意力转移到向内。有创造力的人其默认模式网络与普通人不同（庞，2016）。

为什么这一点非常重要呢？因为默认模式的复杂性会在以下方面塑

造我们的能力：

- 自我意识

- 记忆力

- 想象未来的能力（预测）

- 同理心

- 道德判断

默认模式网络发育良好的儿童会具有：

- 优秀的阅读能力

- 更好的记忆力

- 更好的专注力和智力表现

- 更好的同理心

- 更好的换位思考能力

创造力方面的收益

玩耍可以促进人们创造性地解决问题（佩勒 & 罗斯，1981；威弗 & 斯宾塞，1999）。

玩耍可以建立想象力，这对同理心来说是必需的（迪本德，2018；弗兰克，1978）。

通过做"白日梦"来锻炼想象力，同时可以提高同理心（迪本德，2018；弗兰克，1978）。

社交能力方面的收益

玩商高的人很少会给人形成强烈的第一印象。因此，他们能以强烈的平等主义意识与他人进行社交（迪本德，2018；卡荷曼，2013；特沃斯基＆卡荷曼，1974）。

玩耍可以提高社交技能、情商和解决冲突的能力（杰森，2005）。

自由玩耍能够让孩子们练习决策技巧、小组合作、与人分享、解决冲突以及为自己发声和辩护。它还能够使孩子们以自己的节奏去发现自己喜欢的东西（金斯伯格，2007）。

如果您是和杰德一样的人，那么所有这些研究都可能会让您觉得有些沉重。他会坦白地告诉您他跳过了这一部分。不是因为他不重视这些研究或不希望这些研究出现在他的知识库中，而是因为这些研究内容会在他的大脑中变得混乱。他需要有人对每一个术语、每一个名词都进行有现实意义的对照并作出具体的解释，这样他的大脑才能充满脑源性神经营养因子，他的默认模式网络才能变得更强一些。您也需要这样的现实版本吗？您是不是也想看看以上这些玩耍的益处与现实世界有怎样的关联呢？如果是，请参阅下页的表格——"我们从玩耍中学到的东西"。表格里面罗列了我们通过社交媒体从朋友们那里收集到的真实案例。

我们从这张列表中挑选了一些我们最喜欢的问题，为您的教室制作了一张小海报。您可以从 theplayfulclassroom.com 网站上免费下载这张海报。我们很想看到它挂在您教室里的样子。

我们从玩耍中学到的东西：

- 如何分享
- 如何分成平等的小组
- 如何解决问题
- 如何使用自己拥有的材料
- 如何与意见不同的人一起工作
- 如何处理冲突
- 如何发挥自己的想象力
- 如何读懂别人的肢体语言
- 如何做到公平
- 如何经得起别人开自己的玩笑
- 如何保持耐心
- 如何自娱自乐
- 如何在生活中与他人相处
- 如何独处
- 如何让事情有条理
- 如何尝试新事物
- 如何爱上过去的小玩意儿
- 数字方面的技能
- 我喜欢什么
- 我不喜欢什么
- 如何明智地利用时间
- 如何交朋友
- 如何对付敌人

- 如何为自己发声
- 什么时候要安静
- 按顺序排列
- 按指示去做
- 共情
- 决心 / 坚韧
- 生活是不公平的
- 人永远也不可能摆脱地心引力
- 把自己弄脏了也没关系
- 把东西弄乱是值得的
- 良性竞争是好事
- 有时我赢
- 有时我输
- 不是每个人都擅长同一件事
- 某些人在某些事上比我更擅长
- 我并不总是最好的
- 有时我会受伤
- 有时我需要做个计划
- 有时我只需要顺其自然
- 有时我得不到自己想要的东西
- 公鸡是会反击的
- 登山很困难，但山顶的景色值得
  我去克服困难

- 橙子里面的黄色东西并不是真的奶酪
- 狗粮吃起来还不错
- 泥巴馅饼尝上去的确是泥巴的

- 味道
- 玩游戏输了很正常
- 我们都会犯错
- 追人游戏不仅仅是一个游戏

在教师岗前培训项目中，除了幼儿教育计划（幼儿园到小学三年级）之外，基本没有什么关于建构主义方法在课堂上如何发挥作用的课程。可悲的是，大多数初级课程（小学二年级到六年级）也开始更多地转向内容和斯金纳强化法（思考：示范……引导……考试），而不是游戏和皮亚杰的认知发展理论。简而言之，建构主义是任性而执着地寻找自己所提问题的答案。现在，越来越多的老师能够做到创造这样一种环境，即让学生提出他们自己的问题并寻求他们自己的答案。不过，我们仍然需要更多这样的老师。这种学习体验（提问—想象、寻求答案—求知欲）是很好玩、很有趣的！

让我们再强调一下：当我们说到玩耍时，我们不仅仅是在谈论课间休息活动。当然，课间休息活动是很棒的。学校需要课间休息活动这件事是各种文献都支持的。但这不是以上段落所阐述的目的。我们谈论的是那种可以磨砺我们思维的玩耍，那种让我们更有创造力的玩耍。

让我们回忆一下我们的课堂是如何激发学生思考的吧。最近一次有学生向您提出想法是什么时候？您是如何回应的？老师们就像是计划书，只做自己知道的事情。这就是我们使用子弹笔记的原因。我们喜欢复选框，我们喜欢有条理。因此，对于那些和我们一样的老师来说，下面这张表可以告诉大家如何在感知的混乱中培养出思想家。

正是通过玩耍我们才能发挥创造力，而每当我们有创造力的时候，感觉自己就像是在玩耍。那种感觉真好，我们迷失在那一刻。除非我们去玩，否则不可能真正体验到这些。我们必须将玩耍作为一种理念来认识。

有趣好玩的理念

1. 寻找有趣的时刻，它们就在我们身边。（意识）

这是构思的过程，是得到一个想法的过程。想法是如何产生的？是通过阅读、写作、涂鸦、聊天、玩耍、协作还是其他哪种方式产生的？

2. 为我们自己和学生提供时间、空间和机会。制订一个可以引入游戏玩耍的计划。（意愿）

这种对时间的刻意使用可以让创造力得以发挥，让学生有时间和自由将一个想法变成他们自己的想法。花 20% 的课堂时间换来一个天才时刻，这是基于项目的学习方法。

3. 不要害怕去玩耍、去把东西搞乱搞砸、去学习、去重复。要将感知到的混乱作为学习经验的一部分。（过程）

创造力是一种动态的想法，是去做某件事的想法。从某种意义上来说，这是最有魔力的一步，正是这一步让我们的工作变得独一无二，与众不同。您的学生有一些不同于其他人的东西，这就是创新可能发生的地方，这是一个机会。

4. 请记住，我们玩得越多，就越爱玩、越会玩。平均而言，我们只需要 3~6 周的时间就可以创建出一种固定流程。（习惯）

这一步结合了意识、意愿和过程。继续寻找好玩的点子，继续留出时间，继续去做。

5. 永远不要忘记玩耍是如何令我们感到快乐的。快乐的人喜欢玩耍。（结果）

这是最后一步吗？不！它也可能是第一步。事实上，它贯穿始终。我们必须有意识地传达工作带来的快乐。没有它，人怎么能进步呢？我们必须记住，当学生在做事或感到喜悦的时候，我们必须为学生提供一些观众。如果学生的作品只有一个观众（老师），我们就辜负了他们。伟大的想法是要被分享的。这也是为了激发灵感，影响他人。

第五章

不玩耍的借口

好了，到现在为止，您可能只是在用两只耳朵听，但内心并没有接受我们的观点。让我们继续找出您可能会说服自己（或让别人说服你）不去改变教学方法的原因吧。我们在美国各地举办过很多主题演讲和研讨会。每当我们建议将更多的游戏玩耍融入课程时，都会有教师提出各种各样的质疑和问题。以下是一些常见问题：

- 这不是教学标准的一部分。
- 管理者不会允许这么做。
- 我没有时间。
- 学生考试的内容里没有游戏玩耍这一项。
- 生活并不总是有趣的。

让我们花点时间来剖析一下这些借口，仔细看看为什么它们在一个希望激励下一代人类的领域中是无效的。

借口 1　这不是教学标准的一部分

这个借口可能比其他任何一个都更能激怒我（杰德）。我曾经持续不断地和某个年级的教师团队一起工作。这份工作持续不断地（我的意思是说"时时刻刻"）提醒我：我们必须讲授多少个教学标准。

180 个标准！

是的……他们数过了。真的吗？好老师怎么会有时间去数那个呢？我得跑题说点儿别的。每天午餐和课间休息时，我都会听到有人在议论这些标准。在教师会议上，这些标准会提醒整个学校他们必须教多少。在走廊里、在工作室里、在教员休息室里、在发给全校的电子邮件里，甚至在洗手间里，我都无意中听到过老师们在谈论这件事。

他们痴迷于这些标准。不要误会我的意思。我知道我的教学标准以及学校对我的期望值。我并没有抱怨有教学标准这一事实。我当然也没有指责那些把教学标准置于学生需求之上的老师们。我自己总是首先考虑我的学生们喜欢什么、不喜欢什么，然后想出创造性的方法将那些教学标准编织到规定的课程中去。

虽然您可能是在另一个州（或者另一个国家）阅读这本书，但我们的理想应该是相似的。

我相信你们中的许多人可能会问为什么我要选择在关于玩耍的这部分内容中提到这一点。反对者很快会说：玩耍并不是"语言艺术或数学的严格标准"，它不会让学生们为考上大学和就业去做准备。不过，对于这种说法我是不敢苟同的。看看世界级技能下的那些"C"[⊖]吧。无论您的工作属于哪个领域，这些对于您成为一名成功的领导者都是重要的、关键的甚至必要的。您能说您在玩积木、玩 HORSE 投篮游戏或玩红色漫游者解谜游戏时没有练习过这些技能吗？让我们只是为了好玩来分解一个玩耍的场景吧。

想象一下，1986 年，学校的操场上，班级被顺利分成了两个小组，孩子们都没有任何争辩（这是合作）。一场激动人心的红色漫游者比赛已经开始了。其中一个团队大声要求另一个团队——"让吉米过来"（这是沟通）。吉米听到后立即开始计划自己的进攻（这是批判性思维）。吉米快速跑向对方团队。他希望突破对方团队的防守并带回一个新的团队成员。在最后一分钟，对方队员的手臂仍然处于相互牢牢锁定的状态，这是他们计划了好几周的新的秘密战法，叫作忍者武士握法（这是创造力）。啊……这就是游戏玩耍之美啊。

我知道由于游戏本身的安全问题，红色漫游者在许多地方都被禁止了。但我还是举了这个例子，因为我发现它有助于说明我的观点。请注意，我确实说过那是在 1986 年。那时，我们会不戴头盔就去骑自行车，也会解开安全带躺在旅行车的后座上！我们那时还不知道怎么做能更好、更安全。那时，我才刚上小学二年级。不管怎么说，这个例子可以得出我们的观点，即：游戏玩耍以一种教科书、小说、工作表或技术永远无法提供的方式将学习引入了进来。

并不是说我从未使用过工作表。我的意思是，如果我以把游戏玩耍

⊖ 这里指以字母 C 为首字母的能力和技能，如沟通能力（Communication）、批判性思维（Critical-thinking）、创造力（Creativity）。——译者注

带入课堂的方式来运用这类练习，那么它会比只是让每个学生都坐下、安静且独立地学习要有效得多。是的，我同意，有时学生必须自己学习。不过，如果您的整个教室都以独立学习为目的而构建成整齐漂亮、横平竖直的样子，而学生们却时不时地走神，那您就错失了教学的乐趣。

我永远不会忘记我在努力获得教师资格认证时的一次经历。那时，我正在与一个四年级的班级一起工作。我策划了一个使用"南瓜"来做形容词的非常有趣的课程。我打算把学生分成几组（我的实习指导教师让学生们排成了军事化风格的整齐的队形），给每组发一个南瓜，学生们可以先把玩那个南瓜五分钟，然后我们再开始。当然，我是打算尽快把课程中的形容词部分引入进来的。

但是，根据班上学生的需要，我觉得花五分钟让他们自由地把玩南瓜对他们来说是有好处的。教室里的一些学生竟然从来没有摸过南瓜，他们都四年级了！我们大多数人甚至记不起我们第一次摸南瓜是在什么时候了，因为我们总是随着万圣节的临近年复一年地拥有这种经历。但这些学生中居然有人从来没有摸过南瓜！这给了我动力，设计了这个五分钟的南瓜游戏。

当学生们开始动手的时候，那位实习指导教师把我拉到一边，问我："你允许学生们这样做是为了达到哪项教学标准呢？"作为一名预备级教师，我开始哆嗦起来。这个女教师很凶，她的个头比我高很多，她说话的语气能让撒旦那样的魔鬼发抖。她很可怕。事后，当我不得不把学生们留给她时，我真是为这些孩子感到难过。

当时，我不知道该如何回应她。我吓坏了，我呆呆地想，她可能会打电话给我的顾问，把我从她班级的任课教师名单里剔除吧。我回答："没有关于玩南瓜的教学标准。"她的锤子、斧头，以及她能找到的每一件锋利的东西都朝我飞来："你的课程必须是基于教学标准的！"我怯懦地回答："我不认为应该用教学标准来驾驭我所有的教学。"她的脸红了。她的眼睛睁得大大的。我发誓，我看到蒸汽从她的耳朵里喷了出来。她看起来就像是一个即将爆炸的卡通人物。"课程难道不应该是有趣和吸引人的吗？"我问。她回答说："玩南瓜不会出现在年底的考试中。你最好在你自己的职业早期就学会这一点。驾驭一切的是教学标准而不是有趣！"

今天，已屡获荣誉、拥有 18 年教学经验的我，很愿意与这位老师再次相处一会儿。

> 我会告诉她，我和学生度过的最美好的时光与"教学标准"无关。
>
> 我会告诉她，我加入这个世界上最崇高的职业并不是为了教会学生去考试。
>
> 我会告诉她，我太爱我的学生了，我不能让他们降低目标到只关注分数和级别。

我会告诉她，我为那些她教过的学生感到悲伤。他们在她的课堂上错过了本可以是美好学习的一年。哪怕她只是睁大眼睛看一看学生的需求，而不是只盯着国家教学标准，她也不至于用过时的教学实践来强迫那些学生。我还要向她指出，将游戏玩耍引入课堂确实是她应该遵从的教学标准的一部分。游戏玩耍中的探究、交流和批判性思维对学习的各个方面都至关重要。您可以自己试试在没有探究技能的情况下进行科学实验，在没有沟通技巧的情况下向您的班级发表演讲，在没有批判性思维能力的情况下解析一个句子。"游戏玩耍不在我的教学标准之中"这个借口是行不通的。

借口 2　管理者不会允许这么做

在我（杰德）离开教室之前，我遇到的最后一位管理者特别好。她非常支持我对"学习应该是什么样子"的愿景。她对我的支持简直令人难以置信。毫无疑问，她是我最棒的啦啦队长之一。她总是在观察我上课之后，把写有鼓励话语的便条放入我的邮箱中。她送我糖果来肯定我所有的额外工作，并给这些工作开出了通行证。她为我提名了很多奖项。她还曾经给我的妈妈写过一封信，告诉她我作为一名教师做得很好。不用说，我为此感到非常自豪。她还带访客到我的教室旁听，用这种方式进一步肯定我的工作。

当教室门打开，访客蜂拥而至时，学生们并没有端坐在座位上刻意地学习；他们没有费力地解决数学教科书第 272 页上的奇偶数问题；没有像机器人那样从章节末尾自动复制定义；没有默默地阅读科学课本中关于动物适应性的章节。很多时候，访客们会看到学生坐在地板上用数学工具构建模型，或者缩成一团坐在懒人沙发上阅读自己选择的图书，或者浑身沾满油漆创作着他们的最新杰作。访客们也常常会看到刚刚结束的科学实验把学生弄得灰头土脸，或者学生们聚集在钢琴的周围，唱着我们最新的搞笑歌曲，或者当我们唱《她将绕山而来》时扮鬼脸。

在我的教室里，课堂是每时每刻都会引入游戏玩耍的那种气氛。之所以会发生这种情况，是因为我从我的管理者那里感受到了自由、鼓励和支持。我意识到，正在阅读本书的你们当中，许多人并没有我这么幸运。作为创意和创新总监，我从全国各地的老师们那里看到和听到了很多关于他们缺乏行政支持的抱怨。我知道这很难，比咬开2美元的牛排还要难。我曾经也为"不太支持"的管理者工作过。的确有些管理者就是"不明白"，就像有些老师就是不愿意实施最佳方案一样。这会让您感到窒息，感到害怕，感到锤子随时都有可能落到您的身上。

　　然而，我们必须抛开所有的恐惧，去为孩子们做最好的事情。正如您在前几页读到过的那样，科学会为您课堂上的游戏玩耍工作提供支持。请使用相关的科学研究成果向您的管理者展示游戏玩耍在学习中的力量。游戏玩耍实际上可以凭借加强课程其他部分的方式去帮助大脑生长发育。虽然研究文献可以说明大脑发育和游戏玩耍是有关联的，但是我们仍然能看到某些学校减少了课间休息时间或限制了体育课时间的文章，这使得我们这种教育工作者倍感气愤，甚至忍不住想要说脏话。学校董事会里挤满了不理解游戏玩耍之重要性的人，这件事真是令人愤怒。然而，我们想说的是：我们必须为学生提供优质的、与学生相关的教育，或者简单地说，"担子在您的肩上"。责备管理者这个借口是无效的，因为：

- 您的学位证书和教师资格证书上写的是您的名字。
- 学生将永远把您的名字（而不是管理者的名字）列入他们的老师名单。
- 如果管理者真的不支持创新教学工作，包括您在授课时引入游戏玩耍，那您为什么还要留在那里呢？

我们意识到并非所有阅读本书的人都可以无视管理者的要求。如果您的确没有选择，为什么不把这里提到的研究成果展示给他们看呢？您辛辛苦苦读完四年大学真的是为了找一份自己不喜欢的工作，替一个不把您当专业人士来支持的人做事吗？我们希望您不是。生命太短暂了。您应该得到更好的，而且您的学生肯定也应该得到更好的。教室里的每一天都应该是非常有趣的！ 是的，生活中有艰难的日子、不好过的日子、让您筋疲力尽的日子、让您泪流满面的日子……但我们可以实事求是地说，您可以而且应该每时每刻都爱您的学生们。

我们为了尽情歌唱而聚集在钢琴的周围；我们在操场上跑来跑去、滑下滑梯；我们举行即兴木偶戏；我们因为窗外的疯狂牛蛙而笑出眼泪；学哺乳动物时我们假装被猪了吓一跳；我们一起装饰姜饼屋；我们一起烤蛋糕；我们因为喜欢画画而画画；我们因为热爱运动而跳舞……所有这些事情教会我的东西和教会孩子们的一样多。

我常常反思，我自己从中学到了什么呢？学习是有趣的事情，如果我们想要坚持下去，就必须重视游戏和玩耍。学习的方式必须引人入胜而且富有意义，必须是带有情感的并与我们的人性联系在一起。工作表、教科书、从投影仪屏幕上复制笔记以及用单调的声音进行长达一小时的讲座等，都是无法做到这一点的，但游戏和玩耍能做到。

借口 3　我没有时间

在我以前工作的那所学校，我的学生们每天是从早上 7 点 25 分开始他们的一天的。那是他们被学校自助餐厅放出来并前往教室的时刻。我绝不会撒谎。在自助餐厅的那段时间是最糟糕的。学生们必须先吃完早餐，然后去餐厅的一个指定位置并在那里一直等着，直到上课时间快开始才能离开餐厅。可是，像大多数成人一样，学生们也想社交，也想与朋友交谈。您可以想象，这么一大早就扎堆聊天只会招致老师的制止和很多的"嘘"声。对许多学生来说，每天早上真的糟糕透了。

我前面提到的那位管理者熟知这种情况。她想出了一个计划，把它称为"罐头盒工作法"。这个计划用到了一些大号的锡纸罐头盒。每天，午餐工人准备好食物后，都会把很多这样的大罐子扔到自助餐厅的垃圾桶中。很多很多这样的大罐子都会被浪费掉。因此她捡回一些并重新把它们加以利用，让它们成为她新项目的主角。她在罐子里装满了识字卡和小游戏，想让学生们在早上等待的时间里保持忙碌。虽然她计划这个项目时曾希望通过"忙碌"让学生们保持安静并专注于一项任务，但结果却适得其反。

学生们在学习的同时又说又笑，玩得很开心。您猜猜学生们在做什么？他们正在玩！我喜欢这个法子！我希望在一天中的任何时候、在大楼里的任意地方都能看到这样的罐头盒。我做了几个这样的罐头盒，把它们放在了我的教室里。当某些学生提早完成任务并需要一些东西来填补我们继续做下一件事之前的时间时，这些罐子就派上了用场。当然，这也让学校自助餐厅里的喧嚣和混乱进入了我的教室，但我不在乎。这个办法真是太好了！然而，并不是每个人都是这个项目的拥护

者，很快这些罐头盒就被自助餐厅淘汰了，老师们的"嘘"声和制止的话语又回来了。

为什么我要在本节中提到这个故事？这样做是希望您能明白两件事。

第一件事，我们确实有时间，我们只需要去把这些时间找出来。早上的时间、从一个科目转到另一个科目的时间、从一个教学内容过渡到另一个教学内容的时间、午餐前的时间、午餐后的时间、放学前的时间。我知道我们有时间。我自己亲自试过。我们有各种各样的机会可以引入游戏玩耍。事实上，如果用心去找，我们就一定会有时间的。我们会为那些对我们来说重要的事情腾出时间。如果我们具备有趣好玩的心态并且重视各种形式的游戏玩耍，我们就一定能找出时间去游戏玩耍。这些时间就在那里，在等待我们用有趣的体验来填满它们，让学习成为一件有吸引力的事情。这些体验将点燃思想，点燃那些将蔓延到课程其他方面的激情。

啊……重点来了。课程。这是我希望你们在这里了解到的第二件事。我们提到的罐头盒里装满了课程，装满了那些基于教学标准的教学内容。学生在整个游戏玩耍的过程中都在学习他们需要学的所有"东西"，他们是在边玩边学。这种游戏玩耍虽然不同于课间休息和自由活动时间的游戏玩耍，但却能以同样的方式促进学生大脑的发育。

我和朱莉在这一点上有过很多讨论。我个人很喜欢自由发挥，喜欢让学生为自己的学习去规划课程。朱莉则更喜欢内容相互连接多一点的那种结构。游戏玩耍的美妙之处在于，这两种方式都是有学生亲自参与的有效形式，并且都具有巨大的潜力，都可以让学生以独特的方式去学习。根据斯图亚特·布朗博士（2010）的说法，共有124种不同类型的游戏。我们不会在这里把它们全部列出来。但请你们知道，我们确信所有这 124 种不同类型的游戏在课堂上都会占有它们自己的一席之地。好吧，那种打打闹闹、推推搡搡的玩耍不算。我可不希望任何人受伤。不过，关于所有这些类型游戏的最好的信息是：它们都得到了无数的医生和大脑研究成果的支持。

借口 4 学生考试的内容里没有游戏玩耍这一项

终于到这个了，一个有一定道理的借口。游戏玩耍不在考试内容之中，完全正确。游戏玩耍不在考试内容中，而且很可能，永远也不会成为我们每年都在抱怨的州考试的一部分。美国的每一所公立学校都是根据其学生的考试成绩来评级的，我们了解你们所面临的压力。我们自己也遇到过。而且，非常坦率地说，只是谈论考试这个话题就会让我们紧张得像只待在布满摇椅的门廊上的猫（这是美国南方人形容超级紧张的话）。

我们都记得在年底与我们的管理者们举行的那些讨论学生成绩增长的"数据会议"。没有什么比听到 180 天的辛苦工作在一天之内就被"盖棺定论"更糟糕的了。学生和教师都要忍受这种类型的"评判"，而这种"评判"正在破坏有关教育的一切。越来越多的理由可以说明：在学校的学习体验中我们需要更多的游戏玩耍。科学支持这种做法，即游戏玩耍实际上能帮助学生更好地集中注意力，能减轻他们的压力，让他们感到精神焕发和精力充沛，还能让他们更轻松、更容易地学习新的信息，因为他们的头脑是清醒的。

还记得我们小时候会去参加的那种为大型州考试举办的动员大会吗？哦？您从来没有参加过吗？那就让我为您描绘出那种场景吧。不久前，我们刚参加过一场这样的动员会。学校里的所有学生都聚集在了学校自助餐厅的地板上，他们被老师们带着喊出各种各样的口号和欢呼声。老师们用这种方法努力让学生为他们的"大日子"做好准备。"你能考好！你能考好！你一定能打败考试！"这是我们记忆最深刻的一些口号。然而，考试并不是一种需要你去打败的东西。考试的目的应该是帮助教师深入了解学生都学会了、掌握了哪些知识和技能，从而了解学生还有哪些知识和技能没有学会、没有掌握。

您是不是感觉很迷惑？我们也是。我们到底在教育方面做了些什么？为什么我们会让这些动员会看起来颇有益处，而游戏玩耍却不会比 15~20 分钟的休息时间更受尊重？有些人会争辩说，这种动员会也是一种游戏玩耍的形式。从某些方面来讲，我们也同意这种说法。但是，我们宁愿这一小时的开心和欢笑是与考试无关的，我们不愿为了让考试成绩更好而举办一场完整的庆祝活动。想象一下，在整个学校尖叫并大喊"通过考试是我们的目标"之后，那些朝考试扔手榴弹的学生是什么感受吧。他们只会讨厌上学。如果学生认为学校只是一台大型考试机器，他们是永远都不会感到成功的。

现在这类考试动员会依然存在。在动员会上，从始至终，活动的主办者都在告诉学生要集中注意力、好好休息，这样他们就不会疲惫不堪了。老师希望学生感到精神焕发、精力充沛，这样他们就可以头脑清醒地在考试中做到最好。这些话听起来有点熟悉吗？是的，这就是您刚刚读过的那几行。而让学生获得所有这些的最佳方式就是……玩！

您不认为一项考试会对学生产生那么大的负面影响吗？听听这个故事吧。当我（杰德）上二年级的时候，所有学生都可以通过筛选进入一个天才项目。那个项目被称为"攀登"。每个学生都想参加这个"攀登"项目，因为"攀登"项目的课堂非常有趣！进入"攀登"项目的学生会参与到很多令人惊讶的学习体验中。他们一整天都"不上课"，他们的午餐时间很特殊，有时会在他们的"攀登"教室里吃午餐，他们还会去做一些令人难以置信的夜间实地考察。每个人都知道只有聪明的孩子才能进入"攀登"项目，因此，必须"打败考试"才能进入这个项目。

考试的日子来了又去，去了又来。我尽了自己最大的努力。几周后，考试结果寄到了我们家的邮箱。我没有成功。我不够聪明。我的表兄弟们成功了。我最好的朋友也成功了。即使是我曾经认为不如我聪明的孩子也成功了。但是，我却没有。我被摧毁了。考试结果说出了真相，它告诉我，我其实并不聪明。从拿到考试结果的那一刻起，我就被深深地影响着。在整个上学期间，我从未觉得自己足够聪明过。我从未报名过荣誉课程或 AP 课程。我总觉得自己需要上补习班。

直到今天，我都在纠结自己是否与同龄人一样聪明。我真的很害怕教育界的人读到这本书，然后我"不聪明"的秘密就会被传播出去。但是我必须分享这一切，这样您就会知道为什么游戏玩耍（而不是考试）是如此的重要了。现在，考试对我的负面影响没有之前那次那么严重了，但它仍然困扰着我。一次考试就做到了这点。一次就够了。

当然，我们说的话是无法改变考试的世界的。它已经变成了一台赚钱的机器。我们也不敢在本书中点名那些为这台机器提供动力的人。但是，我们明确希望我们能让您反思自己应对考试的方法。我们恳求您不要再让"考试的内容里没有玩耍游戏"这一借口阻止您以有趣的方式进行学习和教学了。

当老师们说他们没有时间把游戏玩耍带入课堂时，我所听到的是：
"我没有时间让学生发展他们的协作能力、批判性思维、沟通能力和创造力。"这是真心话。对于每一个曾经告诉我他们太忙了，忙于教学而无法把游戏玩耍带入课堂的老师，我都在心里暗自发笑。我并不是在取笑他们，也没有认为作为一名教育工作者，我自己比他们做得更好。我笑的是：我是怎么提前知道好老师绝不会说他们没有时间培养我们刚刚列出的那些技能的呢？

然而，出于某种原因，教育中的"游戏玩耍"一词与我们的工作相去甚远，因此导致了某些教育工作者发表了诸如"我没有时间"之类的不合逻辑的声明。这是我对这些老师的最佳回应：您没有时间不去这样做！世界上没有任何方法可以让您在没有游戏玩耍的情况下去完成所有 180 种教学标准、建立社群、培养同理心、提供解决问题的机会以及培养出真正的 21 世纪的思想家。对您来说，不为游戏玩耍腾出时间的代价实在太大了！

借口 5 生活并不总是有趣的

如果有一个我们可以落后于时代的借口，那么就是这个了——生活并不总是有趣的。作为 20 世纪 80 年代的孩子和 90 年代的青少年，我们没有经历过"每个人都有奖杯"的时代，我们有相当多的家务活和"到耶稣面前来"[⊖]的会议。对于有其他信仰的人来说，这基本上意味着我们的妈妈要确保我们了解如何注意自己的举止以及如果我们不这样做会发生什么

⊖ 美国俚语，意味着对你说出这句话的人要向你澄清一些事情或者帮助你明白一件很重要的事。通常，他们跟你说话的时候会很严肃。——译者注

"严重后果"。有时，这样的会议还会使用随时准备惩戒的藤条。相信我们，干家务活和参加这种会议都不好玩。

我（杰德）还记得在学校里有过几次不好玩的时刻。有一次，在六年级的一场踢球比赛中，一位体育老师问我什么时候才能像其他男孩一样开始踢球。七年级的时候，我因为没有穿合适的鞋子而被晾在了体育课上……我从来就没有过那种适合的鞋。

还有一次，我被一个比我年龄大的孩子欺负。我被他追进了厕所，我把自己锁在一个隔间里并为自己的安全祈祷。那个"恶霸"跟在我后面从隔板下面爬进来。我从隔板的另一边爬出去逃掉了。在走廊里，我跑向校长。我把发生的一切都告诉了校长。校长的回答是："我想，你最好带一根球棒上学，把它放在你的储物柜里。下次再发生这种事时，不要跑，用球棒解决。"那是差不多三十年前的事了，我仍然记得那是多么的"不好玩"。

这些只是生活中对我来说不好玩的几个亮点。我还没有提到我四年级时第一次被诽谤为同性恋的事情。我也漏掉了爷爷在我上九年级时去世了的经历。我很高兴我没有分享放学后在高中停车场上，一个有种族歧视的霸凌者对我和我的非裔朋友发泄仇恨的故事，那是最糟糕的一件事。一点儿也不好玩。

我并不是说每个人每学年都充满了这些可怕的经历，但每个人在学校时都有困扰他们的时刻。正如我们都知道的："这就是生活。"您现在明白为什么我们需要让学校成为一个更有趣、更好玩的地方了吗？

现在，您难道还要坚持"生活并不总是有趣的"这个借口吗？我们从来无法，也永远不能让我们所有的学生都远离这些不愉快的时刻。但是，作为老师，我们难道不能给他们带来一些"难以置信"的快乐体验吗？我们难道不能把他们在学校的时间填上有趣和好玩，让他们对学校的回忆成为幸福的时光吗？他们往后余生会有很多被世界打击的时刻啊。

在学校里游戏玩耍这件事对所有年级来说都是需要的。无论是课间的自由玩耍，还是学习代数时的深度游戏，都是必需的。游戏玩耍是如此重要，以至于它甚至成为联合国儿童权利公约（1989）的一部分。这份文件的第 31 条规定是：儿童有权"参与游戏和娱乐活动"。正如我们在美国游戏联盟的朋友经常说的那样："游戏是一项人权"（《玩耍和操场百科全书》，2019）。

第六章

游戏的重构

　　我们知道，你们和我们一样，需要一些后续的步骤才能更全面地理解我们所说的。你们会说："好的，那现在该怎么做呢？"到目前为止，人们是如何利用这些信息并开始重新构建传统教育中的游戏和玩耍的呢？您知道吗？想法、策略和文化意识都可以开发出一个有趣好玩的课堂。您可以先看一看下面这些话题，根据自己对问题的反应来评估一下自己的现状。

　　1. 我的课堂是如何培养阅读文化的？

　　当我们阅读小说时，我们常常将作品视为一扇窗户或一面镜子。我们喜欢它，因为我们在角色中看到了自己。当我们把自己与情节的复杂性建立起关联（镜子）时，我们觉得读书的过程是非常有价值的，因为小说的文本反映了读者的身份和经历。或者，我们喜欢阅读，因为它让我们瞥见了不同于我们自己的生活（窗口），小说中的文化或是情节与读者所遇到的任何事情都不一样。书籍通常是读者遇到与他们不同的人的重要场所。小说中的人物为读者提供了不同的世界观。因为虚构小说模拟了社会体验，所以在课堂上读多样化小说的阅读文化是建立同理心的关键部分。多样化的文学作品不仅意味着您可能拥有有色人种作者的书籍，还意味着您可能拥有代表各种文化、心态、宗教、生活方式等主题的书籍。无论您的教室里是否有人信奉与您不同的宗教，所有学生都需要意识到：我们的世界是一个美妙的文化混合体。

2. 我的教学法对虚构的概念有多开放？

是的，这个问题对高中也适用。大多数科目的问题解决都需要大量的虚构：想象因纽特人的生活，阅读故事，想象一个故事并把它写在纸上，思考一个数学方程式，以及在寻求解决方案时确定下一步等。历史、地理和文学都是虚构的。我们将它们作为我们自己从未体验过的概念性的东西来学习。所以，如果我们要玩虚构的游戏，为什么不在玩的时候让它变得更神奇一些呢？穿上演出服好好玩吧！也许您并没有取得戏剧服装设计学位，但请不要让这一点成为您的障碍。旧货店和庭院市集是您打造装扮用品库的好地方。如果您不喜欢这样做，那您也可以在万圣节后的第二天到 Target（美国跨境电商平台）官网上逛逛，那里可以买到 50% 折扣的服装。如果您想要了解更多关于如何用有趣的材料填满课堂的信息，可以去查看 theplayfulclassroom.com 上的资源。

3. 我的课堂用语中每隔多长时间会呈现出一次全球化视角？

旅行是锻炼想象力的好方法。全班一起旅行会受到时间和预算的限制。那么为什么不利用互联网的力量来模拟旅行呢？ Skype for Education

是一个很好的网站。你们可以与其他教室连接，一起玩诸如 Mystery Skype、Mystery Number Skype、Mystery Animal Skype 等游戏。Empatico（免费的视频会议和数字学习平台）是一个非营利性的组织。在我们写作本书时，它还是一个相对较新的平台。特别之处是，它会以建立同理心为目的将不同的教室连接起来。与来自世界其他地方的教室建立联系，可以让我们见到许多以前没见过的人和鼓舞人心的人。稍后您将了解我们所做的一些虚拟体验的力量，以及它们是如何强化我们的工作并吸引我们的学生的。

在向您介绍更多信息之前，让我们先聊一个有趣的花絮：您知道非洲大象平均每天可以产生多少粪便吗？300 磅！发现这一点让我们感到很震惊，而这是我们在对肯尼亚大象保护区的一次虚拟实地考察中了解到的。您知道吗？我们在一个满是中学生的教室里了解到这个信息的那天，绝对是非常有趣和好玩的！我们在 Empatico 工作的朋友解释了这种联系的必要性：想象一下，如果世界各地的孩子都能发现其他地方孩子的生活是什么样的，那会发生些什么呢？数百万人没有机会看到新的地方，没有机会结识不同类型的人，也没有机会了解其他的文化。虽然技术在连接人类方面取得了长足的进步，但它可能也扼杀了有意义的对话和社交互动。我们相信，通过为教育工作者和学生创造共享和有吸引力的互动，可以引发一场全球运动，在世界范围内传播善意和同理心。

4. 我对教师的角色有什么看法？

我们从响应式课堂的概念中知道，每天早上开会可以给一整天定下一个基调（克里特和戴维斯，1999）。用学生的名字跟他们招呼，这一天就从对目标和意图的认识开始了。晨会是在同一个层面上与所有参与者共同进行的。老师坐在学生中间，和学生打成一片，而不是高高在上，俯视他们。我们要求自己和你们在课堂讨论中要注意自己的位置。我们在学生中是否表现出了一种平等主义的感觉？我们需要这样做。

5. 我的教室是所有学生的安全空间吗？

对于很多学生来说，教室是一个"安全区"。布蕾妮·布朗（2019）是这样说的：

我们不能要求我们的学生在家里甚至在上学的路上脱掉盔甲，因为他们的情感和身体可能需要自我保护。但是我们能做的，以及我们在道德上被要求做的，是在我们的学校和教室里创造一个空间，让所有学生都可以走进去，在那一天或那一小时，卸下他们沉重的盔甲，把它挂在一个架子上面，敞开心扉，让他人看到他们真正的自我。

作为教育工作者，我们在带领学生的过程中要消除他们从校外经历中带来的任何仇恨。要做到这一点，我们可以只是在课堂上为不同的学生提供不同的文本，也可以将联合国的可持续发展目标纳入我们的课程。无论您将采用何种方法，创造一个安全的空间是我们作为教育工作者的最重要的责任之一。

6. 我是如何允许学生自由阐述的？

在上学期间刻意安排出时间供学生自主选择学习是一种游戏玩耍的形式。这些活动（例如：天才一小时、创客空间、20% 自由时间、基于探究的学习或苏格拉底式研讨会）让学生有机会去学习技能，同时扩展和阐述这些技能。这些类型的学习体验要求教师在许多传统课堂的程序和期望值上放松控制。当被给予了自由探索、计划、创造和实施自己想法的空间，而没有不必要的限制和评判时，学生和成年人都会蓬勃发展。

杰克逊·波拉克是一位受过经典训练的画家，他通过游戏玩耍发明了自己的绘画方式，现在他因为自己游戏玩耍的力量而成了世界知名的艺术家（戴维·艾尔金德，2007）。如果我们不让学生有时间探索以满足他们的好奇心，我们又怎么知道下一位杰克逊·波拉克、埃塔·詹姆丝或戴夫·托马斯是否就坐在我们中间呢？

我（杰德）在上高三时选修了西班牙语课。我并不是必须要上这门课程，因为在前两年我已经完成了取得高中文凭的全部学分要求。选择一门语言作为选修课对我来说是一件自觉自愿的事，因为我希望能够在世界各地旅行时使用这种语言。在那一年里，作为一名学习者，我身上发生了一些神奇的事情。老师根本不需要想办法吸引我上课或者想办法说服我好好上课。由于这是我自己的选择，所以我从第一天开始就全力以赴了。

我的选择并没有随着课程的挑选而停止。法尔夫人的课堂充满了有意义、有趣的、为了学习而设立的选项。为了完成一项特定的作业，我们必须创建一个在班级内部玩的交互式词汇构建游戏。这基本上就是她给出的全部指令了。我们可以自由决定路径和结果。我们唯一的目标是游戏＋词汇构建＋同学们一起玩说话的游戏。我无法相信这种灵活性和自由度……灵活而自由地学习并且灵活而自由地展示我所学到的东西。哇！在1995年，这是怎样的概念啊。

那一年，因为我还同时报名了当地的"小学老师学徒班"，所以我选择将这两个班的学习融合起来：我在西班牙语教室的公告板上创建了我的游戏。法尔夫人告诉我说，以前从没有人这样做过，她很想看到我的最终产品。我创建的游戏名字叫作"华尼托说（Juanito Dice）"（dice 发音为 dee-say；不是骰子！不是那个六面立方体的游戏用具）。我的西班牙语名字是"华尼托（Juanito）"。因为我的法定名字是约翰（John），我是家族里的第三个约翰（John）。华尼托（Juanito）的字面意思是"小约翰"，所以 "Juanito Dice" 的意思是"小约翰说"。我写在黑板上的词汇主题是动物词汇。我写上了 vaca、perro、pájaro、tortuga、serpiente、cerdo、caballo、oveja 和 burro 等。我只列举这些词吧。不，我不会告诉您这些词是什么意思的，但我相信您的好奇心会引导您去寻找答案的。

我在这个西班牙语的项目上连续工作了好几天，每天都工作好几个小时。到最后，我的西班牙语成绩并没有加分多少，但我仍然渴望尽自己的可能频繁地深入研究这项工作。我记得每当我创造了游戏的一部分时，我都感到非常自豪。随着大型汇报展出日期的临近，我对同学们是不是真正会玩我创建的游戏感到越来越兴奋。我之前从未如此勤奋或关心过一个项目，那种感觉很奇特。

对比这次经历与我之前其他几年所接受过的学校教育，我唯一能得出的结论是：我感觉自己好像一直在玩耍，而且我可以自己选择。当重要的一天终于到来的时候，我的游戏取得了巨大的成功，每个人都喜欢它。我仍然可以看到我所有的动物都还挂在公告板上，因为米格利塔、若塔若塔和马修在截止时间前跑去给它们贴上了标签。朋友们，那可真的太好玩了！

7. 在我的课堂上，老师和学生行为之间靠什么来平衡？

直接指导虽然对学习技能很有效，但在培养求知欲旺盛或善于社交的学生方面却并不是那么重要。抱怨在学校或在家里感到无聊的孩子正在经历戴维·艾尔金德（2007）所说的智力烧伤综合征。当老师和学生家长奉行"看着我，我知道你该学什么、何时学以及学多长时间"的观点时，就会告诉学生说他们自己的兴趣和热情没有什么价值。

相反，我们必须培养学生自己的声音和选择。让他们遵从他们自己的兴趣：可以单独学习，也可以和他人一起学习。当我们让学生有时间适当地调整社交技能以适应各种学习情况时，我们就培养了一种自主的心态，即：何时与人合作，何时为自己发声。您的课堂现状如何呢？什么时候应该接受新的挑战了呢？

如果您刚刚开始采用以学生为中心的策略，那么请做好准备，因为这种方法会令您和学生都感到不舒服。大多数学生已经习惯了等待指示、生产相同的产品、等待自己的成绩，然后继续前进。您可以经常看到这样的情况：每个学生关于鬼屋的五段文章都挂在同样大小的南瓜艺术品旁边，沿着学校的走廊排成长长的一条线。

以学生为主导的课堂在上课的过程中通常不是线形的，而是球形的。学生 A 可能从一个点开始，而学生 B 和 C 可能会从另一个点开始（参见第四章，其中讨论了青蛙游戏）。您认为学习体验的结束可能是学生的开始，而这种情况会一遍又一遍地反复出现。学生们研究的最终产品可能会在不同的时间以不同的方式出现。而且，所有这些都是被允许的！

8. 学生每隔多长时间会从被指定的座位上移开一次？

虽然所有的研究都支持运动和玩耍有利于认知和批判性思维，但许多教育工作者在二年级之后就否认了这种联系。我们中有太多人想将运动、情感和思考分开到各自的隔间了。我们需要停止这么想、这么做。研究告诉我们，这些是集成的而不是各自独立的（有关这个集成概念的更多信息，请参见第三部分第十四章）。当学生想要表达情感（练习戏剧、整合艺术品、创造一些东西），但老师却希望学生保持静止并思考时，学生可能会感到尴尬。所以，他们想站起来您就让他们站起来，他们想坐下您就让他们坐下。你好，站立式课桌！你好，灵活的座位！你好，学习！

因此，当我们玩耍时（无论是结构化的还是非结构化的游戏，安静的还是吵闹的游戏），让我们有意识地塑造一种有趣好玩的心态。在您翻过这一页之前，再最后了解一些神经科学吧。我们无法抗拒它，这部分太酷了，不能不分享给您。

在我们的大脑中有一些特殊的神经元，它们被称为镜像神经元。镜像神经元解释了我们理解他人动作和行为的能力。

一旦我们观察到我们认为有价值的东西，我们就会模仿它。"我就是喜欢您那种富有想象力的精神；您是怎么想到这个主意的？"咧嘴一笑。当我们模仿时，我们的大脑会重新连接，以便使新的行为更加持久（维纳曼，2015）。

只要我们有意识地过着有趣好玩的生活，进行有趣好玩的教学，享受我们的学生和我们的手艺，就会在我们的圈子里产生连锁反应。其他人见证了这些好处，然后他们的镜像神经元就开始负责了。真是好消息！这种方法对新上任的老师和我们这些已经有一段时间教龄的人都是有用的。

好玩的课堂

相信……

游戏的效果基于自建的叫觉。

玩耍与人性有关，它是一种本能，它表明了我们是谁！

有趣好玩是高效能教师的重要价值！

所有的课堂都需要有趣好玩的学习体验！

第二部分

游戏玩耍激发创造力

创造力启发游戏玩耍

还记得当您需要一顶帐篷但却没有的时候吗？然后您找到椅子和毯子，自己做了一个。您使用自己拥有的材料，通过批判性思维去玩耍，最后解决了一个问题。

玩耍激发了您的创造力。

第七章
周五下午和周一早晨

我们最近在喝咖啡时会见了一位校长。他正在创办一所全新的学校。他希望这所学校从建校开始就具有创新性，大楼、教室、老师……一切都充满创新。我们会面是为了讨论课程和想法（这是我们最喜欢的话题）。至少这是我们认为的与这位校长会面的原因。

这位校长是这样开始我们的谈话的："好了，伙计们，我需要你们给我列出一份有创造力的老师的名单。你们懂的。我需要那些已经在进行创造性教学的人。或者，那些受过你们训练的、大学一毕业就开始为孩子们教学的人。"我们问他是否需要优秀的，但可能还需要接受一些创新实践培训的老师。他的回答是否定的。他说："我没有时间等。从学校创立的第一天开始，我就需要他们的头脑。"

哇。我们希望我们自己的孩子能上那所学校，那所承诺会与众不同的学校。因为领导层花了一年的时间来寻找最好的老师，所以不会发生"站着教"和"坐着学"的情况。大学运动队不就是这样做的吗？他们提前几年就派出招聘人员，以便创建最好的团队并赢得全国冠军。制片人也是这样做的，他们会在试播节目播出的前几个月就开始试镜海选以确保其节目成功。

想象一下你们自己的孩子在一个欢迎新技术、勇于尝试新技术并大胆试验新技术效果的地方学习。通常，在星期五结束时发生的很多事情都是很好的教学机会。因为这是一周中教师感到最放松的时刻。当他们创造出真正与学生相关的、有意义的、有趣好玩的体验时，魔力就会出现了。可悲的是，这种魔力很少能在星期一早上继续。

我（朱莉）记得有一个特别的星期五下午。那天，我教的一个五年级的班里有一半的学生被带出教室去参加某个活动。我不记得具体是什么原因了，但这件事没有提前计划而且持续的时间很长。班上剩下的一半学生问我，他们这两个小时能在一起做些什么。

那是天堂打开、光线照在我们灰色地毯上的众多时刻之一。我记得当时我想，如果我才 10 岁，我会想要做些什么？我们列出了学生们好奇但还没有机会探索的话题。他们将从中选择一个，然后确定他们所选问题的答案，再创造一种方式向我们展示他们所学到的一切。我天真地以为这次经历会在分配好的时间内完成并整理好，然而并没有。所以，我们把它带到了接下来的一周，然后在每一个我们能找到的碎片时间里继续去做。从这次活动中我们完成了一个美丽的展示，这个展示呈现出了从 1900 年到现在的几十年间时尚是如何变化的。我们现在还有一尊马丁·路德·金博士的半身像端坐在我们教室的书柜上。这尊半身像给我们带来的话题是成就和社会影响。

请注意，这些想法完全符合我们的社会研究教学标准。它们都来自学生的好奇心和有趣好玩的学习精神。学生们恳求我在我们的教学中定期安排这样的内容。我尊重他们的建议和要求。从那时起我们期待着每天的这一部分互动。这件事发生在 2008 年左右。我甚至认为是我们帮助开创了"天才一小时"的运动。因为在它被命名为"天才一小时"之前我们已经在做了。想一想吧，所有这些创造力都始于一个星期五的下午。

用一个满满的工具箱来承担风险

有趣好玩的课堂包括利用时间去冒险并尝试新的教学法（即使它是非结构化的）。这是真正的创造性教学发生的地方，是传统的工作表和工作簿被当作废纸，而不是教学指南的地方。在这样的课堂上，就算您的教学大纲没有被讲到，那也没关系，因为孩子们正在选择学习，并且可能在不同级别和阶段的许多领域进行着练习。

根据创意大师坦纳·克里斯滕森（2014）的说法，"游戏玩耍消除了限制。如果没有游戏玩耍，这些限制会将我们禁锢在我们目前所知的那些可能性之内。正是通过（游戏玩耍）消除这些限制并让自己接受多样性，创造性的见解才成为我们正在做的事情的规范"。在教育领域，我们有多么需要这种心态、这种思维方式、这种自由呢？在一个每秒都被标准化推动着的世界里，学生的分数增加，给学校的投资就会增加，学校的绩效卡就会变得闪闪发光，社区也会因为附近有好学校的错觉而繁荣。说真的，我们到底有多需要有趣好玩的心态呢？

请不要把我们的意思错误地理解为：将学习重点张贴在白板上是一种很好的做法，甚至概念的重复（想想抽认卡）也有它的高光时刻。那种教学方式只适合某类课程。我们需要一个教学策略工具箱来维持课堂的流畅性。我们需要一个功能齐备的工具箱。（杰德说"您无法用锤子去拧螺丝钉"。）但是，您不能每天为每个孩子使用相同的工具，这样做是行不通的。不过，趣味性可以适用于所有类型的学生，因为所有类型的游戏玩耍都会带来令人难以置信的学习体验。

创造力不等同于艺术能力

很多时候，创造力被视为艺术能力。正是这种误解使人们远离了自己也拥有创造力的想法。那么，课堂上的创造力是什么样的呢？您怎么能把创造力应用到您的课堂上呢？别急得哇哇叫，我们正要说到这个问题了。首先，让我们向您展示下面这张表格。

要做……时	可以换成做……
练习使用铅笔和钢笔	用铅笔和钢笔做游戏
学生举手回答问题	学生各自转身与邻座讨论问题的答案
纸质的课后反馈卡	用短视频来反馈
用小测验来检验学习效果	用艺术活动来展示学习效果
轮流朗读	交互式阅读，装扮成书中的人物进行朗读
用抽认卡来学习事物	把事物写成歌或唱出与那个事物有关的歌
用数字幻灯片展示事物	在寻宝游戏中寻找那个事物
完成情节结构练习表	用乐高搭建场景，用乐高角色把情节表演出来
做关于生态系统的工作表	在大自然中漫步，玩生物群落的寻宝游戏
观看有关海洋生物的视频片段	使用实境教学应用软件带领学生潜到水下

要做……时	可以换成做……
讨论你们大声朗读的那本书所描写的地方	使用在线地图软件将班级从你们所在的位置带到书中描写的地方
看海龟的照片	虚拟访问一家海龟医院
仅在纸上学习经纬度知识	把一个盒子藏在操场上，通过地理藏宝游戏把它找出来
查看有关作者写作思路的锚图	联系几位作者，向他们询问与他们写作过程相关的问题

用全新的眼光去看待教育

没有一成不变的灵丹妙药。创造力就是用全新的眼光来看待您每天遇到的事情（人、情况、想法等），或者把某件普通的事情变成全新的、有趣好玩的事情。根据字典上的定义，创造力是"超越传统观念、规则、模式、关系等去创造有意义的新观念、新形式、新方法、新解释等的能力"。

虽然上述关于创造力的定义里没有提到艺术，但是我们通常会认为只有艺术界的人士才充满创造力，因为他们会将一块空白的画布变成前所未有的东西，会通过舞蹈以前所未见的方式去弯曲和扭转身体，会将一块黏土或石头雕刻成永恒的杰作，会把一段只有他们脑袋里才有的旋律转移到纸上使得交响乐团能将其变为现实。您是否知道音乐剧《汉密尔顿》的诞生是因为林-曼努尔·米兰达在海滩度假时读了罗恩·彻诺于2014年撰写的《汉密尔顿传》？他说过类似"那绝对是一个嘻哈故事"的话并开始用书中的故事来制作音乐剧。在一次采访中，他说："我知道他的头像

被印在 10 美元钞票上，而且我知道他死于决斗。我在高中学习时就知道了，仅此而已。"（吉布斯和布莱尔，2017）

想象一下，如果我们教育工作者能摆脱传统的方法，让自己的梦想大一点，再大一点，更大一点，那将会怎样？想象一下，如果我们不再谈论标准化，而是以另一种方式来辅助学习，即让学生不受约束地自主学习（在这种方式下，任何事情似乎都有可能发生），那会怎样？想象一下，如果我们允许我们的学生在对他们来说是独一无二的道路上追求学习，那么他们或许就可以像海滩上的林-曼努尔一样拥有创造性的时刻了。

我们不禁想知道，如果我们在过去的 30 年中一直专注于探索有趣好玩的课堂，就像我们曾经专注于营造应付考试的课堂一样，那么现在我们是否已经移民去火星了？

我们需要用全新的眼光去看待教育。我们需要给学生空间，让他们去尝试，去不被评判地失败、学习。他们需要时间、空间和机会去探索。我们总是提醒老师们"要有创造力"，但是直到现在，始终没有人向老师们展示拥有创造力是什么样子的。

您还在为某个边看幻灯片边听讲的下午而感到烦躁恼火吗？我们也是。无论您现在是在什么地方读着这本书，请把书放下来去玩一会儿吧。我们不在乎您做什么。

您可以拍些傻乎乎的自拍照，画些无聊的涂鸦，发出农场动物的声音，在教室里跳来跳去或者唱歌。即便是像我们这样内向的人，这样做也比"被幻灯片致死"的任何一天都要好。

如果您认为自己讨厌持续不变的学习方式，那么请想象一下您的学生是如何感受的吧。我们希望看到所有的学校（小学、初中、高中和大学）都可以在课堂上采用一种具有趣味性的方式，使所有学生都能免于多年单调乏味的数字演示，都能按他们自己的方式独立地学习并获得相同的学习成果。如果我们给学生的指导是他们可以按自己的方式去学习，那他们为什么还需要我们呢？我们又能为他们的学习增加哪些价值呢？

如果您真的想要帮助您和您的学生用全新的眼光去看待事物，那您应该听听杰德在他的职业发展研讨会上所说的"跳出盒子去思考"，他会给教育工作者提供许多富有创意的启发。他自己是这样说的：

有一天，我坐着开一个会议。我感到无聊得要死。我盯着时钟，满心希望会议能立马结束。我在我的本子上涂鸦，让自己看起来像是在一边听会一边做笔记。在某些会议上，我们会被鼓励在创建课程时要"跳出盒子去思考"。但具有讽刺意味的是，我们都坐在会场里无所事事。实际上，我们应该合作去创建那种"有趣好玩的"课程，但是……我跑题了。

我内心的声音向我大声喊着："神啊，如果我再多听到一次'跳出盒子去思考'，我可能就会尖叫了，谁来决定我是在盒子里面还是在盒子外面？为什么出了盒子还有一个盒子？"

这些都是在我脑海里盘旋的问题。我不敢大声问出它们，因为在课后的教师会议上没有人会提问。提问会延长会议的时间，而且"没有人有时间提问和解答"。我们与学生的工作甚至都不应该有一个盒子。我们应该能够一起摆脱盒子并满足学生们的需要。我们应该不计代价去做。谁会关心我们累不累呢？医生累了，但是他们还是不停地在挽救生命。这是值得的。尽我所能努力帮助我的学生取得成功也是值得的。

我们不是要跳出盒子去思考。

我们必须摧毁盒子。

众所周知，盒子都有一个应办议程：它保证我们不会"出圈"。然后，当我们在盒子之外思考时，盒子中传统方法的安全性、保障性、熟悉性和易用性就会像警笛一样呜呜叫着把我们拉回来。如果我们真的想跳出盒子去思考，我们就必须要摆脱盒子，这样我们就不用去选择了。我能听到疲惫的老师们集体打哈欠的"啊"声，他们曾经尝试过很多新事物，但他们现在准备好要跳回那个放着工作表、教科书和幻灯片的盒子了。如果我们真的想成为启发创造力的大卖场，我们就必须学会摧毁盒子，彻底摆脱它，永远不要爬回到里面去。

我（杰德）那天思考的结果是，我开始在我的生活和工作中寻找方法去建立更具创造性的、"破坏盒子"的思维方式。说句实话，我是在涂鸦时想到了创造力的定义的。下面是我当时的"涂鸦作品"。

"创造力是超越传统观念，创造有意义的新观念的能力。"

这个定义改变了我的一生。我一直认为有创造力意味着擅长艺术。每次我在教室外面做一块炫酷的公告板时，都会有人说："哇！您太有创造力了！"他们在那里谈论的是我的艺术技巧，而不是我的创造力。

更深入的思考是：创造力并不总是艺术，但艺术总是有创造力的。我们将使用涂鸦中的定义进行解释。创造力意味着超越传统观念，创造出有意义的新观念。艺术家们经常用空白的画布、粘土块、他们的声音或他们的肢体去超越普通的、传统的、世俗的东西，并创造出一些新的、有意义的、前所未有的东西。当空白画布从纯白色变成图像时就是创造力。画画的想法从艺术家的大脑中传出，通过他们的手臂，传递给画笔，再通过画家的技巧进入我们这个世界。我们很容易将这样的艺术类的东西称为创造，并将所有的创造力与艺术联系起来。

正方形永远是方形，但方形不全是正方形。同样，艺术永远是创造力的呈现，但创造力并不总是艺术表达。创造力是为一把尺子发现 10 种不同的用途，而不仅仅是测量和绘制直线。创造力是试着以一种比其他人更独特、更有效的方式为旅行打包衣服。创造力是在本地咖啡店的混凝土地板上看到一条裂缝，然后想象它是一条河流，流经一个看不见的小村庄，一种全新的生物物种正在这个村庄里沿着河岸定居，仅靠阳光喂养，多年之后，他们正在学习成为猎人和采集者。

摧毁盒子，那才是创造力。创造力是捧着盒子，用全新的眼光去看它，它除了是个盒子还能是什么？我（杰德）在"摧毁盒子"的研究期间偶然发现了安托瓦内特·波蒂斯创作的绘本《不是箱子》，并为我的这项研究找到了完美的伴侣。正如她在书中所分享的那样，我们手上捧着的盒子不一定必须只能是一个盒子。它还可以是火箭、热气球或赛车，它也可能是我们大脑中想到的任何东西。任何答案都是对的。

大约在五年前，我开始组织"摧毁盒子"研讨会，帮助老师们拆除自己周围的墙壁。不，不是字面意思，虽然大多数教室可以被视为混凝土盒子，但我不是要老师们去拆房子。我希望像作家坦纳·克里斯滕森（2015）告诉我们的那样去帮助参与我课堂的人们，"不仅改变他们的想法，而且改变他们的思维模式"。这就是创造力要做的事情。它进入您的大脑，进入您的内心，它让您以不同的方式看待世界。我经常带领老师们完成克里斯滕森的《创造力挑战》一书中的创造力挑战，以帮助他们了解自己到底是如何被困在盒子里的。说句老实话，我们都被困住过。即使是我们当中思维最不受限制的人也有需要摧毁的盒子。

我最喜欢的克里斯滕森的挑战是"替代用途"。就是上文中我提到过的想出尺子的 10 种用途那一类。为了带领这一挑战，我会将一个非常普通的物品放在一个小组的中央。然后我会邀请小组成员们告诉我它的用途。当这个物品是尺子时，我总是会得到两个答案：测量和画直线。他们的任务是"摧毁"他们传统思维的盒子，并创建一个尺子的替代用途列表，而不是那些能够明显感知到的用途。

我会在他们这样做的时候播放音乐。我会故意播放两首歌曲。通常在第一首歌的播放中团队会想出非常实用的答案：门挡、指挥棒、剑等。在第二首歌的播放中，他们的盒子才能真正被摧毁。毫无疑问，播放第二首歌时，他们有更多的时间、更多的空间和更多的机会进行创造，所以他们想出的答案总是更好。一把尺子可以成为蚂蚁躲避洪水的桥梁，可以是一个微型海盗的小木腿，可以是一辆玩具车跳过峡谷远离坏人时的坡道，还可以是……

看到不同了吗？ 明白想法是如何改变的以及盒子是如何被摧毁的了吗？参与者自己的创造力帮助他们摆脱了尺子制造商放在他们脑海中的"盒子"。他们成了思想家，具有创造性的思想家。传统思维告诉我们，尺子唯一的用途是测量和画直线。经过大约六分钟的有意识的创造性思考，与我合作的大多数成人团体都会产生数百个想法。只需要一点点有意识的时间、空间和机会就可以为创造性思维做这么多，真是令人惊讶啊。

与我共事过的许多老师都将这种学习体验带回了课堂。我最喜欢的一些人有：布列塔尼·萨格（推特：@Miss_Sugg1st）、萨拉·拉金斯（推特：@miss_larkins）和布鲁克·丹尼尔（推特：@Daniel1Teach）。他们几年来一直带领自己的学生去体验"摧毁盒子"的挑战。他们都分享了自己的学生如何在课堂上通过这种做法变得更有创造力了。

鉴于他们学生的成长以及我希望看到所有学生成为强大的、有创造力的思想家，我便开始每周制作带有各种物品的"摧毁盒子"的挑战视频，并将这些视频放到推特上。不，您当然不需要我的视频来做"摧毁盒子"挑战，但这对于我和与我有链接的课堂来说确实是非常有趣的。

截至本书写作之时，美国有 11 个教室每周参加我们的这个活动。也许你们当中越来越多的人很快就会加入我们的行列！如果您准备好要带着您的学生加入这项活动，只需搜索上面提到的"摧毁盒子"主题标签并开始就好了。如果您不喜欢在线参加，我们也创建了"摧毁盒子"挑战卡，您可以在 theplayfulclassroom.com 上免费下载。无论您何时何地怎样参与，我们都迫不及待地想看看您如何开始在盒子外面思考……不……"摧毁盒子"！

第八章
从学习体验开始

科学教室比较容易引入创造性的、有趣好玩的学习体验。解剖、模型构建和实验都会成为学生们成年后记忆犹新的游戏时刻。即使您只是戴上安全护目镜，也可以让学生进入到他们最喜欢的疯狂科学家电影中的角色扮演场景。每次当我（杰德）戴上一副安全护目镜时，突然间我就可以变身成《回到未来》电影中正在建造德洛伦时光机器的布朗博士！

可悲的是，从八年级开始，我的科学体验为零，我的意思是有趣好玩的时刻为零。八年级的生命科学老师在每次考试后都告诉我们说我们没通过考试。九年级的地球科学老师也是学校的篮球主教练，他特别关心我们是否在他教的课上学到了知识。十年级的生物老师是在教我一年后退休的，整个学期的大部分时间他都在为自己的房间打包。十一年级的化学课是由一个"粘在投影仪上的人"提供的。我对任何解剖、模型构建和实验都没有记忆。我们确实去过一次化学实验室，但老师组织得不好，而且我们之后就再也没有去过了。

作为一名任课教师，我的个人目标是成为一名有趣好玩的科学老师。

我会安排丰富的游戏：注入艺术元素，角色扮演，模特展示，与科学家的网络视频对话……是的，每个孩子都有自己的安全护目镜，无论需要与否他们都可以戴上。有时，如果话题不是那么有趣，我会穿上一件实验服、戴上一个疯狂科学家的假发来展示我的教学内容。学生们每次都会给我起一个不同的名字，这给原本无聊的课程增加了兴奋感。他们从来不知道我什么时候会跳入他们分配给我的角色，或者我什么时候会要求他们加入我的表演。我为什么要这样做？因为很好玩啊。它吸引了学生并让他们着迷。有趣好玩的课堂可以启发学生们在学校生活的每个角落和缝隙中发挥他们的创造力，我们需要激励他们，越多越好，越快越好。

创造者（包括您自己在内）应该能够研究传统的方法并运用自己的头脑想出新的东西。让我们看看我们的计划书、文件柜、桌面文件和单元文件夹吧。看看有什么东西可以加入一些好玩的创造力。我们打赌，有很多地方可以"用新风去吹一吹"。创造力是一种思维方式，一种接近生活的方法，包括追求新的想法、方法、思想和创意。可以查看多年来您每天看到或使用的东西并赋予它新的用途。可以为那些旧的课程计划注入活力，而不是年复一年地以同样疲惫的方式去教学。可以把那几排桌子弄乱，然后坐在地板上。创造力意味着因主题的契合而去创造一些不适合完美规划的想法。

画出您自己的直线，插入您自己的曲线花边

您可能会皱眉，因为您刚刚购买了 Emily Lay、Erin Condren 或其他品牌的教师计划手册，并且迫不及待地想将数学教学目标放入您已经做好标记的方框中去。在您的教学中玩得开心并不意味着您不能使用这些漂亮的计划手册。朱莉就很喜欢这些计划手册。她有一个 Erin Condren 的包，

里面有一本 A5 大小的 Leuchtturm1917 灯塔网格日志。我们都喜欢日记本和纸胶带。但是，我们需要将这些用作工具，而不是让自己受到那些横行、竖列的限制。大胆一点，勇敢起来，画一些新的直线，插入您自己的曲线花边。

那么，我们如何为最大程度的游戏玩耍来做计划呢？我们很高兴您这样问。如果我们坐下您不会介意吧？好的，咱们说好了。我们即将发出一个重要的声明。深呼吸，做好准备，开始。教师准备项目做出了错误的指导。我们知道这一点是因为我们都在教大学的课程，这个错误是我们亲眼所见的。

做计划不要从教学标准开始。

哦，我们这么说可能会令您倒吸一口凉气。再说一次？我们不要从教学标准开始？好的，别着急。您需要从一数到十来让自己平静下来吗？准备好继续了吗？我们刚才并没有说我们不需要了解我们的教学标准。相反，我们的确是需要了解的。我们需要了解我们要教授的标准，包括授课之前的标准和授课之后的标准。一旦我们认为这些标准里涵盖的知识点是没问题的，那我们就要首先关注学习体验了。

我们想为学生提供哪些独特的体验？我们的学生渴望什么样的体验？有哪些是他们在普通学校的教室里学习时从没有体验过，但却能在球场上、舞蹈课上、操场上、家附近的随机场地上自由独立探索时经常体验到的？

让我们来想象一下：某位老师有一个必须要完成的教学标准，即"学生必须对动物的适应能力有充分的了解"。这位老师在国家发行的科学教科书中找到了全学区没有任何一位老师选择的关于动物适应能力的部分。于是，学生们看到了一张松鼠用前爪埋橡子的照片。学生们很感兴趣。他们还看到了一张老鹰俯冲下来从池塘里抓鱼的照片。"哦"和"啊"的惊叹声在现场此起彼伏。学生参与进来、兴趣盎然并且好奇心大增。接下来这位老师分发课本所附的活页练习题，学生成功地做完了所有的填空。第二天，学生被带到列表中的下一个标准去学习。

为什么会发生这样的情况？是因为时间不够吗？是老师感觉学生通过一次体验就已经可以掌握动物适应能力的教学标准了吗？是老师不知道还能做什么，因为他自己的老师就是这样教的，而且高等教育也是这样训练他的吗？

我们大多数人都可以用"是的"来回答上面所有这些问题。似乎我们自己的创造力因为缺乏游戏玩耍而始终没有得到启发。想象一下，如果我们全都在一个重视游戏玩耍和学习的世界里被抚养长大和训练，就像重视奶奶的家庭菜谱秘方一样，那将会是怎么样的呢？

与其在不相关的文字中查看图片并在工作表上填空，不如走出校舍，进行关于动物适应性的探索。我们可以去寻找岩石下的虫子、树上的松鼠、鸟巢中的小鸟、忙忙碌碌的生物们。不要只是在书本上阅读它们，而是要去体验它们。大自然就在我们身边。即使在看不到树的大城市里，也可以让学生通过对鸽子进行观察、与鸽子互动来探索动物的适应能力。这是一个有趣好玩的课堂上的老师会做的事情，这是能够影响学生学习的事情，是学生将会记住的事情。

第九章
课堂游戏的多样化

　　我们在研究过程中发现了许多关于游戏类型的参考资料，我们知道必须在本章中提及。它就应该属于这里，就像马特萨米奇⊖上的杜克蛋黄酱一样。根据 B. 休斯（2002）的研究，这 16 种游戏类型可以并且应该尽可能多地出现在课堂上。如果我们真的希望学生好好学习，我们就必须将学习材料与他们的记忆联系起来，这样他们才能坚持下去，而游戏玩耍就能达到这样的目的。唱歌是一种玩耍，试想一下 ABC 是如何嵌入您的大脑中的。您能不唱就说出 26 个字母吗？我们不能，我们的确试过了，就在咖啡店的中央试的。这是一场相当公开的游戏玩耍表演，它帮助我们克服了午饭后的低迷状态。让我们尽快将这种体验带入我们的课堂学习中，好不好？

　　⊖　美国南方的一种主食，是将一两片番茄夹入涂有蛋黄酱的白面包之间并撒上少许盐和胡椒制成的三明治。——译者注

下面，让我们来看看如何将"游戏类型"海报中的每种类型放入您的课程吧。我们已经写下了每一个想法，就好像我们站在学生们面前，向他们解释他们即将拥有的体验会是怎样的似的。

游戏类型

想象型	掌握型	创造型	探索型
学习者在游戏中假装真实情况并非如此（如：假装室内正在下雨）。	学习者试图控制环境的游戏（如：大理石迷宫、鲁布·戈德堡机械、DNA 模型）。	使学习者能够探索、发展想法和创造事物的游戏。	学习者探索物体、空间等的游戏。通过感官来寻找信息或探索可能性。
幻想型	社会戏剧型	沟通型	运动型
学习者扮演现实生活中不会出现的角色的游戏（如：扮演超级英雄）。	基于个人经历的现实生活场景的复现（如：过家家、购物）。	使用文字、歌曲、韵律词、诗歌等进行游戏。	涉及运动的游戏（如：捉迷藏、动物模仿、舞蹈）。
粗暴翻滚型	戏剧型	象征型	复盘型
学习者在游戏过程中进行身体接触，但没有暴力行为（如：精力充沛的游戏）。	用戏剧化表演学习者没有直接参与的事件，就像在观众面前表演一样。	学习者用一个物体代表另一个物体（如：用一根棍子代表一匹马）。	学习者可以探索历史、仪式和神话的游戏。
角色型	社交型	深入型	物品型
学习者扮演社会戏剧型游戏之外的个人或家庭角色。	在游戏中构建和使用社交互动规则（如：摆放餐桌、创建社会规则、棋盘游戏）。	一种强烈而超然的狂喜游戏形式。更多地根据情绪而不是活动来分类。	学习者用他们的感官探索物品的游戏。基本上来说就是把玩物品。

（参考阿克曼的《心灵深戏》与休斯 .B 的《游戏工作者的游戏类型分类法》。）

象征型游戏

嗨！同学们！今天，每组合作伙伴的课桌上都有一把尺子。请大家创建一张列表，列出尽可能多的创意方式，将这把尺子作为你在文艺复兴时期看到的服装的一部分。

粗暴翻滚型游戏

请大家穿上体育课专用的足球套装，我们将通过一场抓人游戏来体验生命的周期。

社会戏剧型游戏

在可以操作驾校的教练车之前，和班上的一位朋友表演上车和启动车辆前做准备的场景。

创造型游戏

使用想象力和轻黏土来创造一个你希望拥有的宠物。给它起个名字，创造它的栖息地，并尽可能多地开发关于它的信息。

社交型游戏

每周二午餐后，我们将通过棋盘游戏建立社群并加强合作、提升沟通能力。大家准备好去玩耍、学习和成长吧。

沟通型游戏

使用上一个生物单元中的词汇，创建一个音乐戏仿◯来展示你对该单元的理解。

◯ 在现代音乐用法中，戏仿通常指的是对严肃作品的幽默模仿。——译者注

戏剧型游戏

收集有关大堡礁的信息。完成研究后，在小组中分配角色，例如探险家、水肺潜水员或科学家，并分别从他们的角度传达你对大堡礁的发现。

运动型游戏

好了朋友们，是时候让身体休息一下了。让我们看看我们如何将自己变成动物吧（老师朗读了绘本第一页中以企鹅为重点的部分）。准备好了吗？当我倒数到零时，你要变身为一只企鹅。当灯光闪烁时，我们就都要被冻住啦！3，2，1，开始！

想象型游戏

今天你要变成一个动物的细胞。请召集一个团队来帮助展示你从一个细胞变成两个细胞的过程。我们的表演将在 10 分钟后开始。

探索型游戏

我把一些物品放在了棕色纸袋中，它们的气味与我们在昨天的作业中读到的物品相似。闻一闻每个袋子，然后将它与你记得的书中的部分联系起来。

幻想型游戏

你正骑着一条龙飞过一个中世纪的村庄……请描述一下你都看到了什么。

深入型游戏

"我知道你想继续为今天下午的比赛制造汽车，但如果我们再不停下来，我们就会错过午餐了。"沉迷于游戏玩耍的学生集体抱怨起来，他们宁愿错过午餐和午间休息。

掌握型游戏

既然你们已经完成了两栖动物的研究，那么请使用可回收的材料给它们建造一处有助于它们生存的栖息地吧。

物品型游戏

今天请在你们的团队中使用积木来构建一个展示力和运动、摩擦和阻力概念的装置。

角色型游戏

阅读完有关海龟的文章后，请扮演成海洋生物学家，向反对者解释为什么保护海洋生物很重要。

复盘型游戏

当我们完成"咆哮的 20 年代"这个单元时，请为班级策划一场盖茨比派对。

关于复盘型游戏的声明

并非所有关于血统、历史、仪式等的学习都是有趣的。在教授某些历史话题（例如盗窃原住民的土地、奴隶制、吉姆·克劳时代、大屠杀，以及任何有关种族灭绝、种族主义、性别歧视等内容）的课程时，应不惜一切代价避免角色扮演、游戏玩耍或其他有趣好玩的体验。这些教学内容应该以最大的同情和理解来处理。这些不是有趣好玩的话题，必须要严肃对待。

您可以在 theplayfulclassroom.com 上找到更多关于如何将上述这些类型的游戏融入课堂的创意。

第十章
发现和发明的创造力

我们都认为科学是"发现"，艺术是"发明"，但是，是否存在"第三个世界"呢？"发现"和"发明"哪一个更不可思议一些呢？抑或，两者是同样的？

——奥利弗·萨克斯，《说故事的人》

创造力绝不仅仅只是口头说一下自己读过萨克的《有创造力的伙伴》或伊丽莎白·吉尔伯特的《大魔法：超越畏惧的创意生活》（*Big Magic: Creative Living Beyond Fear*，中文译名《去当你想当的任何人吧：寻找自我的魔法》）就足够了。当您读完这些精彩的作品或类似的书籍之后，您会如何处理它们呢？您是把它们像奖杯一样放回书架上呢，还是把里面的句子记下来，并用这些句子把您的计划书和课程提升到一个新的水平呢？我们不能在关着门提供平庸的同时还大谈特谈什么创造力。在美国南方，我们把这样的人叫作"药店牛仔"。这些家伙除了闪闪发亮的靴子之外，没有什么可展示的。您懂的。就是那种打肿脸充胖子、有名无实的人。

如果我们继续过着乏味的生活，那么阅读一本关于创意生活、超越恐惧的书又有什么用呢？我们如何才能克服恐惧去创造性地实施我们读到的想法呢？为什么要转发他人的深刻智慧，而不进行与自己有关的且有意义的学习呢？在吉尔伯特的《大魔法：超越畏惧的创意生活》一书中，她说道："你要勇敢。没有勇气，你永远不会像人们渴望的那样丰富地了解这个世界。没有勇气，你的生命将保持渺小……远比你想要的生活要小得多。"

我们不了解你们，但我们成为教育工作者并不是为了过渺小的生活。我们想要宽广的生活。这意味着我们希望自己能有较大的影响力，能对我们学生的生活和职业产生重大的影响。您能想象如果每位教育者都能抛开谨慎并将创造性的、有趣好玩的心态带入他们的课堂之中，我们将会生活在怎样的世界吗？那将会是一个多么丰富多彩的世界啊！

我们知道这很难。事实上，超级难。但它也可以做得非常简单。与其阅读有关 H_2O 可以循环的内容，不如在学生面前用水、一个塑料袋和一个吹风机来演示一遍水的循环过程；与其观看生态系统的图片，不如走出去体验你们学校周围的环境。为什么要让学生填写一份关于太空的练习表，而不找一位宇航员来与他们进行网络通话或对某位航天员进行电话采访呢？学生难道不能亲自体验印花税法，而非要观看和聆听您精心准备的讲座吗？想象一下，您班上的每张纸都要被征税，每封信、每本书、每一个书签，甚至连学生们最喜欢的数学游戏卡也要被征税。这两种做法他们会记住哪个？

您明白了吗？创造力存在于动手之中，存在于思考之中，存在于有趣

创造力是

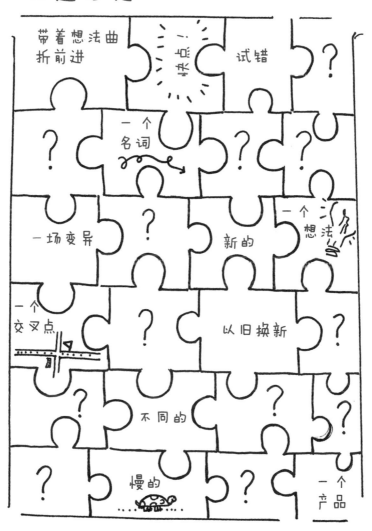

好玩的体验之中。它既是发现，又是发明。

游戏启发创造力。

创造力启发游戏。

但是，千万小心

就在本周，我（朱莉）观看了南卡罗来纳州地区的一堂使用轻黏土的练习课。很有趣对吧？谁不喜欢轻黏土呢？事实上，我们在前几页提供的有趣的教学策略时也提到过它。轻黏土散发出的气味把我们都带回了童年。啊……让我们多闻一会儿吧。既然轻黏土这么好，那您为什么要小心呢？您问道。因为那堂课的体验缺少了学生的思考。当时，老师提供了一个地理沙盘模型，让学生们照着模型去做。学生们不知道为什么自己需要了解这些地理区域，他们做这些轻黏土时与现实世界没有任何联系。他们被分配了一个任务，于是他们就照着做了。这种课程并不比使用细致严谨的工作表要好多少。

咱们中的很多人（注意：我们说的是"咱们"）已经做了与此完全相同的事。我们用"活动"而不是有意义的学习体验来填充我们的课程计划书。活动是人们在游轮上或疗养院里所做的事情。有趣好玩的课堂则必须既有趣又有意义。这个轻黏土课程示范的是一项活动，因为它缺乏深度，所以无法对学生产生意义。虽然参与的人似乎在玩耍，但这种玩耍缺乏与学习的联系。我们是教育者，我们要提供学习体验。不过，这也没什么可感到羞耻的。我和杰德在教学的初期也都做过这种活动，但学生的反应和与学生的交流谈话告诉我们，这种课程与我们的学生无关。它本来可以与学生有关的，只是我们没有做到这一点。一旦我们知道了怎么做会更好，我们就必须竭尽全力去做到更好。

真实性

我们必须停止将我们自己的工作归结为任何人都可以完成的事情。我们要在学习过程中创造真实的参与机会以及有趣好玩的精神。"真实的"，是的，这是另一个折腾老师的词。这是什么意思呢？这意味着将教学内容与每个班级、每个学生的需求相匹配。因为在我们教授学生的那一刻，我们教学的内容对学生们来说是真实的。

我们是否以创造求知欲的方式制作了我们的"课程钩子"？

我们是否把学生的求知欲记录了下来以便让所有人都能看到？

我们是否跟随学生的好奇心去开始学习之旅？那个才是有创造性的、有趣好玩的教学。

创造性的、有趣好玩的教学不是毛绒球和摆动的眼睛。

创造性的、有趣好玩的教学不是一块漂亮炫酷的公告板。

创造性的、有趣好玩的教学是学生积极参与的教学。

学生才是那个最关心自己在做什么的人。不过，让我们在这里说得具体一点：学生是看在学习的份上才关心的，他们并不会为了获得A而关心。当学生完全投入到您为他们设计的学习体验中时，他们就会在学习中脱颖而出，并达到一种"心流"的状态。您自己达到过心流状态吗？接着读下去，看看您是否达到过吧。

心流

在《连线》杂志 1996 年的一篇文章中，米哈里·契克森米哈赖将"心流"解释为：

为了自己的目的而完全参与到一项活动中。自我消失了，时光飞逝。每一个动作、位移和思想都不可避免地跟随前一个动作，就像演奏爵士乐一样。你的整个人都参与其中，你正在最大限度地使用自己的技能。

运动员会认为他们的心流发生在他们"进入状态"的时刻；喜剧演员会认为他们的心流发生在他们"妙语连珠"的时刻。令人难过的是，心流状态在普通成年人中并不常见。对我们来说，这种心态被日程安排和责任蚕食了。我们非常擅长忙碌，但不擅长高效工作。我们中的大多数人都太忙了，无法沉浸在让我们真正快乐的事情上。

但是，您知道谁最容易体验到心流状态吗？您当然知道了，是孩子们！学龄前儿童和学龄儿童能够在激情的"工作"中迷失自我，而他们的激情又几乎总是包括游戏玩耍。我们怀疑，心流的自由和其中无限的机会是一首海妖之歌。孩子们常常专注于在户外建造童话般的房子或者模型汽车的轨道，或者专注于在人行道上画粉笔画。

随着人们对这种现象的认识（或缺乏认识），许多成年人为此选择在他们的日程安排中留出一些时间（就像给自己留出一个荣耀空间那样）来体验心流。在我们的日历上，我们将这样留出来的时间称为"耕种"时间（这是对劳拉·凯西和她的 #powersheets 的致敬）。我们的艺术家朋友吉纳维芙·斯特里克兰（Instagram@GenStricklandArt）每天都会为她的艺术创作留出时间。她甚至会把材料全天都放在户外，这样她就更容易继续她事先预定好时间的练习了，因为她会想要走出去检查那些材料。劳拉和吉纳维芙都尊重她们的创作时间，都刻意去安排她们的创作时间。她们是我们的榜样，让我们知道应该如何去工作。

关于在学校里实现心流的问题

如果孩子们渴望游戏玩耍（甚至需要游戏玩耍），那么我们需要每隔多久为他们的游戏玩耍留出时间呢？在典型的小学课程表中，我们会教数学，对吧？与其进行数学练习，不如让两个孩子扮演青蛙，再让两个以上的孩子（也扮演青蛙）过来排成队跳着前进。那是有趣的数学，它可以使学习坚持下去。

初中老师们，你们怎么看？是的，你们也可以用青蛙来平衡方程。只要确保池塘里有一个等号并且没有青蛙沉底就行了。您明白我们在做什么了吗？那教阅读的老师怎么办？您问道。在读者剧院中分角色扮演或在装扮中心探索服装时练习阅读会更有趣。高中老师们听好，戏服也适用于你们的年级。在阅读《一个人的和平》或《红字》时尝试穿上戏服吧。您的学生会永远记住它的！

除了全天保持有趣好玩之外，由学生的意见和选择来引导的有目的的游戏玩耍，对于有趣好玩的课堂至关重要。我们必须刻意留出时间并将其奉献给学生的激情。有人将这样的时间称为"天才时刻"，有人将这样的时间称为"激情项目"，有人将这样的时间称为 PBL（这里的 P 可以代表项目或是基于问题的学习）。无论我们怎样称呼这段时间，我们都需要允许它的存在，因为它会按照学生的需求（而不仅仅是老师的需求）将游戏玩耍带入课堂。

大家回想一下前几章的社交游戏建议。为什么不每周安排一次棋盘游戏时间来发展和加强学生的沟通和协作呢？您可以将他们在游戏中练习的技能应用到您课程中的其他学习领域。一旦我们开始有目的地规划游戏玩耍（不仅要在核心科目中规划游戏玩耍，而且要在一天中的所有时间都规划游戏玩耍），我们就会看到它的好处，并且这个理念将改变我们的教学法，在我们的学校产生连锁反应。当我们想到自己或许能对学习产生积极影响，并对整个世界产生更大的影响时，我们简直都要乐晕了。

第十一章
为重要的事情腾出时间

在上课和参加项目设计研讨会的间隙，我们经常在本地的咖啡店见面。当我们待在咖啡店里时，我们几乎总是会达到心流状态。我们梦想新的创意，我们为解答自己无法解决的问题而做头脑风暴，我们在一张又一张的列表中列出我们想做的事情，我们在自己的日记本上涂鸦。

最近，在我们（朱莉和杰德）见面时，我们的一位老师朋友给我们发信息说，她很希望有时间像我们一样在咖啡店闲坐。我们不禁笑了起来……"有时间！"我们都没有时间。我（朱莉）在大学教了很多课程，我是妻子，也是两个女孩的母亲。我最近还参加了一个瑜伽师培训班。杰德则身负 14 个头衔，在全州和全美各地出差旅行。无论去到哪里他都会留下火花，为从事教师职业的人们提供方法，给予鼓励和能量。他穿着很棒的套装，是我们所有人都需要的教练。

事实上，我们连一秒钟的闲暇时间都没有。我们的业务繁忙，经常会筋疲力尽。然而，我们持续不变去做的事情就是腾出时间见面。这段特意安排出来的时间为我们加了油。它让我们恢复了活力，让我们能够集中注意力，让我们能够坚持下去。如果我们不花时间把自己放在这个空间里，我们的其他工作都不会如此成功。您也不会拿到这本书！ 我们为什么要告诉您这个？ 因为作为一名教育工作者，您必须为您自己和您的学生创造一些让心流能够发生的机会。当我们"进入状态"时，我们就来到了魔法的世界。在这里，好奇心会引领新的学习。在这里，共享的想法会变成创新。奇怪的是，当我和杰德一起度过这段时间时，我们总是在游戏玩耍。游戏玩耍是最好的工作方式之一。

中场休息：一个故事

让我（杰德）告诉您一位老师的故事。我们是在南卡罗来纳州认识她的，她的名字叫史黛西·克鲁普，教小学四年级。她最近在自己任教的学校评上了年度教师。这位女士是一位富有创造力的老师。她的事迹就是经典的案例。

她不怕坐在地板上和学生们一起迷失方向。

她不怕尝试新事物。

她不怕"跳出盒子"去接触学生们。

她不怕游戏玩耍……她在年级规划的课间休息时间里与学生们一起玩耍。

她不怕失败。

最近，我们拜访了她的班级，参加了一个 STEM 课程。在那堂课上，学生们被要求搭建一个可以支撑篮球重量的纸质底座。学生们先是得到了无限量的纸和胶带。纸和胶带？并不是很有创意，是吧？也不是什么最新、最好的技术，是吧？在互联网上快速搜索后我们了解到纸张是在公元前 100 年左右发明的，而胶带是在 20 世纪 20 年代创造的。这堂课几乎没有使用新工具，但与这些工具相结合的实践、方法、思维和解决问题的方法却非常有创意。

这些学生对学习体验如此投入，以至于从始至终他们都没有问过："我们要做多长时间？"也没有抱怨过："我们还不结束吗？"事实上，学生们的体验超过了他们被分配的时间，他们一直持续做到了午餐时间。通常在那个时间点，学生们都等不及要赶快去吃午餐了。而在这一天，他们乞求吃完午饭后回来继续工作，继续建造他们的基座。当时这些学生正在通过游戏的力量体验着最好的心流状态。他们对学习如此投入，以至于他们的愿望不是食物，而是手头的任务。谁能想到纸和胶带会如此吸引人呢？或者，我们敢不敢说，纸和胶带会变得如此有创造力？

老实说，有创造力的不是纸和胶带，而是那位老师。她凭借对学生和教学内容的了解，为自己的学生精心安排了一场创造性的、有趣好玩的学习体验，让学生们得以发现建造一座建筑所需的基本技能。她在整个课程中执行了数学课和科学课的教学标准，并促进了学生协作、沟通和批判性思维的发展。当然，她原本可以下载一份关于上述数学课和科学课的工作表，让孩子们在她面前坐成一排默默地学习。但她有趣好玩的精神不允许她这样做。简而言之，她为日程安排中重要的事情腾出了时间，并创建了一个有趣好玩的课堂。您可以在推特上关注史黛西·克鲁普夫人的创意课堂：@crumpsclass。

请与我们一起想象一下，如果我们为学生提供更多这样的机会，那么：

- 有什么发明创造可以诞生吗？
- 有什么疾病可以被治愈吗？
- 有什么全球性的问题可以找到解决方案吗？
- 学生们可以成为什么样的变革者呢？

如果我们真的想要一个有趣好玩的课堂，就必须争取更多的思考机会，让创造力渗入到我们的课堂里来。

计划、执行、回顾

我们的另一位幼师朋友也非常优秀。她的名字叫斯蒂芬妮·西伊（@kimdersteph12）。她是2005年南卡罗来纳州的年度最佳教师，是一位了不起的教育家。她所教的班级每天都会根据高瞻课程⊖的模型安排"计划、执行、回顾"的时间。她的学生可以自主决定一个项目或任务。例如，"我想用建筑纸制作一头大象""我想用灯箱进行探索"或者"我想阅读有关鲨鱼的文章"。然后，学生们就去做他们想做的事。最后，学生们作为一个小组聚在一起，回顾他们是如何利用时间的。这些开放的、有意识的探索机会让她的幼儿园孩子们学习了色谱法（用记号笔、咖啡过滤器和水）、温度（为雪人做衣服）以及重力的概念（用卷纸的筒芯制作大理石轨道）。

对于5岁和6岁的孩子来说，决定一项任务、坚持下去并与同龄人一起反思是一种适合发展（且具有挑战性）的做法。那么为什么我们就不能在三年级的课堂安排"计划—执行—回顾"的时间呢？九年级的课堂能安排吗？高等教育的课堂能安排吗？我们当然可以安排。而且，我们应该这样安排！相对标准化考试中零散的知识点来说，这些技能可以更流畅地延续到学生们的成年期。这是多么美好的发现啊！当您自己是个学生时，您会不会很渴望这种时间安排呢？我们会！

关于创造力的免责声明

创造力在每间教室、每一天、每一年的体现都是不同的。我们喜欢毛绒球、摆动的眼睛和超可爱的公告板。它们在学习中占有一席之地，不应该因小失大地去躲避它们。然而，教学不能只是那些东西。教学只有可爱

⊖ High Scope Program，2013年公布的教育学名词。它在20世纪七八十年代发源于美国密歇根州，是一种注重幼儿主动学习，以关键经验为课程内容、以计划—执行—回顾等环节为游戏活动程序的早期教育方案。——译者注

和有趣好玩是不够的。

如果您是六年级至十二年级的老师，您可能会对学前班老师的一些创意嗤之以鼻。不过，有时将数字100从纸上剪出来，然后在第100天再将其粘贴好，实际上对于一个从来没有拿过剪刀、从来没有碰过胶水、刚学会数到100的孩子来说是非常有意义和非常有相关性的活动。当我们讨论创新的话题时，我无意中听到一位同事说："把数字100剪下来再粘上不是一种深度学习活动。"说这话的人对幼儿园教学法的了解是很有限的。她缺乏对儿童早期发展的理解，也不了解相关性学习可以具有许多方面。对于从未尝试过的孩子来说，剪掉数字并恰当地使用胶水是令他们耳目一新的事情。

胶水是怎么粘上的？

剪刀是怎么剪开东西的？

数字100等于10的10倍，这难道不是很酷吗？

所有这些问题都是我们听到五年级学生在剪切和粘贴数字100时提出来的。精细动作的发展尤其对残疾学生很有意义。想象一下他们最终掌握了剪切和黏合时的自豪感吧。我们不是来评判您的创造力的，我们在这里是想鼓励您深入挖掘教室的每个区域并找到您的创造力。那才是将有趣好玩的课堂变成现实的办法。

学生的选择

好了，现在我们知道了，在有趣好玩的课堂中，心流状态是创造力的目标。我们希望学生每天都参与有意义的任务。那么，我们要如何激发出学生的心流状态呢？我很高兴您这样问。这并不需要什么魔法，事实上，答案很简单。从学生自己的选择开始就好了。

- 学生的选择存在于他们首先要做的事情之中。
- 学生的选择存在于他们提出的问题之中。
- 学生的选择存在于他们想寻找答案的事情之中。
- 学生的选择存在于与他们一起工作的人们之中。
- 学生的选择存在于他们坐在哪里。
- 学生的选择存在于他们如何向您展示他们知道某事。
- 学生的选择存在于他们的作文写了些什么。
- 学生的选择存在于他们的作文要写给谁看。
- 学生的选择存在于他们所阅读的内容。
- 学生的选择存在于他们给自己设定了什么目标。
- 学生的选择存在于……

你们中的一些人现在开始焦虑了。我们可以感觉到。我们可以感觉到您的大喘气，可以看到您紧张地看向旁边。就是您，坐在后排的，我们刚刚已经看见了。我们知道您感到不安，因为我们也有过同样的感受。我们也能感觉得到您正在想……

- 这太疯狂了。
- 这究竟是在干什么？
- 这太让人生气了！
- 课堂秩序去哪儿了？
- 老师对课堂的控制去哪儿了？

- 这样我怎么知道他们学会了什么，没学会什么？

- 我将怎么给他们做评估呢？

- 我要怎么给他们在学籍管理系统里打分呢？

- 我的管理者会怎么想？

- 我的教学标准怎么办？

我们清楚地听到了您的担忧和恐惧。我们也曾担心过同样的问题。这是真的！但是，那个时候，我们还没有像我们曾经希望的那样去教书。英语教学课只有短短的 90 分钟，我们很纠结。如果我们把写作教好，我们就没有时间去教阅读了。然后，什么时间去教词汇呢？天呐！我们没有时间安排独立阅读了，我们还有很多技能要展示和练习！

您看，老师们一直在做的这一切都是错的。别担心，我们并不是在这里指责您。事实上，我们就站在您身边和您一起照镜子呢。我们也曾是怀疑者。我们参加过关于"基于问题的学习"的会议，并且一直持反对意见。我们仍然能看到自己在那个小型的年级会议上摇着头说"不"，然后解释为什么我们必须首先把技能教给学生。我们当时曾强调，如果没有技能，他们就无法解决问题。现在，我们几乎可以肯定的是，你们中的许多人正在一边阅读这段文字一边摇头。我们在这里要求您的只是"试试看"，就像您的妈妈在 5 岁时恳求您尝一尝蔬菜那样。

随着我们教学艺术的发展，我们很快了解到，技能对学生来说并不重要。我们必须给他们一个问题，制造不平衡（谢谢您，皮亚杰）。要让他们对这些技能心生好奇，而不再认为那些只是上学时不得不去学的东西。但是，这种认识的转变需要一些时间。当我们找到了自己有趣好玩的动力时，我们就希望每个人都能参与进来。事情并没有像我们希望的那样顺利发生。有些人只想祝我们好运，他们自己却不愿意做。不过，给他们一些时间吧，他们会跟上来的。

好事多磨

杰德的曾祖母莫迪曾经说过："没有什么值得做的事是容易做成的。"没有比亨利·马蒂斯所说的"创造力需要勇气"这句话更真实的了。创造力当然需要勇气，而且肯定是非常不容易的。与几十年前的社会规范和传统做斗争是一项艰巨的任务。但是，我们愿意努力去战斗。我们希望您能加入我们。第一场战斗是认清对手。是什么让我们如此迫切地想要改变呢？请看下面的传统教育列表，看看哪些是您自己教育体验的一部分。我们在这里不做好坏优劣的评判。您只需要说实话。在我们自己学生的生活里是否也有这样的事情呢？也许其中一些可以变得有趣好玩一些，但我和杰德会异口同声地说：其中大多数都只是像狗耳朵上的螨虫一样，吸走您的生命。

❑ 工作表　　　　　　　❑ 阅读日志

❑ 纸 / 笔考试　　　　　❑ 死记硬背

❑ 标准化考试　　　　　❑ 计时数学练习

❑ 教科书　　　　　　　❑ 无声的午餐

❑ 作业　　　　　　　　❑ 作为惩罚措施而取消午间休息

❑ 章节末尾的问题　　　❑ 反复书写词汇定义

❑ 完成奇 / 偶问题　　　❑ 成排的桌子

❑ 作业没签名被老师骂　❑ 因为行为不端而被在黑板上公布名字

　　　　　　　　　　　❑ 完全相同的艺术项目

在我们作为 K-12 教育工作者的那些年里，从某种意义上来说，所有这些事情都在我们的课堂上发生过。它们并非每天都会发生，但我们被培训并学会了像其他人一样去教学。我们没有开始自己的奔跑，而更像是在星期天的下午悠闲地漫步。承认这一点让我们感到非常尴尬，尤其是在我们已经写了上述那么多的文字之后。但本着心态开放、诚实透明和勇于认错的精神（感谢布伦），我们希望您知道这一切。

如前所述，坦白的过程需要勇气并且非常困难。还记得伊丽莎白·吉尔伯特的话吗？"勇敢点！"我们接受这种坦白的困难，并要在此声明中向前迈进：我们已经取得了巨大的进步，并且肩负着帮助他人加快教育工作者进化过程的使命。我们目前的轨迹正在引领我们走上新的探索和创造之路。我们渴望帮助所有佩戴教师荣誉徽章的人看到我们所做工作的重要性，看到我们必须超越传统观念去创造有意义的新观念的紧迫性。

第十二章
寻找平衡点

我们关于创造力的言论就好像它是一种灵魂出窍的体验似的。但其实，它存在于我们所有人身上。有些人只是比其他人会更频繁地利用它的力量而已。休·麦克劳德（2009）在他的书《无视所有人》和《创造力的 39 个其他关键点》中讲述了一个关于创造力和勇气的故事。早期人类之所以变成了肉食者，究其原因可能是终于有人勇敢地离开了洞穴并找到了杀死长毛猛犸象的方法。这是人类创造力的诞生吗？或者，人类的创造力始终都存在，它只是一直在等待某个厌倦了以植物为食的勇敢者去发现它？请不要让这个故事引导您走向另一个极端。您做您自己就好了。去寻找您自己内在的创造力和有趣好玩的精神吧，去发现您需要杀死的"猛犸象"是什么吧。

走出洞穴

创造性的灵魂是诸多限定中的远见者。每位创造者的工具都是一种限定：油漆、织物、金属、小提琴、钢笔、数字、工程设计过程等。我们的一些学生愿意从做计划、画蓝图开始，其他人则愿意抓过积木就开始上手建造。在结束时，他们都会得到一件产品或一种性能。当我们给学生一个游戏玩耍与合作的机会时，魔法就发生了。有时，好的科学也是需要一点魔法的。

没有得到所有的答案也没关系

不同的学生有不同的天赋和视角，他们解决问题的方法也不同。只有综合考虑这些不同，我们才能负责任地解决重大问题。我们生活在一个全球性问题如此之多的时代，没有人知道所有问题的解决方案。然而，我们仍在教别人，就好像我们自己知道所有的答案似的。这是一种具有欺骗性和危险性的做法。

在培养未来教师时，我们有机会见证了从大二新手变成经验丰富的大四学生是如何做课程设计的。随着时间的推移，他们变得不再那么天真可爱了，但是他们所做的课程设计才是他们关键的改变。在他们的设计中，课堂上"由谁来做创造"这件事发生了变化。使用绘画来学习对称性的课程设计很好，但前提是您要允许学生探索材料并查看对称图像是如何出现的。让学生先画画，然后尝试操作纸张。您应该让小学一年级的学生自己去探索和发现对称性，而不是直接示范并指导他们说："这样拿着你的纸。看着我，孩子们！"

这是我们试图在这里向您展示的大二学生（直接教孩子对称性）与大四学生（启发孩子去探索和发现对称性）在设计课程时的关键区别。一旦孩子们发现了对称性，您就可以让他们说说在我们的世界中他们看到的哪些东西是对称的，以及我们怎样才能用一些艺术材料在纸张上表现出那个对称的图像。只有在此时，学生才会质疑、尝试、设计、重组和创造。您看出这有多好玩了吗？与更传统的教学方法相比，这种学习体验是多么深入，您明白了吗？就像吉尔伯特（2016）所说的，"您应像这个世界渴望被了解的那样尽可能丰富地去了解它"。

如果老师给出了这样的指示："把你的颜料放在这里。现在，看着我。就这样把纸折叠起来……"那么，是谁在思考呢？学生们只是按照指示进行操作而已，并没有发挥他们的创造力。我们的朋友约翰·斯宾塞曾在一次主题演讲（2019）中提到："如果您给学生布置了一个作业，而他们交上来了25份相同的东西，那么您就等于没有布置作业，您只是给他们发放了一个菜谱而已。"

当我们为自己的课堂规划创造力时，我们就是在规划机会。我们要规划一些促使学生提问的场景。我们知道，我们中的大多数人都喜欢控制。

我们喜欢用彩色的编码和叠放的笔记本。我们自己的办公桌就是这样的。我们有一个梅森罐用来装削尖的铅笔，另一个用来装胖胖的彩色水笔，还有一个用来装细细的勾线笔。但是，我们必须退后一步，我们必须放手。我们必须先让学生们弄得一团糟。我们必须让他们去游戏和玩耍。

失败

失败不可避免地是每一次游戏体验的一部分。有人搭的积木塔会倒塌，有人会输掉比赛，有人可能会溅出油漆并毁掉作品。然而，在失败的时刻，我们学会了在下一次玩得更好、更灵活、更聪明。这个单词、这个经验、这个被称为失败的学习时刻肯定会在关于创造力的一章中被单独提及。您会在关于成长的章节读到更多关于失败的概念。一个人在创造时要失败多少次？可能有亿万次吧。好吧，也许没有那么多，但肯定有很多次。

大多数人都知道，托马斯·爱迪生在发明电灯之前进行了数千次不成功的尝试。莱特兄弟如果不是因为常常反复遭受痛苦的失败，就不会取得任何成功。自学成才的工程师们花了数年的时间和无数次的尝试用各种办法去实现有动力装置的飞行。我们喜欢塞缪尔·贝克特的这句话："您尝试过吗？您失败过吗？没关系。再去尝试，再去失败。这次失败得好一点。"下面我们来阅读更多关于历史性"失败"的资料吧。

- 福特汽车公司的创始人亨利·福特在他成功之前失败并破产过五次。

- 迈克尔·乔丹在上高中时并没有被选入校篮球队，但他后来赢得了六次 NBA 冠军、五次 MVP（美国职业篮球联赛最有价值球员奖）、十四次全明星奖，并成为有史以来最知名的运动员之一。

- 梅西百货公司的创始人罗兰·哈赛·梅西在纽约市梅西百货商店流行起来之前曾失败过七次。

- 奥普拉·温弗瑞的第一份工作被公开解雇，因为她对自己的故事过于感情用事，但这正是促使她成功的品质。

- 肖恩·科里·卡特（Jay-Z）的第一张专辑被所有唱片公司拒绝了，于是他开了自己的唱片公司。

- 沃尔特·迪士尼被一位报纸编辑解雇，因为"他缺乏想象力，没有好的想法"。

- 在伦敦的一间小房子幸运地得到《哈利·波特与魔法石》之前，有十二家出版商拒绝了 J. K. 罗琳写作的关于一个男孩巫师的书。

这是一份令人印象深刻的失败清单。让人感到悲哀的是，在教育界，我们提到的"弱点""失败""不及格"等词通常都与成绩单上的 F 有关。F 意味着该学生不称职，不是一个好的学习者，不是一个好的应试者，而且，最糟糕的是，F 意味着该学生是个不聪明的人。

最近，在一个挤满了老师的房间里，我们向他们展示了一个学生的作品，上面写着 F。我们要求他们仅根据所看到的作业对学生进行点评。房间里几乎每个老师都给出了否定的答复。当我们想到这件事时，简直要被气得鼻孔冒烟了。一些老年人在很早以前构建的一个由五个字母组成的评判系统竟然与今天学生的智力水平发生了关联。那个字母就像放在公牛肚子下面的牛奶桶一样毫无用处。我们渴望有一天，有趣好玩的课堂能改变这种评判。"失败"这个词是聪明、智慧、受过良好教育和全面发展的代名词。我们早就厌倦那套扼杀创造力的陈旧的字母系统了。

在罗伯特和米切尔·鲁特-伯恩斯坦合著的《天才的13个思维工具》一书中，贯穿始终的一个主题就是学校如何经常阻碍一些最聪明的人。为什么？因为这些人往往是"失败者"。尝试、失败、尝试、失败并不是他们自主的选择，但这是我们学习的最好方式……我们应该从我们的错误中学习。我们大多数人正是在那些失败、尝试的时刻才找到了自己的心流。

如果有一种职业需要检查、期待和尊重失败与错误，那就是教师这个职业了。学习的本质来自于尝试、失败、找出问题所在并再次尝试。多年以来，我们把科学的方法教给学生。提出问题、做出假设、试验你的"逻辑猜测"并得出结论，看看你的假设是否正确。如果你的假设不正确，那也没什么大不了的。

为什么我们有这么多人害怕用游戏玩耍和创造力的方法去教学？伊丽莎白·吉尔伯特（2016）告诉我们，那是因为我们害怕……但我们害怕的东西究竟是什么呢？谁在乎积木塔是否会倒塌？轻黏土创作是否会一团糟？努力建造的纸牌屋是否会搭成"歪下巴"的样子呢？我们应该鼓励有创意的想法，然后只是为了看到它失败而将其付诸实践，我们应该以一种传统教科书永远不会去教的方式提供教育。

朱莉以前从未听说过"歪下巴"这种说法，所以我们请教了 http://onlineslangdictionary.com 来确认它的存在。事实上这种说法很常见。网站上的一个例句让我们在咖啡店里笑了好久。这个例句是："你需要拧紧那台拖拉机座椅上的螺栓。这个座椅完全就是一个歪下巴。"我们甚至在工作的间隙进行了一次游戏式的休息：给这个句子画上插图。这次的游戏很有意思，有创意，有趣好玩，它让我们的大脑朝着一个全新的方向前进了。在我们涂鸦和哈哈大笑之前，我们的大脑就像留在闷热汽车里的香蕉一样毫无价值，但游戏开始的那一刻我们的创造力被激发了。您看到我们可爱的拖拉机了吗？

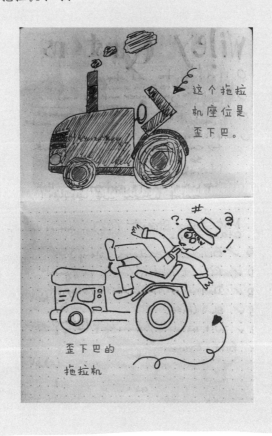

玩耍适合所有年龄段的人

有趣好玩的课堂充满了心流、选择和不令人恐惧的失败。各个年龄段的人都沉浸在思考和朝向目标的努力之中。如果您在互联网上搜索"游戏玩耍"（当然，我们已经这样做了），您会发现数不胜数的资源……尤其是您在搜索时加上"幼儿教育"这几个关键字。但这样的结果束缚了我们的手脚。游戏玩耍不仅仅是一个儿童早期教育的概念。是的，游戏玩耍是儿童发育所必需的，但更重要的是：游戏玩耍是培养思想家所必需的，并且，游戏玩耍应该适用于所有的学习者。

全球数百万成年人参加棉花糖／意大利面塔挑战赛是有原因的。您去查一下就知道了！彼得·斯基尔曼在 TED 演讲上介绍了"棉花糖挑战"这个玩法（即用 20 根意大利面、一段胶带、一段绳子和一块棉花糖，搭建一个独立的最高建筑）。从那时起，世界各地的教室和会议室都开始引入这项挑战了。这项挑战很有意思，引人入胜，而且有趣好玩。它激发了所有学习者的批判性思维。一个有趣好玩的课堂将引领我们走向新的学习场所，但我们必须首先放下陈旧的方式，去拥抱新的思想。

优秀的教师会不断地进化……

- 即使过程是混乱的。
- 即使做计划时只能用笔记本上撕下来的纸，而不是购买在线打印输出服务。
- 即使学生不同意。
- 即使没有可用的材料。

- 即使没有什么想法。

- 即使＿＿＿＿＿＿＿＿＿＿（此处填写上您自己的借口）。

在我们与学生的合作中，无论他们是 5 岁还是 55 岁，我们都重视使用非传统材料来启发他们的创造力。在我们的课程和演示中，胶带、锡箔纸、便利贴、吸管、纱线等材料经常被用来启发创造力，吸引所有的学习者，并培养更高层次的思维能力。这些材料本身通常不被视为传统的教育工具，但在合适的老师手中，它们就能变身为强大的学习工具。现在是我们作为老师开始重新思考教育中常规、普通、"正常"思想的时候了。我们永远不应该将自己限制在所谓的舒适区（在盒子之内的安全范围，舒适而顺从）里，也不用总想着（正如我们常常被提醒的那样）"跳出盒子"去思考。相反，我们应该问的是"为什么一开始就有一个盒子"。我们应该尽自己的一切努力去摧毁它，以便接触和教导所有的学生。

我（朱莉）过去并不总是这样教学。应该说，我过去并没有觉得在授课时纳入创造力有什么价值。这里有一点历史原因：杰德和我会定期在咖啡店见面。不知何故，我们每次见面总是以这个话题告终。我们会花好几个小时对在教学过程中的创造力及其价值争论不休。就像两只母鸡对一只公鸡那样：真正的寸土必争。这是我的转折点。

我过去常常在我的社会研究课上进行每日测验，以确保学生们都阅读了我提供的材料。该课程与杰德的课程在时间上很接近。事实上，这两门课是背靠背安排的，排课的时候我们并不知道。所以，在课间休息时（15 分钟的间隙），我看到学生们在复习和谈论杰德课堂上的阅读材料。当然，我问了是怎么回事。学生们说，他们不知道杰德会要求他们做什么来表明他对阅读的理解，他们想准备得充分一些。

您问我当时的反应？好，很好！我之前就已经明确知道了我不喜欢自己的授课结构。在过去的 15 周里，我一直因为要向六年级的学生教授社会研究课程（要教哪些内容和使用什么方法去教）而受到挑战。我累惨了而且感觉自己效率低下。咱们快进到几周之后我和学生们乘车去参加职业发展活动的场景。那时我正在车里与一些"值得信赖的"学生进行开诚布公的交谈。"值得信赖"的意思是说，我知道他们会告诉我真相，而不仅仅是告诉我那些他们认为我想听到的东西。这一次，我听到了下面这些话：

"朱莉，我们会泛读您让我们阅读的内容，做到足以通过测验就行了。但我们得精读、真正仔细地去读杰德让我们读的东西。"

（此处请大家为我震惊的、被冒犯的脸停顿一下……好了……放松……）

"好吧。为什么有这样的不同呢？"

"嗯，除非我理解我所读的内容，否则我无法完成他的作业。比如，除非你阅读并真正理解了，否则你怎么用锡箔纸创作来代表你所读的《哈利·黄》的章节呢？他会问我关于我用锡箔纸创作的问题。我必须证明我所做的一切与书里的内容是有关的。"

好了，这就是我了解到的真相。谢谢你，莫莉·施瓦茨，谢谢你帮助我在我所从事的教师职业上获得了成长。我还在不断进步中。你懂的。我们都在不断进步中。

把它包起来

读过这个对我来说的"重要时刻",您可能会感到有些不明白:"这件事怎么就有创造力了?锡箔纸有那么重要吗?"您看,就是这样。锡箔纸不重要,黏土不重要,木偶或美工胶带也不重要。重要的是您让学生参与进来的想法。这是我们挑战学生的方式方法。妈妈常说,种瓜得瓜,种豆得豆。我们正在种什么呢?我们该怎样在课堂上培养学生思考和学习的能力呢?我们是在向学生提供信息、事实和内容,还是在挑战他们使用信息、事实和内容来质疑、创造和辨别呢?

我们何时开始认为在教育中直接指导(一种经过验证的实践,是的)是唯一的而且是最好的方法呢?这的确是一种方法。这种方法也是需要的,但并不是每一节课、每一天都需要使用这种方法,也不是整堂课每一分钟都需要使用这种方法一张接一张地播放幻灯片。技术发展到今天,谁还没有见到过演讲者拉出一张写满字的幻灯片并在心里一行一行地默读呢?我们昨天就是这样做的(此处并没有冒犯昨天发言人的意思)。我们的孩子也在这样做。对您的课堂来说,好的经验法则是问自己下面这个问题:

我自己会喜欢整节课都坐在那儿一动不动吗?

如果答案是否定的,那就去解决您课程设计中的问题吧。改变它,或者废弃它,然后重新开始。我们经常把自己的备课稿扔掉并重新开始,您只要问问那些在这次写作之旅中跟随我们的朋友就会知道了。承认我们已经完成的某事可以做得更好并不可耻。我们已经在问自己:本章提到的那些课程能做得更好吗？授课效果能更强吗？授课过程能更有趣、更好玩吗？

请不要生我们的气。我们在这里的所有人都是为了学生好。您可以为学生提供幻灯片作为资源并挑战他们，让他们对内容进行批判性思考。这完全没问题。不过，与其把讲台当作您个人演讲的舞台，不如让学生来操练思考的过程。把"我做，我们一起做，你自己做"变成"我们想知道……让我们一起来搞清楚。"这才是有创造力的课堂。这才是有趣好玩的课堂。

这就是游戏玩耍能启发创造力，创造力能启发游戏玩耍的原因。

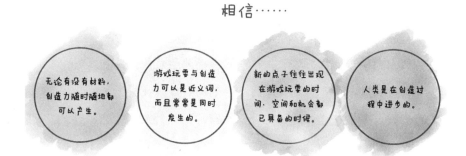

好玩的课堂

相信……

无论有没有材料，创造力随时随地都可以产生。

游戏玩耍与创造力可以是近义词，而且常常是同时发生的。

新的点子往往出现在游戏玩耍的时间、空间和机会都已具备的时候。

人类是在创造过程中进步的。

第三部分

游戏玩耍建立信任

信任为游戏玩耍创造机会

游戏玩耍能在我们自己、学生、学生家长、同事和管理层之间建立信任。
如果我们不断怀疑彼此的能力、动机、评判和资格，我们又怎能共同
前进呢？

第十三章
游戏玩耍建立信任

"轻如羽毛，坚如铁板。轻如羽毛，坚如铁板。" 我们希望您大声喊出这两句话，就像您身处充满幽灵气息的万圣节之夜似的大声地喊出来。我（杰德）现在仍然可以听见我的好朋友们围在我的身边大喊这两句话的声音。那时我们在上中学，他们一边把我的身体从地上抬起来，一边大声喊出了这两句话。当他们每个人只用两根手指托住我时，我平躺着，与站着的这些同龄人保持水平视线。我非常害怕从离地 4.5 英尺的高度后背着地摔落下去，但某种声音告诉我要相信他们。我别无选择，我只能真心地相信他们。哪怕我只是有一点点不信任他们，都可能导致我的身体抖动，从而导致他们抖动，然后，砰，啪，我会摔到地上，最终导致自己脑震荡或颅骨破裂。

作为一个成年人，回想起与同学们玩耍的那一刻，我无法相信自己当时是多么信任他们。已经是成年人的我不会再像过去那样如此信任别人了。如果让我再玩一遍那种类型的游戏，我只能考虑与非常少的几个人一起玩。也许是因为我的体重比以前重了很多吧。不过，我也不再是中学生了。无论当年围在我身边的是谁，我都很高兴自己能被他们当成"轻如羽毛"的例子。每个人都知道规则，知道期望，我们都相信在那一刻每个人都会做正确的事，因为那就是我们玩耍的方式。

> 最好不要和学生们一起玩这个游戏。这更像是朋友之间的睡衣派对游戏，而不是学校上学日的活动。朱莉从来没有听说过这个玩法。她说，"在沃尔哈拉，我们从来都没有玩过那个。"在南卡罗来纳州斯巴达堡的市中心小吃店（这是我们最喜欢的写作地点）里，网络服务器和我本人向她详细解释了这个游戏的玩法。
>
> 这是我们在本书写作过程中遇到的无数有趣好玩的时刻之一。如果我们能让写一本书变得如此有趣好玩，想象一下您能和满屋子充满顽皮精神的尚未被成年重担压垮的孩子们一起做些什么呢？如果您曾经玩过我们上面提到的这款游戏，请在推特上用 #ThePlayfulClassroom 告诉我们吧。

孩子就是孩子。您可以在他们玩抓人游戏时观察他们，也可以给他们一个毛线球，看看会发生什么，还可以看着他们各自带着自己的物品在室内午休。

我记得我们过去常玩的另一款游戏叫作信任背摔。某人会站在一个平台上（桌子上、操作台上、舞台上），然后向后跌入一群张开双臂承诺要接住的他的同龄人中。我不敢相信我自己曾经做过这样的事情。我害怕去高的地方，害怕坠落下来。如果我爬得太高（太高是指梯子的第四级），我会感到有些虚弱。我猜想我敢去尝试这个游戏的原因是青年营的环境加上我的一群朋友对我的鼓励。这两个因素增强了我的勇气，我对他们承诺（保证接住我）的信任超过了我的恐惧。一个好玩有趣的时刻竟然可以让我去做自己从来不敢做的事情，这可真有意思。您有没有过类似的经历呢？

第十四章
不要坐着学

科学研究表明：如果要求学生在上学日的大部分时间里保持坐姿，学生则会出现许多负面行为，然后教师会将这些行为归咎于"坏孩子"，而不是归咎于缺乏体育活动和认知障碍（萨尔伯格 & 多伊尔，2019；瑞亚，里夫春和彭宁斯，2013）。不是孩子们出了什么问题，而是我们提供的时间表出了问题。您听说过 LiiNK 项目吗？没有？那您看了下面的内容后一定会比伐木场里的啄木鸟更兴奋、更开心。

让我们向您介绍一下黛比·瑞亚博士吧。她是德克萨斯州基督教大学哈里斯护理与健康科学学院的教授和负责研究的副院长。您知道吗？她做了一件很酷的事情：因为运动机能学（对人体运动的研究）真的摇动了她的拖拉机摇把（记得吗？这句话的意思是说让她真的感到很兴奋）。黛比·瑞亚博士当时读到了从芬兰的学校获得的研究结果，她很感兴趣。于是，她做了我们任何人都梦想的事情：她去旅行了。她在赫尔辛基和于韦斯屈莱休了六周假。在那里，她拜访、观察、研究和体验了由每隔 45 分钟就跑过操场的孩子们奏响的美妙的国家交响乐（萨尔伯格 & 多伊尔，

2019）。没错，芬兰的学生每小时至少有 15 分钟的课间休息时间。一旦精神状态被刷新，这些孩子们就会重新精力充沛地回到他们的课程中。黛比·瑞亚博士完全被震撼到了。

当她回到德克萨斯州时（那里的学生每天才有 15~20 分钟的课间休息时间），她发起了一个名为 LiiNK 的项目（这个项目的意思是：让我们启发孩子们的创新能力）。这个项目于 2013—2014 年间在四所学校进行尝试。现在，这项研究已经发展到有 8000 多名小学生和另外 8000 多名对照组小学生（未接受 LiiNK 干预）参与进来。参与的学校要接受芬兰式教育的两个组成部分：

第一，课间休息时间从每天 20 分钟增加到每小时 15 分钟。

第二，实施道德、品格发展课程。

您看到了吗？他们不仅将游戏玩耍视为一种行为，而且还在培养学生有趣好玩的心态。这种心态具有我们都渴望的、积极的人类品质：人与人之间的信任。

您问实验的结果如何？用黛比的话来说，"当感觉可以说明效果但数字却无法说明时，改变是很难的。"不过，数据看起来也确实不错。不仅不错，甚至可能比撒了胡椒的南纳萨米奇[⊖]更好。让我在这里为您列出一些统计数据吧。所有进行了 LiiNK 项目的学校取得的成果：

- 学生参与任务的行为至少提高了 30%。
- 写作技巧在一年内至少比对照组进步了六个月。

⊖ 一种在白面包上加入香蕉片、杜克蛋黄酱、盐和胡椒的三明治。——译者注

- 课堂上的不良行为已经减少了。

- 同理心和社交技能有明显的提高。

- 学生的生产力更高了。

- 学生不那么烦躁了。

- 学生更专注了。

- 学生在寻求老师干预之前会主动尝试自行解决问题。

- 包括霸凌在内的纪律处分率有所下降。

- 学生出勤率有两位数的涨幅。

- 学生的听讲率在改进中。

- 学生的决策能力在改进中。

- 学生解决问题的能力在改进中。（萨尔伯格＆多伊尔，2019；瑞亚，2019）

从事早期教育的老师估计，LiiNK 项目的实施能使学习速度加快几个月，而不是几分钟。不需要把每天上课的时间增加 15 分钟，不需要提前开始或减少孩子们吃午饭的时间。不。实施 LiiNK 项目的做法很简单。我们只需要做一种"懒惰无为"的事情，叫作"让他们去玩吧"。孩子们早就已经知道怎么玩了。当我们退后一步并给他们机会时，孩子们知道如何去组织他们的游戏。他们需要时间来长大。我们就让开他们成长的道路吧。但是，想要做到这些，我们必须信任他们。我们该怎样去做呢？首先，让我们看看最近在一所大学的教育课上发生了什么吧。

"从某种意义上来说，罗克尔，"琼斯博士回复道，"错误允许我们的大脑创造出新的路径并且强化我们大脑中已经存在的路径。"

@ROKInTheClass 和 @MonIcaDLandrum 撰写的关于成长心态的儿童用书

通常在我（朱莉）的大学课程中，我会通过一种能让学生感受到挑战的方式来指导他们。我的目标是让学生思考他们对问题的看法，因此，他们经常对给定的主题进行观点重构。有一天，在我的数学课上，学生们被要求超越传统的敲钟活动进行思考。我向他们介绍了开放的中等数学问题，因为它们的门槛低且上限高，因此能引发讨论。这种课堂体验包括数学对话、成长心态的概念和一点点神经科学。我很少要求我的学生们只是讲述他们的新认知。相反，我要求他们开发出一种产品，用来展示未来教师是如何教授这些概念的。他们有选择的权力。他们有一个真正的观众。

由于这种转变（专注于他们自己想要创造的东西，而不是教授想要看的东西），学生的产品是多种多样且非常独特的。两名学生在体验了开放的初中数学之后，写了一个他们可以用在课堂上的儿童故事并配了插图。这个故事向孩子们解释了错误如何帮助我们的大脑成长。他们是带着孩子们真正遇到困难时的情绪并用孩子的语言来写成的。其他学生创建了一个超文本课程。还有一些人用草图和博客的方式来阐述他们的理解。在每个产品上线之前，学生都会将其上交给我，以便获得能帮助他们成长的反馈。我们希望他们公开发布的产品是能够代表他们的最好作品。所以，他们尝试、再尝试，直到完全准备好为止。

本章是关于信任的部分。游戏玩耍为信任的发展提供了机会。我们现在知道（可以说我们一直都知道）学习需要游戏玩耍。这种游戏玩耍是儿童发育的需求，并且会随着年龄的增长固化到我们的心智模式中。但是，我们的教育系统尚未反映出这种认识。在大多数情况下，我们的学校更多地关注学术（认知）、情感（每两周一次的学校辅导课）和运动（体育和每天休息的那几分钟），并把它们当作各自独立的部分。这是一种过时的思维方式。在过去 30 年（甚至比这更长）中进行的所有关于学习和发展的研究都证明了这样的划分模式是错误的。真实的情况是一种综合的模式，其中认知、情感和运动就像一碗美味的意大利面条一样捆绑在一起。学习、享受、体验、记忆，所有这些我们都需要，全天都需要。

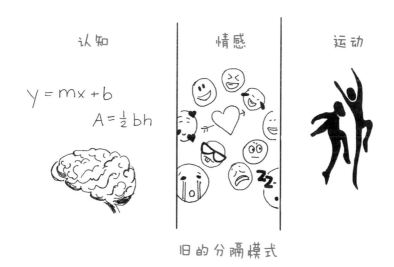

旧的分隔模式

新的整合模式

我（朱莉）数学课上的学生都是 20 岁出头的年轻人。他们是千禧一代中最后一批上大学的人。我对他们学习方法的认知是基于我对那一代人事业成功所需的知识的了解。他们的学习和互动方式与前几代人是不一样的，因为他们成长的世界与前几代人是不一样的。我允许他们自由工作，给予他们时间、空间和机会，让他们在自己的学习轨道中成长。为此，我们双方必须要彼此信任。

在现代的课堂教学中，我们必须考虑千禧一代影响我们观点的方式，特别是在游戏玩耍和工作领域对我们的影响。我们在此提到这一点是因为工作通常被视为游戏玩耍的对立面。对于我们的学生来说，游戏玩耍本身就是工作。而对于成年人来说，有趣好玩的心态是工作所固有的特征。请参考 2008 年至 2016 年的一项盖洛普研究结果（盖洛普，2016）。

千禧一代：

- 他们不会只是为了薪水而工作，想要为了一个目的而工作。
- 他们不追求工作满意度，想要有所发展。
- 他们不想要老板，想要一个教练。
- 他们不想要年度总结回顾，想要交流对话。

为什么这一切都适用呢？因为这不仅是他们的工作，还是他们的生活。在此过程中，社会已经对千禧一代产生了信任。我们已经经历了这种心态所带来的成功：拼车应用程序、社交媒体、约会应用程序、视频制作工具、酒店的替代方法以及各种各样其他的技术进步，正是因为游戏玩耍而塑造了我们的社会。

想象一下，如果我们信任我们的学生，就像我们信任不断变化的劳动力人口一样，那会怎样？想象一下，如果我们真的相信针对游戏玩耍的研究，那会怎样？根据我们这些游戏玩耍倡导者的经验，我们通常不会因为游戏玩耍的思维方式给认知学习带来的好处而遭到反对，也不会因为合作学习给社会情感带来的好处而遭到反对。相反，阻力会发生在运动方面。老师似乎一直想要安静而有序的教室。如果学生在写作时需要站在自己的课桌前，我们会感到紧张。我们中的一些人无法想象学生躺在地板上读书的景象。所以，让我们把注意力转向运动，看看身体类的游戏玩耍对学习者会有什么好处吧。当我们了解了其中的好处时，信任就会加强，系统也会发展进步。

身体类的游戏玩耍有什么好处

身体类的游戏玩耍能提高我们的智力

身体类的游戏玩耍实际上是我们大脑的养料。当我们进行体育游戏时，我们的大脑会释放出一种叫作脑源性神经营养因子（BDNF）的化学物质，它在我们大脑中的作用就像斯科特牌的草坪养护剂一样。神经元在皮层和海马区的生长会因此受到刺激，而这些部分负责记忆、学习、语言和逻辑（德贝内代特 & 科恩，2011）。彼得·格雷在他广受欢迎的 Tedx 演讲（2014）中提到自己开始研究动物的游戏玩耍行为。他说，事实证明，大脑最大、学习能力最强的动物是玩耍最多的动物。

身体类的游戏玩耍能培养情商

当我们与他人进行身体接触时，我们会发展出更强大的理解肢体语言的感觉。他会抓住我的肚子吗？ 还是，他会抓住我的头？ 我们必须去观察肢体互动中发生了什么，并对其目的和意图得出结论。随着时间的推移，当我们与同一群朋友反复玩耍时，我们就会了解他们的行动方式以及他们会首选哪些动作。这套技能将转化为我们的能力，让我们可以驾驭情绪化的成人世界。他问这个问题是因为他担心吗？哦，我刚才说的话显然让他感到非常不高兴。作为成年人，我们可以通过对方的表现来了解多重信息，因为我们已经通过游戏玩耍发展了这套技能。我们可以：

- 解读老板的心情
- 知道该如何询问同事

- 知道该如何挑战同伴

- 每个假期都与家人欢聚

此外，正如朱妮·B喜欢说的，身体类的游戏玩耍可以帮助孩子们学习如何重新获得自我控制的能力。你会生气、悲伤、兴奋、嫉妒、害怕……然后，你克服了它，因为你想玩。如果你把那种情绪带进游戏玩耍里，那么游戏就不再适合每个人玩了，而且很快就会结束。这些社交互动及其在我们年幼时期的复杂性有助于我们建立起成年后所需要的信心（德贝内代特 & 科恩，2011）。

身体类的游戏玩耍能帮助我们建立友谊

在身体类的游戏玩耍中，每个人都培养了辨别其他玩家意图的能力，即区分合理游戏动作和攻击性行为。您会了解什么时候对方是在玩耍，什么时候对方明显打算对自己造成伤害。这是直觉，您会感觉到的。这套技能可以转化为我们进行社交互动和解决问题的能力。我们通过游戏玩耍还能学到友谊和分享的另一个方面：轮换。如果某个人一直当抓人的"怪物"，那么游戏就会变得很无聊。轮换的可变性和公平性始于身体类的游戏。对这些规则的协商以及与其他玩家的互动也可以培养我们的领导力。我们所有人必须都达成一致才能开始玩，这为我们最终的职业成功和长期承诺做了多么棒的准备啊。

身体类的游戏玩耍能发展我们的道德品质

当您在课间休息时让六年级的学生与三年级的学生一起玩会发生什么？当然，年长的孩子会对年幼的孩子表现出宽容。我们在动物身上也看到了这一点：当更强壮的大狗（比如拉布拉多犬）和贵宾犬玩耍时，虽然两只狗都在摇尾巴，但您很清楚如果它们真打起来了谁会倒下。在游戏研究中，这种行为被称为"自我妨碍"，即在与较弱或较小的对手玩耍时，较强的游戏伙伴会抑制自己的强项和力度。为什么？因为这是正确的做法。道德发展在此时出场了。

身体类的游戏玩耍能促进身体健康

是的。我们知道这似乎很明显。但是，因为教学标准、标准、标准……我们还是要求孩子们一天中的大部分时间都坐着，并且允许他们因为没有休息时间而大呼小叫（参见第一部分第五章"借口1"）。请不要简单地默认身体健康就是您那种身材苗条的样子。这里所说的身体健康包括复杂的运动技能、注意力、协调性、身体控制、心血管健康和灵活性。我们不能继续只依靠体育课和课间休息来获得这些好处。我们必须在课堂上引入身体类的游戏玩耍。现在，请不要再把您的学生"捆"在座位上了。想想舞蹈，想想接力赛，想想边走路边看书……用这些去玩吧！

身体类的游戏玩耍是快乐的催化剂

人们在对狩猎采集文化进行人类学研究（参见第四部分第二十章）时发现，孩子们从黎明到黄昏都在游戏玩耍。当被问及原因时，学者回答说："这就是他们学习成年技能的方式。"作为一个物种，我们人类天生就喜欢身体类的游戏玩耍。当它发生时，我们的思想和身体都很喜欢它："你好，肾上腺素！你好，内啡肽！"甚至，对哺乳动物的神经学研究也发现，当游戏玩耍的脑回路被激活时，那些哺乳动物们也会感到快乐。

想象一下，教室充满了快乐的学生。他们拥有极好的智力和更高的情商，他们彼此之间有着深厚的友谊。他们道德品质高尚并且身体健康。这个场景显示了一种让人从心里感到有趣好玩的班级文化。我们认为这些学生会在学习各种探究课程时表现出不可思议的相互信任感。我们认为信任那些拥有新的学习方法和新的学习经验的孩子将是一件易如反掌的事情。

第十五章
一个关于信任的故事

最近，一位只有一年教龄的教师向我（杰德）寻求帮助。她希望我辅助她去强化她的技术集成技能。她希望在自己教书的第一年就创造出最好的课堂氛围。我想要尽我所能去帮助她，让她为她的学生们创建与学生相关的、有意义的学习体验，同时，让这些体验变得有意思、好玩和令人难忘。根据我在课堂上使用 Skype（网络电话）软件的经验，我决定把她带入有世界各地的学生和教师参与的视频会议的奇妙世界中去。

我和我的学生一起进行过很多次这样的奇妙旅行。这些旅行几乎总是很有趣，而且绝对是令人难忘和引人入胜的。Mystery Skype是一款非常有吸引力的有20道问题的游戏。参与游戏的两个班级要比赛看谁最能先发现对方的位置。什么？您从来都没听说过吗？那么您可以去找我们的朋友吉娜·拉夫康（@gruffcorn13），她是在爱荷华州任教的杰出的教育家。我们在这里为您绘制了她的画像，让她穿着她的 GoNoodle 大使衬衫坐在她最喜欢的阅读椅上。吉娜·拉夫康将 Mystery Skype 游戏归结为一门科学，她的学生可以每天自己玩这个游戏而无需她的任何帮助。看着她的学生们玩这个游戏是一种奇妙的体验。我在Skype上最有趣的经历之一是与迈克·索斯基尔（@msoskil）、利文斯通·凯戈德（@lkegode）和元家-顾（@yaujauku）一起举行全球演唱会。

迈克在宾夕法尼亚，利文斯通在肯尼亚的内罗毕，顾当时在委内瑞拉，而我在南卡罗来纳州。我们所有的班级都分享了当地的歌曲。我们了解了各地的习俗和传统。"那是有史以来最好的一天。"这句话在一年之中被我的学生重复了不止一次。我们还与一位正在采集蜂蜜的养蜂人、一位观察阿德利企鹅的南极科学家以及一位在佛罗里达州基韦斯特研究海龟的海洋生物学家进行了互动。所有这些经历都让我们感到了敬畏和惊奇，让我们迷失在学习的心流之中。当我们惊叹于从未见过的事物时，就好像时间静止了一样。现在，每当我想到那天我们看着康复的海龟游向自由时学生们发出的"哇"和"哦"，我仍然会激动不已。

我用 Skype 软件的虚拟体验功能培训了美国无数的教师。2012 年，我被任命为"Skype 大师级教师"，并与美国各地的教师合作，为学生创造了独特的全球化学习机会，让他们参与了有意义的合作。我在微软公司工作过一年，我在那里制作视频和书面教程来帮助世界各地的教师们。我甚至写了一篇题为"教室里的 Skype"的打油诗。我比这位有一年教龄的教师所工作的学校里的任何人都更了解如何将 Skype 链接到学校的课程中去。

在这里，我要郑重声明，您不要读了最后几句话就以为我在吹牛，我不是那种爱吹牛的人。我说这一切的目的并不是为了吹嘘我的资历，而是为了证明我确实对这个课题非常了解。我向那位只有一年教龄的教师分享所有这些信息，是为了努力建立起我们在专业关系上的信任。为了让她充分参与到我带给她的学习体验中，我必须证明我带给她的不仅是一只狗和一匹小马，而是一种合理合法的学习体验，这种体验对她的学生和她的技术集成工具箱来说是无价之宝。

当我们谈到在二年级以上的有趣好玩的课堂上成为一名有趣好玩的教师时，我们通常会听到这样一种畏惧的声音：外部观察者可能会认为这样工作不够严谨，并阻止这种"学习方式"。当科学研究已经在各个层面都支持了这种做法时，还能听到受过教育的人贬低这种有趣体验的作用，是非常令人沮丧的。不，我不是在说考试成绩，我是在说我们每天的现实生活。在某次教学会议中，年轻教师和年长教师的反馈都清楚地表明了，死板的幻灯片式教学不是学习的首选方法。您已经在本书中读到过无数能为有趣好玩的学习方法提供支持的研究成果了，相信我们吧。

好像我离题太远了。让我回到原路上来重新集中注意力。啊，是的……我们说到了 Skype。我为那位有一年教龄的教师所教的班级安排了一次令人难以置信的旅行。世界著名科学家让·彭尼库克（@jean.pennycook）当时正在南极洲研究企鹅，而且也在与 Skype 合作。在企鹅的实际栖息地，这位著名科学家一边站在企鹅的旁边看着它们筑巢，一边为世界各地的学生提供课程。哇！您是不是刚读到这句话就开始垂涎欲滴了？我知道别人会觉得我们不应该这样"贪婪"，但伟大的教育家怎么可能不这样"贪婪"呢？无论我们的教学标准被覆盖得如何，无论我们将要考试的学习材料被教授得如何，无论这次通话需要花多长时间，能为学生提供真实观察地球底部冰冻土地的机会都是价值无限的。

当我计划好了这一切时，我自己（作为一位教师）激动到头晕目眩。我把这个即将来到她班级的、了不起的学习方法通知了那位有一年教龄的教师，并鼓励她让学生们提前为此准备一些关于企鹅的研究。但是，当我告诉她这件事时，她说的第一句话是："哦，不……企鹅不是我们的教学标准。"她对这种方法非常担心，因为她知道五年级和高级班才会讲到鸟类和栖息地。

- 她不想介入任何其他老师要讲的课。
- 她不想脱离她所在年级需要教授课程的剩余部分。
- 她不想让管理者质疑她是否在遵循各年级应授知识的范围和顺序。
- 她害怕浪费时间去做一些不会提高班级科学考试成绩的事情。

还记得吗？我们告诉过您这种反应很常见，而且在新教师中更为普遍。他们在整个大学生涯中都被教导要避免哪怕是一点点对长期教学计划、教学范围、教学顺序或者学区教学节奏指南的偏离。可悲的是，这种教导扼杀了他们的创造力。他们需要数年的时间才能再次把自己的创造力找回来。我们理解。我们自己也曾是那样的老师。

当然，她的反应让我感到非常难过。我能体会到她对课程计划心存不安，这打断了我，让我联想到了我自己的教师生涯。

- 她在教师这条职业道路上还很年轻，还没有被考试机器所误导。
- 她刚刚从事这项工作，还怀有让学生参与学习的热情和兴奋感。
- 她很年轻，她想尝试课程中的新事物。

但是，我很快意识到，她可能是因为担心来自教学大楼里其他什么地方的压力才如此谨慎的。管理者、教学教练、年级主任……我们都经历过这些压力。我们害怕来自于我们专业圈子里的人对我们做出负面的反馈。这种害怕会很快终结我们想要建立一个有趣好玩的课堂的念头。我们不会责怪那些对我们做出负面反馈的人，但我们会再次参考现代学校教育的制度、文化和氛围。是这些教会了他们（以及我们）：相对考试成绩、数字化数据、教学标准（当然还有学区和州的"高绩效"的学校排名）来说，心流状态和游戏玩耍并没有什么可优先的。

我们想得是不是太多了？我们走得是不是太远了？没有……我们可能走得还不够远。学生不仅仅是附在一封信上的一串数字。我们尽量说得好听一点。我的曾祖母莫迪总是说："只要在嘴唇上抹点蜂蜜，你想说什么就可以说什么。"刚才我们就在嘴唇上轻轻抹了一点蜂蜜。我们不想抱怨我们面临的问题，我们必须承认它们，这样我们才能成长。现代学校的教育制度对我们提供的学习体验有如此严格的控制。有时，我们会感觉自己就像是被困在密闭罐里的萤火虫似的。救命啊……我们需要空气！

还是回到故事上来。我请那位教师（应该说我求她）相信我。相信这次经历不仅能覆盖她现在要教授的教学标准，而且会满足许许多多的教学标准。它的作用远不止是提高考试成绩，尽管它肯定也会对提高学习成绩有所帮助。它的作用远不止停留在书本上，虽然它确实与年级的教学计划相吻合。她没有太执着于自己的"哦，不……企鹅不是我们的教学标准"的恐惧，因为她很快同意了并信任我作为她的"老师"，以便更多地了解技术集成的方法并为她的教学实践带来有趣好玩的启发。

那次经历令人难以忘怀。让·彭尼库克不仅是一位有天赋的科学家，还是一位真正的老师。她利用虚拟实地考察的每一秒来整合课程的所有领域。学生们与她的通话被企鹅及其栖息地以外的知识填满了。天气、气候变化、保护、适应、生存和社会正义只是这次经历中出现的部分话题。学生们提出问题、在本子上写下问题、做笔记、与同龄人合作并目睹了地球上他们很可能再也见不到的一部分。一位学生甚至说："哇，这感觉更像是课间休息而不是在上科学课。"您能想象得到吗？学习就像是在玩，而玩就像是在学习。

那位有一年教龄的教师全程都感到非常震惊。南极洲出现在她用了10年的"交互式"白板上。在此之前，这块白板一直用于展示各式各样死板的幻灯片。那些幻灯片都以闪电般的速度撞上了学生们没有任何预期的大脑，从而扼杀了学生的参与度。她很高兴地了解到 Skype 在课堂上的强大功能，也认识到了与世界各地同样参加了让·彭尼库克南极体验的班级进行全球化合作的所有可能性。

作为 EDU 项目的教授，我们很遗憾她在大学期间没有了解到这些。这个话题我们会留到另一本书里去说。

更让她高兴的是，她所在教学大楼的一位教学指导教练在她的班级与那位世界知名科学家进行实时通话互动时走进了教室。当然，她悄悄地对我表示，这会给她在管理者那里加不少分。当然会了。并不是说需要分数来验证学习过程中的参与度和学生的整体幸福感，但是从老板那里得到一点表扬也没有什么坏处，对吧？

这次虚拟实地考察结束后，那位有一年教龄的教师带着全班做了一个极好的总结并开始在她的计划书中过渡到了下一个项目。私下里说，我想让她把年级强加给她的授课脚本扔到火炉里去。不过，我完全理解她必须要遵守这个游戏规则，特别是在她刚开始教学的第一年里。所以，我为她愿意尝试这个新事物而点赞。我也在 Skype 网站上向她展示了我的一些提示和技巧，以便她可以在课堂上做更多的事情。她简直等不及要马上开始了。离开她的教室时，我为她感到骄傲，为我自己感到骄傲，为她的学生们感到高兴！

我离开她的教室后，自豪感和兴奋感持续了整整 2.2 秒。当我离开时，在房间里徘徊的教学指导教练跟着我出了门。她一刻都不耽误地对她所目睹的事情开始了质疑，就好像她是靠着提问和质疑生存似的。我之前就读过埃琳娜·阿吉拉尔的《教练的艺术》这本书，我可以向您保证，这位教练还没有接受过相关的培训，她还不知道如何适当地提问和指导我与那位有一年教龄的教师。她的做法与她对那位教师或对我的关心毫不相干。第一个问题（请带着傲慢和屈尊下问的姿态读出下面这句话）："现在，请回答，企鹅实地考察覆盖了三年级科学课的哪些教学标准？"她的问题和语气就好像是她一直等着我们和科学家整整通话了 45 分钟，然后，在我走出教室的那一刻和我玩"抓住你了"的游戏似的。

那可不是教练应该做的。教练是渴望他人在团队中成长的人，而不是想要贬低他人的人。接着，她继续告诉我，他们学校的所有体验都必须是"基于教学内容的"，而且他们真的非常不喜欢偏离计划。"我们对在这里工作的教师有很高的期望值，"她说，"尤其是对于那些教龄只有不到一年的教师。我们必须立刻向他们表明他们没有时间胡扯。如果我们要用所谓的'Skype 教学'，它必须要与课程保持一致。我们不能只是在世界各地'无所事事'地闲逛。再说了，二年级的学生已经学过企鹅了。"

朋友们……由于害怕失去我的教师执照，所以我无法将自己当时脑海中涌现出的大量的创造性语言在这里写成书面形式。说真的，当时我内心都沸腾了。我的问题比粘在浣熊狗身上的苍耳还要多。

- 这位教学指导教练难道没有看见那间教室里刚刚发生的事情吗？
- 她是不是太无能了，以至于看不到从南极洲一位真正的科学家那里学习科学的价值？
- 当学生们对通话中的每一个字都全神贯注的时候，她真的没有捕捉到学生的参与度吗？
- 有没有一种可能，就是她没有明白学习"人们在美国对待环境的方式直接对地球南端的企鹅产生了影响"这件事与学生的相关性？
- 她怎么能视而不见后续可以将数百种可能的体验整合到课程中呢？
- 她是不是没看见学生们都欣喜若狂、学习（玩耍）得那么开心并且不希望通话结束的那种"心流"状态呢？

我们意识到这张表还可以列上很多，而且可能看起来是多余重复的，但是在当时的情况下，我们怎能不充满情绪呢？我们的大脑难道不应该制造反驳吗？您在这里读到的正是我当时的感受。

我明白为什么她会认为那张关于动物适应性的学习表会更与学生相关且更有吸引力。显然，带有粗体关键词的教科书更具吸引力，在标准答题纸上涂写正确答案的模拟考试更令人兴奋，而且使教学合理。当然了，让学生对这个主题进行一个小时的仔细阅读能让学生的成绩更好，这样他们就可以在课后教师会议上把自己贴在墙上的名片往前挪了。

我尽自己所能用雄辩和专业的方式详细解释了刚刚发生的事情所具有的力量，我不应该对一位教育方面的领导那样做，但我还是做了。我是学校的客人，我不能对她无礼，不能告诉她我是用哪些丰富多彩的语言来看待她那种错误的教学法的。当她护送我走到学校门口时，我提议自己可以下次再来，带着她和她的教学团队一起更详细地了解整个Skype流程。

让人难过的是，我从未被再次邀请回到那所学校。我为那里的孩子们感到心碎，他们将不得不忍受如此多枯燥乏味、毫无吸引力、与他们无关的上课时间。而这全都是因为一位因担心教学无法"达到标准"或学生的学习成绩无法提高的教学指导教练在教学楼的每一份课程计划中对创造力、协作、沟通、批判性思维、社群和有趣好玩加以压制的结果。

我们真的认为这种情况可以归结为：恐惧。人们感到害怕，是因为（是的，我们又说了）当前的教育系统只是根据学生的学业成绩来确定学校的重要性和价值。他们认为提高学生成绩的唯一方法是在高度严格的工作环境中进行操练、练习和考试准备。请往前翻几页，重新阅读一遍LiiNK研究的结果。在南极洲的视频通话中可以找到诸如游戏玩耍之类的教育实践，这实际上也是可以提高学业成绩的，即使没有提高，也不会比传统方法差。我们必须信任研究结果、信任彼此、信任我们的学生。信任是变革的催化剂。

字典里对信任的定义是："对某人或某事的可靠性、真相、能力或力量的坚定信念。"为了让教育能惠及学生，与教育相关的各方都必须深信彼此。当我们说到孩子时，无论他们处于什么年级，我们都是在谈论这个星球上最珍贵的东西。作为教育工作者，我们负责教导他们、关心他们、爱护他们，同时为他们的未来做好准备。我们听到很多批评教育的人声称"教师应该只管教学"。但是，您真的想要一所充满不爱学生的教育工作者的学校吗？有什么事情比这更重要吗？有什么事情比这更需要被信任吗？

请再读一遍关于信任的定义。我们几乎敢打赌，您只是略读了一遍，因为这是我们大多数人都知道并且经常会使用的词。不过，我们可能从来都没有去字典里查过这个词。信任是一种对以下事物的坚定信念：

- 可靠性
- 真相
- 能力
- 某人或某事的力量

在教育行业中，有很多必须存在信任的"人或事"：

- 管理者信任教师
- 教师信任管理者
- 教师信任学生家长
- 学生家长信任教师
- 教师信任学生
- 学生信任教师
- 社群信任教师
- 教师信任社群

为了实现我们的目标，即：将有趣好玩的课堂理念从夜间沉睡的童话世界转移到现实的阳光下，每位参与者都必须定期滋养、增强和收获信任。然而，为了做到这一点，我们必须诚实地审视那些培养信任时可能需要注意的方面。教育者（管理人员和教师）、学生家长、学生和社群成员都应该在信任的动态中发挥自己的关键作用，这样才能成功。那是四个利益相关者，四个。三只脚的牛站不稳，是不是？

第十六章

管理者必须信任……

让我们从管理者的信任开始谈起。我的学生获得成功的最大原因之一是我的校长给了我足够的专业上的信任。伍德兰高地小学的辛迪·普里根博士最好的地方是让我自由地去做对我的学生们最有益的事情，包括允许我自行安排教学规划、学习体验、课堂设置以及日常活动、学生家长电话沟通和学习纪律。她从来没有让我觉得她怀疑我。她的做法是有力的、放手的，这让我（作为教师的一方）产生了很多的创造力。她对我的信任使我达到了我从未设想过自己能够达到的教学水平。

她没有在我的肩膀上方徘徊着询问我一天中的每一个细节。

她没有要求我提交我的教案，让她可以用红笔在上面做出标记。

她没有要求我在黑板上张贴我的教学标准、基本问题、教学目标和教学程序。

她从来没有对我说过一次："这符合你的教学标准吗？"

她从来没有要求我重新布置我的教室，也没有要求我保持教室的安静，更没有要求我不要再让我的教室变得如此有趣和吸引人（因为这会让其他的老师感到不安）。

让人难过的是，我们知道某些管理者对教学要求事无巨细。有一个学区真的告诉学区内的老师，说他们的教室允许使用哪些配色方案。我们亲眼看到了用红笔标记的课程计划，这些计划会在应该被教授给学生的那周的周一交还给老师。我们曾在无数的学校里看到，老师们因为所有必需的信息都还没有正确地张贴在黑板上而害怕开启新的一天。

很多时候，我（杰德）在全国各地的学校提供与学生相关的且具有吸引力的职业发展培训。但参加过培训的老师们后来告诉我，我带给他们的想法和策略不会被允许在他们的教学楼中使用，因为管理者担心我的社群建设、综合艺术、动手实践和有趣的体验式学习会不受欢迎。信任在哪里？我们的职业忠诚度在哪里？职业目标的设想在哪里？校长对我的信任巩固了我对教学的热爱、我对教学的渴望以及我想要确保学生每一刻都积极参与学习的热情。校长对我的信任给了我成为冒险者的信心。它消除了我对"把事情搞砸了"的恐惧，让我得以自由蓬勃地发展。如果不是她（辛迪·普里根）给了我那么大的信任，我就会被困在最小的盒子里，我为学生提供的令人难以置信的体验也会因此受到限制。

正是因为校长的信任，我才向二年级的学生介绍了乐高机器人。

正是因为校长的信任，我才为我们整个年级写了音乐剧。

正是因为校长的信任，我才起草了赠款申请、计划了学习活动，并申请了活动奖励。实际上我自己也赢得了一些奖励，这些奖励让我更加坚信我会永远为学生做那些对他们来说最好的事情。

任何不信任老师的学校领导都会扼杀有趣好玩的课堂并伤害他们所领导的组织。

有没有不靠谱的老师？当然有！就在我打字的时候，朱莉和我刚刚读到了一篇文章，内容是一位老师把包装胶带贴在了一个健谈的一年级学生的嘴上。我们对这件事感到震惊，并希望迅速采取行动将他从教师行业中除名。他到底在想什么？正是这样的老师损害了别人对我们其他老师的看法。我们是真正努力想尽所能在教师行业做到最好的人。然而，这位糟糕的老师是否应该让我们其他人不被信任为专业人士呢？答案应该是一声响亮的"不"。事实上，个别教育者的错误应该促使我们所有人为我们的学生、学校和社群做更多、更好的事情。这意味着我们——伟大的教师们——需要得到更多的信任。

我体验过有一个不信任自己的老板是什么感觉。它真的会把您所有的生命能量都吸走。它就像一个反向的风洞，一个没有创造力的黑洞。它会让您没有新的想法，没有兴奋和热情，也不想尝试以前从未尝试过的东西。

在工作中，不信任我们的同事和老板阻碍了我们的成功，而在教育中，受伤害最深的是学生们。如果我们工作圈子里的人不断地指出让他们烦恼的微不足道的事情，而不是赞扬我们正在做的好事，那么我们就会因为害怕搞砸事情而开始忽视好事。它攻击了我们是谁以及我们渴望做的工作的核心。如果您是正在阅读本文的管理者，请栽培您的员工，鼓励他们、表扬他们，给他们成长的自由。相信我，您在信任的花园里看到的果实，会比您对他们一天中的每一个细节都进行微观管理所结的果实要多得多。与那些因恐吓而畏缩不前的人相比，那些感到自己被别人重视的人会做出超出预期的好成果。

您可能会注意到我们在本节中经常使用老板和领导者这两个词，那是故意的。在我们为了写作本书而做的研究中，我们发现了许多用来比较这两个角色的图表。这两个角色的做法非常不同。真实情况是：老板比较传统，而领导者比较有趣好玩。您可以自行调整标题以适用于存在层次结构的任何环境，但其重点在于两者的处事方法不同、心态理念不同。我们认为下面这张图表会引起所有掌管着有趣好玩课堂的人的共鸣。

传统的做法	有趣好玩的做法
指导	展示
知道所有的事物	总是在学习
生产跟随者	生产领导者
发出行动命令	提供行动指南
要求尊重	赢得尊重
给出答案	给出建议
使用"你"和"我"	使用"咱们"
以说为先	以听为先
获取信用	给予信用
批评	教练

第十七章

教师可以信任……

我们是从谈论管理者的信任开始的，但任课老师也在相互信任中发挥着关键的作用。我们也必须去信任一些人。

让我们从我们的学生开始吧。学生能做的事情远远超出我们大多数人对他们的要求。当我们要求学生用机器人完成一项学习任务时，他们的表现总是让我们感到惊讶。我们使用的特定机器人其实更适合中学生。许多老师反对我们使用这些机器人，因为它们"太先进了"，学生"可能会感到沮丧"。但是，活动结束时我们发现，我们的学生总是能教给我们一些我们不知道的关于机器人的东西。

学生是冒险家，他们从不害怕尝试新事物。他们从不问我按钮是做什么用的。他们拆开它、拨弄它、转动它、按压它，随便您怎么描述他们的行为都行。他们自己发现了按钮的功能是什么，然后放下它，他们学习而且玩得很开心。我享受他们这样玩的每分钟。像这样的教育时刻只有在老师放下恐惧和控制并真正信任学生的时候才会发生。

有一次，我（杰德）被要求去培训幼儿教师，分享如何将更多的艺术和创造力融入他们的课堂。我带领的那个工作坊专注于使用常见的物品（如锡箔纸、便利贴、纱线和轻黏土等）将孩子们的学习成果可视化，并让孩子们对自己的作品进行批判性思考。

大多数老师都对我给他们带来的概念感到兴奋，但有一位老师却不赞同。她不想这么做，也不相信她的孩子们能做到。我并不感到惊讶。她担心我教给他们的东西对她的"宝贝们"来说太难了。我觉得她的意思是……嗯……好像是……她不希望她的"宝贝们"挣扎和沮丧。她不希望她的"宝贝们"对自己感觉不好。我们没有人会真的想给自己的学生带来挫败感，甚至导致他们可能因为失败而自闭起来。这种品质令人钦佩，我们中的许多人在这个行业中都有这样的想法。

但是……和我一起回忆一下您自己的生活吧。您什么时候学的东西最多？是当您在路上开车，一切都很顺利的时候，还是当您的车爆胎了，您必须自己弄清楚该怎么做的时候？是当您对资料了解得非常透彻而不必学习的时候，还是当您真的必须全力以赴、集中注意力并深度挖掘大脑潜能的时候？是当您的生活十分顺利的时候，还是当一切都崩溃的时候？在哪种情况下您学得最好呢？

我并不想把学习变成一本自学成才的书或一些启蒙型的精神指南，但是，我自己学东西最多的时候是我束手无策、不知道该做什么、也不知道从哪里开始的时候。有一次，我在教育领域得到了一份新工作（全美学校职业发展带领者）。我必须自己解决这份新工作中的所有问题。有时我会骂人，有时我会哭，有时我会回到家对着枕头尖叫。

尽管我做的所有这些确实让我感觉好多了，但它们都无法帮助我提高自己的技能。我知道我不能永远哭泣和诅咒，所以我开始寻找能把这份工作做得更好一些的方法。我阅读了有关职业发展的书籍，与职业发展领域的其他引领者交谈，收听有关职业发展的播客。很快，我开始成长。我本来可以辞职的，我本来可以告诉自己我做不到的，但我没有。几年后，我在南卡罗来纳州举办了职业发展研讨会，组织了一项线上研究职业发展的项目，还写了一本关于职业发展的书。如果我是上面提到的那位老师班上的学生，我可能永远不会有机会尝试，因为她担心我会失败。我是不是曾经失败过？当然了！

我有很多项目都脱离了轨道。

有些项目甚至尚未开始就夭折了。

有些项目一开始就撞上了一团火球。

然而，这些经历让我学到了一些新的东西，而我对这份工作的了解也因此增长。我们需要为我们的学生提供这些体验，这样才能改变他们对失败的看法。失败是我们实现目标的垫脚石，而不是障碍。

回到那位"不相信她的孩子能做到"的老师身上。我毫不怀疑她爱她的学生，也真心希望他们成功。但她所执着的理念让她剥夺了学生们许多独特的学习时刻，这些时刻本可以向学生展示出她是多么关心和关注他们的成功。

她剥夺了学生们的一些重要探索时刻，比如：

当锡箔纸就快撕裂时，他们必须弄清楚如何修补它的时刻；

当他们想搭建一个结构但便笺纸站立不稳时，他们必须了解如何搭建基座及如何为便笺纸提供支撑的时刻；

当轻黏土干透时，他们不得不想办法解决这个问题的时刻。

当有趣好玩的老师足够信任教室里的学生时，他们就会放下自己的恐惧，允许学生去失败、重试、失败、学习。也许，当学生觉得自己已经学会了时，他们还会再次失败。但是，只有当老师足够信任学生时，以上那样的时刻才有可能发生在那些学生身上。

那位老师会后找到我，请我帮助她。她需要我去她的班级讲一堂示范课，让她见证一下她的学生可以完成我交给他们的任务，并以此展示一下我的理论和信念是可行的。我高兴地同意了，我们计划了一次"约会"。在内心深处，我感到非常紧张，我的"杞人忧天"综合征突然就爆发了！

如果她的学生真的无法按照我的建议去做怎么办？

如果课程失败了怎么办？

如果我当着全校人的面被证明是个骗子怎么办？

如果我失败时那位老师嘲笑我怎么办？

如果她们学校的校长看到我失败并告诉其他校长怎么办？

如果老师们背后议论我的失败怎么办？

如果学生问一些我无法回答的问题怎么办？

如果我对她教的学生的能力真的判断错了怎么办？

天啊……有这么多的"如果"！这足以把任何人吓个半死，对吧？为什么会有人胆敢特立独行去冒所有这些"如果"都可能会变为现实的风险呢？

想到所有这些问题时，我遇到了另一个在教育中必须信任的人：我自己。我必须相信我的训练、经验和能力；我必须相信我无数次实践的过程。为了让自己能创建一个有趣好玩的课堂，让学生能积极参与到学习过程中，我必须相信我的直觉，相信我知道对我所关怀的孩子们来说，什么才是最好。在这堂特别的课上，她的学生现在是我的学生了，我必须要相信他们有能力做得很好。

去上示范课的那天，我的内心还是非常紧张。课程开始时，我也怀疑那些学生的能力。那位老师对学生的不信任影响了我上课的每一步。我可以看到她满脸都是怀疑的神色。我也不太擅长掩饰自己的紧张情绪。这位老师的教龄比我多好几年。我绝对丢失了自己有趣好玩的心态，也忘记了所有的研究结果都是支持我的教学方法的。

但是，一瞬间，我的紧张消失了，谢谢那些开始用锡箔纸创造人魔法的学生们。

说到"大魔法"，你们都看过《大魔法：超越畏惧的创意生活》这本书吗？它是由畅销书《一辈子做女孩》的作者伊丽莎白·吉尔伯特写的。如果您还没有读过这本书，您必须马上停下来，立即在线订购一本或者致电给您最喜欢的特色书店求购。您需要自己独享一册，因为您会需要在上面做笔记。您会在句子下面画线，用荧光记号笔把句子涂亮，在空白的地方涂鸦。我们不能只写自己的这本书却不提伊丽莎白·吉尔伯特的话曾如何点醒我们，让我们作为教育工作者不再生活在畏惧之中。阅读她的书，让我们更有力量去创造性地生活。当您读到那本书的第 13~15 页（原版书页码）时，请通过推特联系我们（#theplayfulclassroom），告诉我们她在书中列出的畏惧是不是您所认识的每一位老师生活的一部分。畏惧在我们工作的各个方面都是真实存在的。这关系到很多事情，我们可不想把它搞砸了。

在书中，吉尔伯特（2016）写到，创造性生活的一部分，意味着识别出让您感到害怕的笨蛋并告诉他不要再啰唆了。我对自己的教育者直觉感到确信的时刻是那些令人难以置信的学生真正在学习的时刻。教育系学生在岗前培训时经常被要求写教学计划。就算那些教学计划长达 10 页，它们也永远无法捕捉到这样的时刻。

回到那些学生和他们的锡箔纸上。我希望我能告诉您这堂课有一个精彩的开始。请想象一下 Daytona 500[⊖]的比赛现场：所有孩子的引擎都呜呜响着，急不可耐地要加速冲进他们的创作，扑向他们老师的所有期望。

不，这并不是那堂课开始的方式。事实上，情况恰恰相反。大多数学生都不敢碰锡箔纸，因为他们不想把它弄乱。他们只是不停地拍打着锡箔纸，让它变得光滑平整。他们害怕自己制造出太多的噪声。当我看到这一切时，我就断定这个班级以前上课时从来没有过"冒险"的经历。那位老师，不管她是否有意，过去已经造成这些孩子害怕尝试新事物的影响。我应该提前知道这一点的。她对我所做的事情缺乏信任，她对自己缺乏信任，她对她的学生缺乏信任，这些都是畏惧的完美滋生地。

最终，我在幼儿园那间温馨的小教室里打破了害怕失败的枷锁，学生开始用他们的锡箔纸进行创作了。他们的任务是搭建一个模型来回答我的

㊀ 美国运动汽车竞赛系列赛中最重要的一场比赛。由于它每年都在位于美国佛罗里达州代托纳海滩的国际赛道举行，且比赛里程为 500 英里，因此这场比赛被称为代托纳 500。
　　——译者注

问题："小鸟晚上会去哪里？"我们从 @Wonderopolis 儿童趣味教学网上阅读了一篇关于该主题的文章，他们的创作需要反映他们对文章的理解。没错，这些内容是五年级学生要学的，但作为一名努力使每节课都与学生相关且有意义的老师，这样做似乎比我小时候做的阅读理解工作表对学生更有好处。如果我们对自己诚实，我们会承认有些老师仍在使用那些多年以来完全一模一样的表格。有些甚至依然还是用那种淡淡的紫色字体印刷的。

当学生们终于开始工作时，我就转去特别关注一个自己单独坐一桌的学生。由于她的行为问题，早在我来到教室之前她就被安置在那里了。当我问起她为什么会自己一个人独自坐在那里时，我被告知她非常坏，而且从来就没有完成过任务。具有讽刺意味的是，我如此热衷于观察她的原因是她非常专注于这项任务。在阅读文章相关的段落之前，学生们都仅仅使用他们原来知道的知识来塑造他们的锡箔纸答案。正如您可以想象的那样，大多数孩子都做了一只鸟或一个鸟巢，但他们很难用文章中的细节来支持他们的创作。

我注意观察的那个女孩和她的大多数同学一样，在阅读之前筑了一个鸟巢。但是，在阅读之后，她的想法真正开始出现了。她似乎正在稳步拆开她之前做的鸟巢，并在它的侧面添加一些东西。我无法用语言描述她最终的创作是什么样子。在我看来，那个作品就像是一个侧面附着一大块东西的锡箔纸鸟巢，巢内有一些小的锡箔球。

我不明白她创造了什么，所以我像其他有趣好玩的老师一样，对她说："跟我说说你创造的作品吧。"好老师应该知道，永远不要问"那是什么"。那个被老师说成总是很坏而且永远对课程没有什么话可说的小女孩立即对她的锡箔纸答案进行了精彩的描述，这是只有五年级孩子才会做的描述："这部分是鸟巢，巢里有一群鸟，而这里（旁边大块的东西）是一只哨鸟，它会在其他小鸟们睡觉的时候为它们放哨。"

你们知道吗？当她解释这些的时候简直可爱极了。您能想象她那缺了几颗牙齿的 5 岁的笑容吗？

像许多幼儿园的孩子一样，她说那些带有字母"R"的词（部分、小组、鸟、哨兵）时发音有点怪怪的。是的，您知道那种发音听起来是什么感觉。那种发音很可爱，而且只会增加我的自豪感，因为她没有让那些"R"们阻止她解释自己的想法。

是什么更可爱呢？是她的想法还是她的回答？是她的雕塑还是她用骄傲的笑容向我展示了她是如何理解阅读的？我听了她的话之后，整个人都呆住了。那位怀疑我、怀疑我上的课、怀疑学生并且坚定无比地怀疑这个自己独坐的"坏女孩"的老师，默默地站在房间的一侧，眼里噙满了泪水。就在那一刻，我意识到了信任在课堂上的力量。

有多少次，我们的信任缺失阻止了这样的时刻发生在学生身上？

为什么我们不相信他们？这是因为我们首先不相信自己。我们希望他们勇敢，但是我们必须首先信任他们。没有信任，就没有勇气。您明白了吗？

如果我们希望学生潜心学习新事物，那我们就必须相信流程。我过去常常告诉我的学生们："学习新的东西，会发生两件事之中的一件：或是你在学习新事物时自由飞翔；或是我在下面建立的爱与接受的安全网在你失败时接住你，然后你再去试一次。"

在学习过程中，我们应该庆祝失败，而不是因为失败而气馁。令人难过的是，成绩单上可怕的字母等级已经洗脑了整整一代人，让他们认为失败是不能被接受的。不过，正如我之前所说的，我失败的时候正是我学到东西最多的时候。如果教育的目标是学习，那么失败必须是第一步。

我们想试试史蒂夫·斯潘格勒在艾伦秀上所做的新的科学实验。

我们想试试在推特上看到的那个数学游戏。

我们希望全班演一场戏来重现我们读过的那本书中最喜欢的部分。

我们想邀请社群的特别嘉宾来参与我们的历史课。

但是……我们怀疑自己，怀疑自己的能力，怀疑我们所受的训练和我们对学生的了解。我们让自己的畏惧占了上风。我们依靠工作表、在线视频和基础阅读器提供给我们的舒适感，忽视那些等在不远处的、只需要我们悄悄看一眼就会产生的巨大魔力。有趣好玩的老师则非常渴望去悄悄看上一眼。

并不是所有这些工具（工作表、在线视频和基础阅读器）都被禁止进入有趣好玩的课堂，但它们绝不应该成为我们工作的核心。这个世界充满了太多了不起的东西，以至于我们无法从工作表中了解它。我们花了四年的时间去上大学或大专，不是为了学习如何复印和分发纸张的。我们应该能做得更好，相信您自己吧！

第十八章
家长可以信任……

作为两个完美孩子的学生家长，我（朱莉）可以告诉您，我们对课堂上发生的事情知之甚少。只有当老师给我们机会去看时，我们才能穿墙而入进到有趣好玩的课堂中。教书多年，我惊讶地发现，当我自己的孩子们开始上学时，我竟然对他们的一天是怎么过的知之甚少。

现在，请注意，我的家人每年都会得到很棒的老师的祝福。我在本书中已经提到了我家几位女孩的老师们，我将他们作为有趣好玩的老师的范例。但是作为老师，我们知道每大在我们自己的教室里发生着什么。当我们了解了相关理论并按照它执行时，我们假设其他人也有同样的认识。事实上，当孩子们跳上我去接她们的汽车或是跨过门槛回到家里时，她们对"今天你在学校过得怎么样"这个问题的回答一般都是很含糊的。杰德和我的情况一样。是的。杰德和我从事教学已经很多很多年了，我们也以培训预备教师为生。我们每天都在教室里与孩子们互动并与他们一起探索世界。然而，我们却与自己家孩子的课堂故事隔绝了。

当我们（作为有趣好玩的老师）打开教室的大门，邀请学生家长观看我们的学习过程时，我们和学生家长就有了一个加深信任的机会。学生家长是可以信任我们的。那么，我们该如何让学生家长信任我们呢？让我们一起琢磨些点子吧。

班级简讯

是的，我知道，您很可能已经使用了班级简讯的办法。它可以是让孩子每周带回家一次的纸质版简讯，也可以是发布在学校网站上供学生家长自行点击浏览的电子版简讯。但是，这种简讯的互动性又如何呢？

我们有没有……

- 放上网址链接或二维码，让学生家长可以看到课堂学习的照片和视频？
- 放上一些问题或讨论点让学生家长可以据此与孩子交谈？
- 创建多语言的版本以方便非英语母语的家庭使用？
- 自拍视频向学生家长汇报每天的情况？
- 在翻转课堂⊖上为学生创建"怎样做……"的课程，并与学生家长分享这些视频？
- 询问学生家长的想法，给他们一种可以联系到我们的反馈渠道？

⊖ 一种学生自学和老师辅导相结合的学习模式。学生在家观看教学视频学习新的知识，而原来需要带回家做的作业则改为在课堂上进行，老师的主要任务不是讲授，而是对学生提供更多有针对性的辅导，同时学生之间还能有更多的交流。——译者注

积极正面的电话沟通

随着数字技术的发展，那种不受时间影响的一对一电话交流的次数已急剧下降了。想象一下，老师给学生家长打电话说："玛丽今天的想法在班里是最酷的，我只是想告诉您这件事。她真是个有创意的思想家！"如果您接到自己孩子的老师打来这样的电话，那您该多高兴啊。

如果我们计划在每周五打电话给几位学生家长怎么样？（假设每次给5名学生家长打电话，对于有120名学生的中学教师来说，这是一个不错的可行的方案。）我们的意思是，公立学校……学生家长用他们交的税给我们付工资，不是吗？我们以前打过这种让学生家长泪流满面的电话，因为我们分享的关于他们孩子的肯定的话语意义重大。我们知道您也这样做了。有时，生活对我们来说的确很忙碌，会让我们忘记这些电话的力量。有意识地去做是我们完成它的唯一方法。是的，这需要时间。是的，我们还有一百件事要做，但与学生家长这位合作伙伴建立信任必须是首要的任务。如果我们通过积极和真诚的关怀建立起信任，那么当我们需要进行具有挑战性的对话时，学生家长则更有可能拿起电话来听我们怎么说。信任消除了那种"我们""你们"的心理状态并强化了"咱们"的概念。

邀请家长"随时探访"

请学生家长以积极的参与者的身份参观教室，亲身体验有趣好玩的学习，能让他们用一种非常有意义的、现实的方式与我们每天和孩子一起做的工作产生联结。那些邀请所有学生家长加入他们学习过程的创造性时刻，可以让家长对我们作为教育者的身份有个小小的了解。我们周围的几所学校会为学生家长提供为期一周的名为"随时探访"的活动。在活动进行的那一周，家长可以在一天中的多个时间段进入学校去参观。这些时间段安排得很充足，因此家长的日程安排不必一定与孩子的上学时间一致。学生家长成为课堂上的编外学生，并与他们的孩子一起积极参与学习。是的，这肯定会改变那周课堂的动态，但它为学生家长提供了一扇敞开的大门，让他们参与到孩子的学校体验中。整个活动为期五天，为有工作的学生家长提供了更多的机会，让他们可以在百忙之中抽出时间参加。

家长游戏日

如果一周的"随时探访"活动对您来说有点令人生畏，请尝试安排只有一天的活动。组织一个家长游戏日也许可以成为建立信任的有效策略。什么是家长游戏日？在我们的教室里，家长游戏日是家长和孩子一起协作搭建姜饼屋或者一起参加超级苹果派烘焙锦标赛。这些是特殊的一日活动，是家长和孩子一起在课堂上进行独特的、有目的的、有趣好玩的学习体验。学生和他们的父母一起为他们的姜饼屋和苹果馅饼设计计划、实施想法、庆祝他们的劳动成果或他们的失手成果。

然后，当然了，他们可以吃掉他们所有做出来的食物！家长绝对喜欢这种与孩子的互动。在您的教室里，这类亲子活动会是什么样子的呢？我们无法详细告诉您有哪些令人惊叹的细节可以提供给家长，但我们确实可以给您一些提示，帮助您使该活动获得成功。

提前计划。我们建议至少提前 30 个上课日进行计划。学生家长需要足够的时间来协调安排好自己的工作，然后到学校（或幼儿园）来参加活动。

建立热点。让学生为家长设计邀请函。指导学生制作视频广告以便通过电子邮件和社交媒体去分享。鼓励他们以其他方式去发挥自己的创造力，向家长做活动宣传。

周到细致。仔细筛选方案，挑选那些能受到所有家庭欢迎的活动。虽然我们选择在课堂上建造和设计姜饼屋，但在此过程中我们并不关注传统的圣诞节的理念，因为我们所有的学生都不庆祝这个节日。

开心去做。因为日常的教学会被打乱，所以这类活动可能会给您带来压力。但请记住您的目的：通过有趣好玩的学习和协作建立信任。

第十九章

学生已经信任……

这一章的标题与前两章的标题格式明显不同。我们是故意这么写的。

管理者必须信任……

教师可以信任……

父母可以信任……

但是，学生已经信任……？是的。大多数学生已经带着信任感来到了学校。对于年幼的孩子来说，他们会依据自己与成人相处的经验，将这种信任程度转移到课堂上来。我们有义务为他们提供一个：

- 生理上感到安全的空间
- 情绪上觉得稳定的空间
- 精神上获得支持的空间
- 无须受到评判的空间
- 包罗万象的空间
- 充满可能性的空间

你们就是一切

对高年级的学生来说，情况会有些不同。您知道人们会在背后议论别人，对吧？在美国南方，有一条潜规则：当您在背后议论别人时，要小心自己在与谁交谈。您必须假设自己周围的十个人中至少有三个人与您正在议论的那个人有联系（并且其中至少有一个会出卖您）。

这种情况在较小的社群中更为常见。是的，学校就是一个这样的小社群。如果您在学校大楼里待了一年多，学生们应该已经在背后议论您了。不，那种议论不像是八卦，而是会议论您是谁，您代表着什么以及您如何对待他人。他们已经见识过您的所作所为了，并且已经告诉了他们的朋友，您在走廊里会如何与学生互动，您的面部表情是怎样的以及在媒体中心发生过什么事。全部的、所有的事情和细节他们都会说。

学生们已经相信您就是谣言里说的那样。他们的朋友是不会撒谎的，难道不是吗？所以，我们要么证明他们是对的，要么证明他们是错的。我们的目标是成为一个爱学生、有趣好玩、有本事吸引人的老师。如果这和学生们听说的我们不一样，那么，导致那些错误信息四处传播的根源就是我们自己，即我们做过的事和我们说过的话。

学生们已经相信我们就是他们所认为的样子。让我们做些什么来确保他们所认为的我们与我们想成为的我们是一样的吧。这是一个比较短的章节。它说出了你需要知道的一切。

好玩的课堂

相信……

对紧密的关系来说，信任是至关重要的。

有趣好玩的动手学习创造了培养信任的时刻。

课堂上的信任将极大地促进学习。

我们对失败做出的反应可以在所有利益相关者之间建立起信任。

第四部分

游戏玩耍强化关系

关系是通过游戏玩耍来强化的

我们的学生在来到我们身边之前是一个活生生的人，他们离开时仍然是一个活生生的人。记住这个事实比记住他们的考试成绩、个人数据和所在年级对我们更有帮助。

第二十章
我们的生物偏好

一段对话

斯图尔特·布朗是我们最喜欢的研究游戏玩耍的研究人员之一。他以研究历史上的杀人犯、连环杀手和诺贝尔奖获得者都喜欢玩什么游戏而闻名。他也研究过动物喜欢怎么玩耍。我们不会将你们中的任何人与他列表中的人进行比较，请不要惊慌。但是他的工作成果却值得我们好好看看。他认为，要想真正了解游戏玩耍对我们的作用，我们就应该在生物学和生物进化的背景下去看待游戏玩耍这件事。布朗（2009）在他的著作《游戏玩耍：它是如何塑造大脑、开启想象力和激发灵魂的》一书中讲述了他与另一位著名的游戏玩耍研究员鲍勃·法根的对话。布朗很好奇，是该领域的新手，他试图从法根那里学习所有他能学到的东西。根据布朗的说法，他们之间的对话是这样的：

[他们正在阿拉斯加州的首府朱诺附近观看一对幼熊的嬉戏]

布朗：鲍勃，为什么那些小熊要玩耍呢？

法根：因为玩耍很有趣啊。

布朗：不，鲍勃，我的意思是，从科学的角度来看，它们为什么要玩？

法根：他们为什么要玩？为什么鸟要歌唱，人要跳舞……应该是为了……愉悦吧。

布朗：鲍勃，您拥有哈佛和麻省理工学院的学位，并且对熊有深入的了解。您是进化论的学者，写了关于所有哺乳动物的权威著作。我知道您对此有更多的看法。告诉我，动物为什么要玩耍？（漫长而宽容的沉默）

法根：在一个不断呈现出独特挑战的模棱两可的世界中，玩耍可以让这些熊为一个不断发展的星球做好准备。

我能感觉到法根回应中的讽刺，您能感觉到吗？为什么我们要不断地分析美的概念？游戏玩耍先天就存在，我们都这样去做，我们都喜欢它！

阅读

写作

跑步

玩纸牌游戏

旅行野餐

度假

去游乐园

在沙滩上坐好几个小时，什么也不干只是放松。

我们做的所有这些事都是在玩。

玩耍发生在如此多的环境之中，并且由不同的群体（很多人、一小部分人，有时甚至是单独一个人）来进行。"顺其自然吧"，保罗·麦卡特尼唱道。但是，唉，如果真是这样，那您可能就不会购买这本书了。不管您是不是玩耍进化理论家，您都会发现游戏在动物王国中是无处不在的。科学家们不仅在哺乳动物中，而且在进化阶梯或进化树（您可以选择您喜欢的比喻）上都发现了游戏玩耍的行为。人们相信蚂蚁会玩打斗类的游戏（布朗，2009）。动物玩耍的目的之一被认为是要学习如何做出正确的判断。熊之间的打斗教会了它们何时可以信任另一只熊，何时需要保护自己或逃跑。杰德的两只狗——"饼干"和"熊仔"——每天都会进行好多次的追跑打闹。此时，游戏玩耍就变成了针对它们可能会面临的挑战所进行的演练。

在我哥哥杰夫和我（朱莉）小的时候，我们经常一起玩。嗯……也不是总在一起，但他打球时我肯定在场。他经常和附近邻居的孩子们一起在一大块别人废弃的油毡上练习霹雳舞。我非常想成为他团队的一员。我就是那个坚决不走开的小妹妹。有时，他们允许我加入，但大多数时候我确信他时刻准备好要摆脱我。

我清楚地记得在一个特别的下午，他的 10 号 Vans（范斯）球鞋朝我飞来，随后是一场在房子周围的追逐游戏。他跑得很快，而我当时刚上一年级，跑得没那么快。我做了任何一个可爱的 6 岁女孩都会做的事：我咬了自己的胳膊，尖叫着喊道："流血了！杀人了！"妈妈跑来了，杰夫被禁足了好几个星期。我们斤斤计较，斗个没完。我不知道后来那盘意大利面是怎么弄到他的卧室门上的。当然不是因为某位无辜的公主受够了他的抱怨导致的。

您读到此处可能会想，这并不好玩啊。那只不过是小孩子间的较真和打架罢了。不，那就是在玩。我们都爱对方。我们现在仍然会这样做。即使他住在这个国家的另一边，我们仍然期待着每周互相打电话来聊一聊生活中的小事。您明白玩耍教会了我什么吗？

它教会了我如何保护自己。
它教会了我如何制定战略。
它教会了我如何在巨人无处不在的情况下不屈不挠。

是的，咬自己和撒谎都是错误的。我们不想分享错误的信息。然而，那是我这个小学生仅有的塑料工具箱中唯一的技能。从那以后，我收集了更多值得称赞的工具。我们相信你们中的许多人都能理解这个故事。任何有兄弟姐妹的人都会斤斤计较，都会有类似的小题大做的时刻。只是需要反思您从中学习到了什么。

狩猎采集者：我们比您想象的更相似

游戏玩耍的概念也存在于早期人类文化中。游戏研究中已经被大众接受了的一个特殊概念是：在生物学层面上，人类天生就会游戏玩耍。你们中的一些人可能会想，"哦？我们不是天生不同吗？"嗯，是的……我们是。但我们都有一些共同的特征，喜欢玩或有爱玩的倾向就是其中之一。这些特质的表现可能是因人而异的，但我们每个人都会渴望玩耍。我们通过跨时间、地点和文化群体的人种学研究了解到了这一点。世界上任何地方的狩猎采集社会都具有共同的特征。它们具有共同的社会结构、相似的价值观以及相似的抚养孩子的方式（格雷，2013）。其中的两个相似之处是：

- **独立自主**（个人自由、分享和平等）是一种共同的核心社会价值观。这与我们现代的民主文化没有什么差别。狩猎采集文化对自主权概念的理解远远超出了我们现在对这一概念普遍的强调。每个人（包括孩子）每天都可以自由地做出独立的选择而无须接受其他人的意见、建议和干扰。
- **期待分享**，不存在那种"凡事都要写封感谢信"的传统。分享不是一种善意，而是一种责任；不分享则会招来别人的嘲笑和不屑。

在此必须做个解释。写感谢信是美国南方文化的重要部分。这是我们上文如是说的原因。这种传统在某些美国南方地区是如此的根深蒂固，以至于您可能需要写一封感谢信感谢那个给您写感谢信的人。很疯狂，是吧？如果您不是美国南方人，您可能理解不了。这只是美国南方的习俗而已。

分享和独立自主的概念是与平等主义这个更大的概念交织在一起的，即：每个人的需求都同等重要。我们在德贝内代特对游戏玩耍社交的讨论（2018）中看到了这一概念。那些具有高水准品格的人会专注于"咱们"，而拒绝与"我们"相对的"你们"的理念（请在第一部分中阅读有关此概念的更多信息）。许多狩猎采集文化通常不会由"某个人"担任领导角色，也没有"负责人"或"大人物"来为团队做决定。相反，这些事情是通过小组讨论来解决的，即对女性、男性和儿童的意见采用一视同仁的态度。

说到孩子，您可能会惊讶地发现，孩子的决定在狩猎采集文化中会受到高度的信任。这些文化中的孩子可以按照自己的意愿行事。这里的理由是，当他们个人的决定受到信任时，当他们的自由玩耍和探索得到允许时，孩子将发展出为集体经济做出贡献所需的技能。孩子可以玩成人用的工具，即使是我们认为比较危险的工具，因为他们相信只有通过玩这些工具，孩子才能熟练地使用它们。

您可以在彼得·格雷的著作《自由学习》（2013）一书中了解到更多关于狩猎采集文化的信息。

您现在可能在想，"好吧，那很好（脸上带着塑料般的微笑），但我该跑开了"。您的内心独白可能是：狩猎采集文化与我们文化中的儿童教育有半毛钱关系啊？

不用担心，我的朋友。我们明白您的意思。您是想说：我们的孩子需要学习的东西与狩猎采集文化中的孩子需要学习的东西大不相同。是的，两种文化差异很大。是的，成人与孩子的沟通交流也发生了改变。但您很快就会看到这种联系。就像我们的朋友，《纽约时报》畅销书作家彼得·H·雷诺兹，曾经在他位于马萨诸塞州戴德姆的书店里所说的那样："宇宙正在不断地将各个点连接起来。我们需要特别注意了。"最终，我们希望为您连接起这些点，并向您展示这些文化的各个方面是如何满足当今课堂需求的。在我们展开论述之前，让我们先多看一些研究结果吧。

在对动物和人类的研究中，我们认为游戏玩耍是人们练习未来所需技能的一种方式。自由玩耍能够让孩子练习决策技巧、学习小组合作、与他人分享、解决冲突及为自己辩护。自由玩耍还使他们能够以自己的节奏发现自己喜欢的东西（鼓励玩耍，2019）。但是，本章的重点并不是想说"游戏玩耍可以让我们为成年生活做好准备"。我们基本上总是在为明天做准备，但是，请忍耐我们一会儿，玩个小游戏放松一下。

我们突然觉得我们需要停下来画一只熊，像熊一样咆哮，像熊一样偷偷摸摸吓唬朋友，甚至可以在互联网上观看熊玩耍的视频。这似乎是一个通过玩耍来休息的好地方！

好了，回到自由玩耍这个话题上来。在我们当前的教育体系结构中，午间休息是观察学生体验自由玩耍的最佳方式。这是因为要想让游戏玩耍成为真正意义上的自由玩耍，那么它就必须完全来自于学生，即它的想法及其所有的组成部分都来自于学生。让人感到难过的是，许多学校的午间休息时间非常有限，如果他们有午间休息的话。

在写这本书的过程中，我们和几位中学老师聊过，他们希望他们的孩子可以有午间休息时间，但在小学以后的年级中，一般学校就都没有午间休息时间了。因此，虽然我们将要分享的案例是发生在小学环境中的，但其结论却适用于所有的年龄段。

有一天，在二年级的午间休息时间里，一群学生向我（杰德）跑过来。他们的脸上布满了我从未见过的兴奋表情。他们全都在尖叫并不停地说着他们刚刚创造的一项发明。他们要我必须去看看那项发明。当然，我和他们一样兴奋得要命。我开始询问与他们创作有关的问题。"这是一种广告，"他们说，"是为我们的读书俱乐部而做的广告。"天啊，我的兴奋度又提高了一个档次。午间休息原本是减压、跑步、自由活动、玩耍的时间，但我的学生却用这段时间为读书而开发宣传广告。我忍不住像孔雀开屏那样骄傲起来。

孩子们交错排成了他们自己的队形，两排，每排五个人。这样我就可以看到每张咧嘴笑的小脸了。奥克塔维亚对他们喊："1、2，准备，开始！"

"读啊读，读啊读"，他们一边齐声大喊一边跺着脚打拍子。就在此刻，在我写下这个情景的瞬间，我依然可以听到他们边喊边跺脚的声音。在那天的操场上，可真是一个激动人心的时刻啊。他们集体喊着"读啊读，读啊读"，他们响亮的声音在操场上荡漾开来。当时正在玩耍的三个班级都停下了自己正在做的事情，跑过来看看发生了什么事。当人群挤在他们周围观看时，他们的喊声仍然在继续。那段宣传词里面有很多能带着人群跳舞的词句，有旋律，有节奏，不断地鼓励观众"读啊读，读啊读"。

没过多久，整个年级都学会了。接下来，我看到有 60 多个孩子齐声朗诵这首全新的关于读书的宣传词，同时努力为我们的读书俱乐部创造出更多的宣传词。遗憾的是，那天午间休息时我没有带手机，这一刻只存在于我的记忆中。但不要紧。我们非常喜欢这种宣传，所以我们要求奥克塔维亚和她原来的团队在我们的年级剧中表演这个节目。我们相信肯定有一两位妈妈在相机上捕捉到了整个过程，并把这些照片和视频存在了什么地方。

摄像机拉远、向上、越过教学楼，然后聚焦在课后的节目练习上。教练在前面的高台上指导着女孩们（这是一位足够大胆、敢于打破性别规范的人）移动到她们的位置上。"再跑一遍！" 教练喊道，所有人都开始跟着领队一起拍手。领队是教练在选拔赛中选出来的。在宣传词说到一半的时候，她们暂停跑动并重新开始另一种特定的技术：练习整齐划一的手臂运动。这些啦啦队员全都非常努力，她们都选择放学后留下来练习。她们在玩耍，在享受身体锻炼的乐趣，在享受与他人合作时产生的友情。

我们是在哪种情况下为未来培养技能的呢？是在某位领队把她的朋友们召集到一起，交流、协作、鼓励大家创意出新的动作及宣传词的时候吗？是在演员即兴表演而观众真实反馈的时候吗？这两种与宣传节目相关的场景同样提供了成长的机会，但只有在操场上的孩子们首度发起的情况下，才能培养出独立思考的能力，这种能力在工作场所中更常用于解决企业和组织面临的问题。是的，我们都需要知道如何遵循别人（例如：老板）给我们制订的计划。但是，当计划偏离了轨道而我们从来不需要自己解决问题时，我们该怎么办呢？

凯茜·戴维森在《新教育》（2017）中说得很好，"没有任何解释性和批判性思维技能基础的 STE（A）M⊖专业知识可能会让您获得第一份工作，但却不会让您获得升职。"我们应该为学生的未来（以及我们自己的未来）做好准备。我们知道未来可能不再需要某些工作岗位，我们应该让我们的学生为变革做好准备。托马斯·弗里德曼是三次普利策奖的得主，他说得最好："我这一代人过得很轻松。我们只需要找到一份工作就可以了。我们的孩子将不得不出去创造一份工作。"通过在课堂上培养一种有趣好玩的精神，我们将可以为新一代的发明家和创造者赋能。

一个关于猫的故事

斯图尔特·布朗曾认为，为未来的自己做准备是有关游戏玩耍的科学文献的主要理论。不过，对我们来说，他写的关于猫的故事则更有趣一些。

（我们想补充一点，我们为我们以前的学生乔什·杰克逊收录了这个故事。他对猫非常着迷，我们会永远爱他。他也是一名出色的小学老师。）

事实证明，不会打架的猫根本就抓不到老鼠。所以，如果打架不是让

⊖ 指科学、技术、工程和数学方面的教育，A 是指艺术方面的教育。——译者注

猫们为未来的狩猎做好准备，那又是为了什么呢？年轻时被剥夺了打架活动的猫实际上缺乏另一种技能——成功的社交能力。根据布朗（2008）的说法，这些猫将缺乏辨别敌友的能力。它们捕捉不到另一只猫的社交信号，并且，它们要么选择过激的行动，要么选择退缩。这两种行为都不符合猫的社交礼仪。正是这种打架和模拟的战斗让我们的猫科动物朋友提升了情商，即感知其他猫的情绪状态并采取相应行动的能力。

还记得我们之前提到过的连环杀手吗？我们希望您知道我们加入这些内容时心情并不轻松。这是个很严肃、很严重的问题。在采访了数百名凶手时，布朗发现了一个共同点：他们在童年时期全都缺乏游戏玩耍。当然，还有其他因素导致这些人变成了凶手。

但是，知道所有这些人的童年时期都缺乏游戏玩耍这件事让我们大开眼界。这应该成为我们号召所有人行动起来的动力。我们需要在我们成长的岁月（以及整个人生）中玩耍，以帮助我们发展融入社会所需要的社交技能。这就是为什么《所有我该知道的都是在幼儿园学的》这本书如此受欢迎。如果我们都不能像猫那样进行交流和互动，那学会其他的技能还有什么用呢？

第二十一章
全球教育改革运动的影响

根据萨尔伯格和道尔（2019）的说法，反对游戏玩耍的战争在很大程度上可以理解为由"改善教育"的政治野心所导致的意外结果。在过去的二十年里，随着联邦政府"不让一个孩子掉队"的政策把重点放在了考试成绩和最小化的预算上，孩子们玩耍的机会被压缩了，在某些情况下，甚至完全被挤掉了。为了赢得金丝带、地区荣誉和在州教育部门社交媒体上成为一所高绩效的学校，午间休息已被视为可有可无的时间。由帕西·萨尔伯格创立的全球教育改革运动（GERM，关于训练和实践的描述）最后以游戏玩耍成为受害者而告终。但是，全球教育改革运动并不止于玩耍，它还有许多的表现形式（萨尔伯格，2006）。如果您从 2000 年开始就在学校学习或在学校任教，请先对照您自己的经历核对一下关于全球教育改革运动所带来的影响吧：

- 学校之间的入学竞争加剧（美国特许学校的数量上升）。
- 学校教与学的标准化（从注重输入转变为注重输出）。

- 教师职业的去职业化（只要您能把授课的脚本朗读出来，您就可以去教书了）。
- 大规模标准化考试，即使是年仅 4 岁的儿童也需要参加标准化考试。
- 基于市场的公共教育私有化（学校选择公司化以及学校优惠券辩论⊖）（萨尔伯格和道尔，2019）。

学年变长了，放学时间推迟了，分配给游戏玩耍的时间也减少了。在 20 世纪 50 年代，小学生每天早上和下午都有半小时的课间休息时间，另外还有一个小时专门用于吃午餐。在撰写本书时，疾病控制中心（2017）建议小学生在上学的日子里每天至少休息 20 分钟。关于休息时间的准确数据比柠檬的甜味更难获得。不过，截至 2011—2012 学年，只有 22% 的美国学区要求每天给学生安排午间休息时间，不到 半的学区达到了每天休息 20 分钟的最低要求。

当我们打字时，我们不得不停下来讨论，这怎么可能呢？七年前，78% 的美国学校竟然都没有要求每天给学生安排午间休息时间？多么可悲啊。不过，这给了我们更多写作本书的理由，我们写，你们读，然后你们和我们，咱们所有人都开始采取行动。

请重温一下上面列出的全球教育改革运动的五种效果。感觉到了吗？对，这一切融合在一起是多么令人不安啊，是不是？然而，尽管有这么多喧嚣的、鼓舞人心的集会，但这场将游戏玩耍视为无用的运动已经显现出它其实并没有改善学生的学习或身心健康。无论您坐在过道的哪一边，

⊖ 学校优惠券辩论的辩题是：如果家长对当地的公立学校不满意，是否可以将自己缴纳的相应税款抽走，并将其用作私立学校的学费。——译者注

您都可以读到相关的政治上的支持。我们最近的三届政府都支持这场竞赛。政府提供了数十亿美元的赠款资金，但却忽视了根本的教育问题，例如贫困和资金分配的不公平（萨尔伯格和道尔，2019）。但是，请冷静下来。本章的重点不是指责任何人。相反，我们是想提请大家注意这样一个事实：虽然取消游戏玩耍是为了腾出时间进行考试和练习，但我们也目睹了年轻人注意力不集中、多动、心理障碍和抑郁症的增加。从 2000 年到 2016 年，美国人的自杀率增加了 30%（米龙，于，威尔夫 - 米伦 & 克汉，2019），尤其是在年龄较大的青春期男孩中，自杀率的增加幅度非常惊人。

我们从多个来源得知（格雷，2013；玛拉诺，2008；斯凯纳齐，2010；特温格，2010），近几十年来，儿童单独（不受成人干预）进行游戏玩耍和探索的自由已大大下降。孩子们学习自己解决问题、控制生活、发展兴趣、熟练追求感兴趣的事物等的机会就更少了。作为一个善意的社会，我们以为我们正在通过督导保护孩子们，但实际上我们可能正在减少他们的快乐和他们的自我控制感，并增加他们患抑郁症和其他疾病的概率。纵向的历史数据告诉我们，现在青少年的焦虑和抑郁发生率高于大萧条时期、二战时期和冷战时期，甚至高于 20 世纪 60 年代和 70 年代。这个数据的变化与战争、世界事件或波动的市场无关。相反，此变化与年轻人感知世界的方式的变化相一致（特温格，2010）。

在心理学的世界里，我们称之为我们的控制观。那些认为自己的生活受到自己行为控制的人比那些认为自己是环境受害者的人更不容易焦虑或抑郁。虽然，我们在科学界取得了各种各样的成就，包括对疾病的治疗、通讯、交通等，人们的识字率也已大幅上升了，财富对普通人来说也更容易获得了，但是，数据告诉我们，年轻人却不太相信他们可以控制自己的生活了。

社会已经这样做了。我们已经取消了学校的游戏玩耍。我们认为游戏玩耍达不到任何目的。我们更加重视我们认为合适的学习内容，却将孩子们需要的非常关键的发展基础放在了次要位置。我们认为，孩子们只需要在不上学的时候玩一玩就可以了。我们把游戏玩耍和有趣好玩与学习的过程分开，将教育视为流水线。我们每个人都并肩站在一起，遵循管理者的规定，按部就班地执行程序，坚决不能偏离计划以便实现最佳的绩效。您注意到这种思想中的标准化了吗？不幸的是，我们忘记了所有孩子都是不一样的，一刀切的方法在教育中是行不通的。游戏玩耍能让我们摆脱流水线的常规，与周围的人建立关系和联结。

从幼儿园到大学，我们已经让这种常规成了一种普遍的教学方法。要想修正这个问题，我们必须对它负起责任来。我们要从了解我们的学生以及给他们提供他们所需要的东西开始。我们要从关系入手。

第二十二章
关爱第一，教学第二

他的名字叫扎德，是他家四个孩子中最大的一个。他家四个孩子都在我所工作的学校接受特殊教育服务。很快，扎德就像是我（杰德）自己的儿子一样了。我期待和他一起坐在地板上读书，在我们放学后等公共汽车时辅导他做数学作业，在课间休息时一起玩捉迷藏。有时他会在放学后来我的教室里弹钢琴，和我一起度过一个下午。他从未上过一堂钢琴课，这很明显。但当他坐在琴键后面弹奏、编曲时，他感到自己非常有能力进行创作。我想帮助扎德获得典型特殊教育服务之外的帮助。他有阅读困难症。我们学区有一个个性化的暑期阅读课程，我知道扎德可以从中受益。我已经将报名表寄到他家好多次了，但那些报名表却从未被寄回来过。

扎德的家庭成员都曾接受过类似的学校特殊教育服务。也许是因为有特殊教育服务的家族史，他的母亲不想让他上那个暑期课程。我不知道扎德的母亲是否需要别人去帮助她理解那份报名表。因此，我决定要去扎德家进行一次家访。一个星期二的下午，我和扎德一起坐公共汽车回他家。您觉得吃惊吗？我的同事们觉得很吃惊。别担心，公共汽车司机是在完成了她的规定路线之后才来接我的。我本来可以自己开车去。但对扎德的妈妈来说更重要的是什么呢？是老师一路陪着儿子回家吗？是我没有把我的豪车（请注意，那是一辆 2007 年的二手雪佛兰探险者）开到她家作为恐吓她的手段吗？是我用朴素的方式来到她所在的地方见她。

我只是想让她的儿子获得成功，这就是我想要传达的。这样做不是从我的角度考虑，而是更多地考虑怎样做对扎德有好处。这是超越现状来满足扎德的需求，这是要像我了解扎德一样去了解他的妈妈。作为我乘坐公共汽车去家访的结果，扎德参加了那个暑期阅读课程并开始体验成长。这就是关爱第一，教学第二。

LOVE FIRST. TEACH SECOND.

关爱第一，教学第二

我们是在斯巴达堡市中心的小吃店一边吃着我们最喜欢的西南鸡肉沙拉（他家的沙拉酱是我们吃过的最好吃的沙拉酱），一边写下这一章的。

因为这是我们本周在这里消费的第二天，所以店主伊丽莎白给了我们免费的甜甜圈。她正在投资于她的客户，建立关系。我们将伊丽莎白投资餐厅氛围的方式与"杰德和扎德一起回家"的方式做了对比。伊丽莎白在她的餐厅里为所有人营造了一种温馨的氛围，而杰德则在投资于个人的特定需求。这两者都是必需的，但它们的实现方法却有所不同。

杰德和我（朱莉）都同意这本书需要有专门关注关系和社群的部分。尽管关于关系和社群的话题几乎都是相近的，但是您难道不同意两者都需要被关注吗？您无法抛开其中一个去谈论另一个。我们怎么能拥有人与人之间毫无关系的社群呢？我们又怎么能建立不产生社群的人与人之间的关系呢？把它们结合起来将会形成一个很长很长的部分。我们真心希望这本书的内容是易于消化吸收的。一方面，它足够长，让我们的理念可以很好地传达给读者；另一方面，它又足够短，让读者可以很容易地保持阅读的兴趣。那么，我们要如何区分这里的内容呢？在那道美味的沙拉（加上额外的调味品和爱心松饼）被吃到一半的时候，我们做出了这样的决定：社群是我们和学生一起创造的学习环境，而关系是在该环境中考虑学生的人性。

建立关系不仅要知道学生姓什么叫什么、他们的考试成绩如何、上一年他们在任课老师们的课堂上有怎样的表现，当然，也绝不是仅仅知道其他老师对他们有什么样的看法。但是，"相信这些话是对的"与"真正身体力行去做"完全是两件事。我们该如何体现出我们的想法呢？我们该如何真正向孩子们展示我们对他们的关心呢？我们该如何以一种不侵犯、不冒犯孩子的方式有趣好玩地去做呢？

以上并不是一段复杂的至理名言。它的意思是说，我们首先要在人性的层面上与学生建立起联系，然后再谈其他。我们认识到，我们的学生来到我们身边时首先是以一个鲜活的人的身份出现，其次才是以学生的身份出现。如果我们无法接触他们，我们就无法教他们。而在他们知道我们关心他们之前，我们是无法接触他们的。我们正在和您说话，亲爱的小学老师，您早上 7 点 20 分到校，然后在上课前的 10 分钟内来到教室。教室的门紧闭着，学生们坐在走廊里尢聊到想哭，如果他们说话聊天，就会被大声制止。而您呢，独自查看着自己的社交媒体账号，一边小口抿着咖啡，一边等着到了规定的时间让学生离开可怕的走廊进入您的教室。

我们并不是说自我保护和自我照顾不重要，我们希望教育工作者拥有这一切。但也许，我们可以在进入教学大楼之前在停车场的车里去做这些。我们应该把教学大楼想象成我们的舞台。一旦我们进入它，我们就"开始直播"了。看到我们走过的孩子们都会把我们当成是某某女士、某某先生或某某老师，等等之类。他们不会觉得我们是塔比莎、托德或者特蕾西。我们是他们学校"剧目"的一部分。如果他们看到我们跑进我们的教室然后关上门，他们会不明白为什么我们没有表演属于自己的戏份。

如果我们将关爱学生放在第一位，那么我们为什么不邀请他们进入教室，分成小组玩一些策略型的游戏呢？我们为什么不让学生在舒适的教室里与他们的朋友聊天，同时我们所有人都为上学日做好心理准备呢？您自己想坐在那个走廊里吗？奇怪的是，就在片刻之前，在他们站在走廊里又冷又硬又脏的地板上之前，在他们的后背粘上走廊墙壁的脏土之前，他们还坐在一辆舒适温暖的车里，而且他们的父母就陪在他们的身边。

听起来，这条走廊当然不像是一种有趣好玩的体验，当然，并不是说一天中的每时每刻都必须有趣好玩。但是，请与我们一起梦想一下，如果我们将学校里这些可怕的时刻变成学生们（以及老师们）的玩耍时光，变成让他们感到享受而不是讨厌的时光，会发生些什么。我们从不期待在学校餐厅值早班。不是因为我们必须在当值的那天早到学校，而是因为我们不愿意与心怀不满的同事合作。比起满足学生的需要来说，他们更关心安静和秩序。

有什么时间比一天中的这个非结构化部分能让我们更好地了解学生呢？还有什么更好的时间来为他们的一天增添有趣好玩的时刻呢？我们无法告诉您有多少次孩子们在早上哭着走进我们的教室，而我们要做的第一件事是分散他们的注意力或安慰他们。

有些孩子因为要离开妈妈一整天而感到难过，有些孩子则可能是在乘车来学校的路上遇到了麻烦。对于那些教高年级的老师来说，学生从家里带到教室的第一阶段的情绪比您想象的要多得多。他们也需要舒适的时刻以及老师的认可和赋能。谁知道我们每个人每天早晨都会带上什么情绪呢？

这也适用于老师。老师的工作如此艰巨，每一部分都需要消耗很多精力。好玩的、有趣的、令人兴奋的晨间工作会让我们受益很多，让我们不会在一天开始时就烦躁得把自己的头发都拉断了。世界上有谁想要这样开始自己的一天吗：在满是孩子的学校自助餐厅里、走廊里或健身房里不断地"嘘"这个、"嘘"那个？我们不想。我们打赌，您也不想。

坦白

我（朱莉）自己曾经就是那样的老师。我过去常常在早上把我的学生留在走廊里，因为那是程序，是我们需要照做的。但是，有一天午餐时，我问学生们在学校里最糟糕的体验是什么。我很好奇，我担心他们的答案会是数学。不，他们说的是走廊。您明白吗？他们中的许多人因为乘坐早班公交车到校，所以在教室开门之前已经在走廊里坐了 30 分钟。要是让我坐 30 分钟，我的屁股非得坐麻了不可！我心想，"以后我自己在走廊上值班时，我要做得好一些。"

那周晚些时候，在允许学生进入教室前大约 15 分钟的时候，我正在往黑板上写字，我听到了走廊里的监控器对那些说说笑笑、打打闹闹的学生大喊大叫起来。我甚至都不记得自己当时有没有想过自己要做的事情是违反程序的了。我直接走到门口，看着我们班的孩子们，微笑着示意他们进来。他们很高兴。

在那一天之后，我们建立了对那段时间的期望。他们对如何利用早上的时间来激活自己的大脑（跳棋、卡片、乐高积木、素描等）有很好的想法。现在，我喜欢早点到学校，把我的学生们从走廊里解救出来。这并不意味着他们会在我的教室里狂奔。不。他们进来并自己选择如何度过他们的早晨。如果他们选择不当，我们会进行对话。如果他们滥用了我们班可以早些进入教室的机会，那他们将不得不回到走廊里去。当然了，有些学生必须回到走廊里去。但通常只会有一次。

在讨论"关爱第一"的意义时，让我们多聊几句。我是老师，也是妈妈，我看到并听到许多老师亲口大喊，或在社交媒体上分享，或在黑板上明确宣布学期结束"倒计时多少天"。想象一下，如果您是一名学生，您的老师正在倒计时他们还剩下多少不得不和您一起度过的时间，您有什么样的感受。我知道，这不是我们老师的本意。不过，还是让我们换一种方法吧：让我们在离别的悲伤而不是摆脱的兴奋中去考虑和做这件事吧。

我是在与朋友马特·约翰逊的一次谈话中第一次意识到这一点的。当时我们参加了一个圣诞晚会，他那时正在教三年级。我问他："那么，您教书教得怎么样？准备好暂停下来去休息了吗？"这个问题在寒暑假期间是个标准问句，对吧？我们都这么问，也期望自己被这么问。是的，我们都准备好要休息了。预期的答复是："哇，我们还有 11 天难熬的时间。我已经准备好休息了！"但马特的反应却与众不同。他说："我教书教得很开心！我们正在制作一些读者短剧，孩子们对他们正在制作的数学视频也非常感兴趣。"

我在 12 月份从未听到过这种回答，我试探了一下："很好……听起来很有趣。不过，您准备好休息一下了吗？"我的意思是，他怎么敢用这种不标准的方式回答，对吧？让我强迫他承认自己很累，这样我才能对自己的"疲倦"感觉更好，才能不感到内疚和羞耻。马特简单地说："没有，一切都挺好的。"

在这个节日之夜过后不到一周，我从学校接回了自己的小宝贝们。

那一年，我的两个女儿经历了两位截然不同的老师。一位显然热爱她的工作，并使学习变得有趣好玩。她坚持关爱第一，教学第二。另一位老师同样在教学，但她显然不喜欢这份工作。孩子们也知道她不喜欢。他们从她对学生说话的方式就知道了：她讲课的时候枯燥乏味。她教授的是关于创新的内容，但在她的课堂上却看不到创新的火花。

回到故事上来。女孩们上了车，其中一个说："妈妈，我不喜欢我的老师。"我问："为什么？"女儿说："她不喜欢我们。她在倒数日子，盼着再也不需要见到我们的那天。"我又问："她是这么说的吗？"女儿回答："没有，她不说我也知道。要不然她怎么会倒数呢？"

我要怎么辩解呢？我写这些词句不是为了批评谁。我自己以前也是这样倒计时的。但是我现在不再那样做了，以后我也永远不会那样做。另外，我认为，有些孩子不想离开我们。学校为他们的生活提供了某种唯一的稳定性，而我们却在快乐地倒数日子？ 我们可以不要因为必须面对孩子的时间渐渐减少而庆祝吗？可以转而因为害怕那个必须与孩子分开的时刻渐渐接近而伤感吗？无论我们是否是真心真意的（我希望我们是），我们都必须让孩子们知道我们爱他们。我们不希望他们离开。

第二十三章

游戏人格

我（朱莉）总是很喜欢开学的第一周。喜欢新削好的铅笔和五香茶的香气。

杰德说："您是认真的吗？五香茶？！咱们谁在动笔写呢？我能想到的是绘儿乐牌蜡笔、清新干净的笔记本和崭新书页的气味。我对五香茶与'返校时间'的关联毫无感觉。"

（朱莉翻了个白眼，微微笑笑，然后继续说。）

我们喜欢孩子们结交新朋友时脸上的笑容、知道他们的老师爱他们时的喜悦、与新朋友和新老师一起进入新的年级时的兴奋。

在我（朱莉）教书的这些年里，我从没有教过两个完全一模一样的学生。

- 拉托尼亚喜欢记号笔和中性笔，不过她的笔记本也被她画得乱糟糟的。

- 克里斯表面看起来很好，但他的内心很崩溃，需要持续不断地、安静地对他进行安抚。在他的速写本上对他的艺术作品做出评论总是能帮助他顺利地度过一天。

- 斯多姆喜欢数字和它们的恒定性。他的作品总是整齐地排成行，错误被清除得很干净，从来不把错误的地方草草划掉了事。他不喜欢运动鞋上的污迹。

- 奥特姆的家在周末着了火，她失去了所有的衣服和玩具。不过，从她的脸上却看不出什么。她仍然微笑着把自己收集的小小宠物园的朋友们放在课桌上的铅笔槽旁边。

- 乔丹无法忍受课间的杂乱无章。在等上课铃响的时候，他通过问一些自己早就知道答案的问题来让我陪在他身边。他让我的那些"看管走廊的时间"变得更有趣了。

- 艾文会跑来警告我说有人计划在课间打架。他没有能力在阅读方面做好，但当我们在按性别分开的健康教育课上对所有的问题都不加评判的时候，他却能发言表示感谢。他认为对个人信息的保护是值得赞赏的。

- 布莱克参加了棒球队。当他在我的课堂上接受补充支持服务时，他会戴着他的帽子（这样做是违反校规的）。他从来不会被看成是慢吞吞的孩子，因为在"资源"教室里，他从来都不会慢慢地走。他每天都在钟声响起之前离开，努力维护他给自己创造的人设。

- 谢尔比微笑着，脸上用铅笔画的雀斑随着她的兴奋而移动。她的辫子里裹着"电线"，用来创造完美的皮皮长袜效果。虽然她现在已经是一位妈妈了，还拥有两个学位，并且还是一位成功的婚姻和家庭治疗师，但我仍然看到她梳着皮皮长袜款的辫子。

我们都有自己的清单。我可以永远带着对那些孩子们（他们影响我的生活）的所有回忆继续前行。我列举了这几个例子是要说明我们的下一个观点：游戏玩耍和有趣好玩是因人而异的。对我来说，好玩的事物可能会让您感到困惑，而您喜欢的事物可能是我坚决要躲避的。

　　我对游戏类型或游戏个性的发现是我教学轨迹中最具决定性的时刻之一。我记得很清楚。当时，我们在克莱姆森大学马德伦中心的一个大房间里围坐在一个圆桌旁。杰德在我旁边，他占了两把椅子，他自己和他的邮差包各占一把。他的日记本、精心放置的彩色铅笔袋和成排的"好纸好墨"牌中性笔已经排列成了彩虹的形状。"我不喜欢'天赋'牌的钢笔，"他说，好像他对它们的存在感到厌恶似的。杰德的准备让我有点心烦意乱，而且让我对自己的心烦意乱感到恼火，因为……（我的意思是……斯图尔特·布朗正在讲话！）灯光被调暗了，以便观众可以看到主持人（斯图尔特·布朗）和他投影在舞台两侧两个屏幕上的幻灯片。我的记忆画面变黄了，但我认为那是灯光的原因：是灯光让一切呈现出棕褐色的效果。布朗可能永远都不知道那天他对我的影响。他点击了按钮，屏幕上的幻灯片变成了下面这个图像：

图片文字：搞笑者、动觉者、探索者、竞争者、导演者、
收集者、艺术家/创造者、讲故事的人

如果您在互联网上以"游戏人格"作为关键词进行搜索，您将获得不同的结果。布朗在他的主题演讲和他的书中对八种游戏人格总结如下：

搞笑者

无论您自己是不是这类人，您绝对会认识一个适合这种类型的人。搞笑者喜欢恶作剧。他们总是在开玩笑，他们的双关语总是会带来笑声。

- "双关语（pun）"⊖最喜欢的电影是那一部？当然是《充满双关语的（punderful）生活》了！
- "双关语（pun）"梦想的工作是什么？当然是针灸师（acupuncturist）了！
- 为什么"双关语（pun）"是一个糟糕的喜剧演员？因为他总是把笑点（punchline）弄错啊！
- 什么是"双关语（pun）"最好的特质？当然是守时（punctuality）了。

这些双关语有没有令您发笑啊？也许有？也许没有？（"我不觉得好笑"，杰德说。我敢打赌这句话会把您逗笑。

搞笑者喜欢逗人发笑，他们在这方面的创造力始终在发展，并且会通过练习变得越来越强。

⊖ "双关语"的英文是 pun，充满双关语的 punderful、针灸师 acupuncturist、笑点 punchline、守时 punctualtiy 几个单词都包含 pun。作者用这段排比来解释双关语及其用法。——译者注

动觉者

您听过肯·罗宾逊爵士讲述的儿童舞者的故事吗？如果没有，您或许会想暂停本书的阅读去观看他的 TEDx 演讲，题目是："学校会扼杀创造力吗？"他的演讲和相关的其他视频都非常棒。我们在这里只转录一小部分，是肯·罗宾逊爵士谈到《猫》《歌剧魅影》等作品的编舞吉莉安·琳恩时所做的陈述。

有一天我和吉莉安共进午餐。我问："吉莉安，你是怎么成为一名舞者的？"她说那是个很有趣的故事。她在学校上学时是在 20 世纪 30 年代，那时她真的很绝望。学校写信给她的父母说："我们认为吉莉安有学习障碍。"她无法集中注意力，时刻坐立不安，动来动去。我想现在人们会说她患有多动症，是不是？但那是在 20 世纪 30 年代，那时还没有发明这个词。人们不知道那是什么，也不知道那是一种生理缺陷或障碍。

长话短说，她被带去看了一位医学专家。她和她的妈妈一起进入一个橡木镶板的房间里。最后，她被带到一把椅子上坐下。那个男人花了整整 20 分钟和吉莉安的妈妈谈论吉莉安在学校发生的所有问题，而吉莉安则整整 20 分钟都坐在她自己的双手上。她听到妈妈和医生说她打扰了别人、她的作业总是晚交等，总之是一些八岁小孩该做并能做到但她却做不好的事情。最后，医生走到她身边说："吉莉安，你妈妈告诉我的这些事情我都听到了，我需要和她私下谈谈。"他说："你在这里等着。我们会回来的，我们不会耽搁太久。"然后他们就离开她走了出去。

不过，在他们走出房间之前，那位医生打开了放在桌上的收音机。

然后，当他们走出房间之后，医生对吉莉安的妈妈说："咱们就站在这儿吧，看看她会干些什么。"吉莉安说，医生和母亲一离开房间，她就站起身，跟着音乐动了起来。医生和吉莉安的妈妈在门外看了几分钟，然后，医生转向吉莉安的妈妈说："琳恩太太，吉莉安没有生病。她是一名舞者。请送她去舞蹈学校上学吧。"

我问："那后来呢？"她说："我妈妈照做了。她带我去了舞蹈学校。我无法用语言形容她这个决定有多棒。我们走进那个房间，里面挤满了像我这样的人。坐不住的人、不得不动起来才能思考的人。"哦！那些不得不动起来才能思考的人们啊！他们有人跳芭蕾舞，有人跳踢踏舞，有人跳爵士舞，有人跳当代舞，有人跳现代舞。吉莉安最终参加了皇家芭蕾舞学校的试镜。她成了独舞演员。她在皇家芭蕾舞团拥有了出色的职业生涯。她最终从皇家芭蕾舞学校毕业并创立了自己的事业：吉莉安·琳恩舞蹈团。她遇到了安德鲁·劳埃德·韦伯；她负责过一些历史上最成功的音乐剧作品；她给数百万人带来了开心和欢乐；她成了千万富翁。如果不是她的妈妈听了那位医生的建议后做出了正确的决定，可能就会有其他什么人让她服药并告诉她要冷静下来了。

（罗宾逊，2007）

有些人需要动起来才能思考。如果您发现自己总是在跳舞、远足、不停地到处闲逛，那么这种游戏人格类型可能就是适合您的。不过要小心，这种类型的重点是运动，而不是竞争。竞争是另一种游戏人格类型。如果别人经常发现您在户外清理土地、打理花园、踢足球或做任何其他动来动去的事情，那么您可能就是个动觉者。

探索者

无论您是从字面上还是从比喻上考虑这一类别，探索者游戏人格类型都将"探索"作为激发他们想象力和创造性成长的工具。您可能会在网上冲浪，不断滚动屏幕以确保您的下一次旅行体验更好，或者，您可能会沉迷于阅读那些描写另一个地方的小说。我们对您会做什么并不太确定，但我们可以非常确定朵拉⊖和她的粉丝们是这个群体的一部分。如果您喜欢新的和不同的东西（无论是音乐、艺术、感觉、想法、信仰、观点还是某个地方），那么您的内心可能是个探险家。布朗博士（2009）告诉我们："每个人的生活都是从探索我们周围的世界开始的。有些人永远不会失去对这种探索的热情。"

竞争者

如果您可以在规则中找到安慰，如果您喜欢玩游戏（尤其是当您赢的时候），那么您可能就是这种类型。我（朱莉）和一个这样的人住在一起。她今年 10 岁，她就是我的女儿。每天晚上吃饭的时候，她都想绕着桌子玩"猜数字"或者"你想选哪个"的游戏。她还把睡前刷牙变成了与她姐姐的比赛。我们都认识这样的人，也许您是被他们打败过才认识他们的。我喜欢游戏，但这是不同的。与竞争者一起生活让我知道这不是我的游戏人格类型。我觉得竞争是有趣的，但我不喜欢无论什么事情、每时每

⊖ 美国动画电视连续剧《爱探险的朵拉》中的主人公，是一个可爱活泼、聪明勇敢的 7 岁拉丁小女孩。——译者注

刻都一争高下。可我的女儿却是个时时刻刻事事都想分出输赢的人。她长大后想成为一名体育老师。这是多么棒的选择啊！

世界需要竞争者，因为他们能开发出非竞争者永远不会想到的游戏。让我们来花点时间看看美式足球之父沃尔特·坎普吧。毫无疑问，这个人属于竞争者的游戏人格。看看他对我们文化的影响有多么巨大吧。竞争者会努力掌握任何具有特定规则的游戏（无论是基于团队的游戏还是纸牌游戏）。发明、确立、实施、调整和重放这些规则的技能需要相当高的智力水平。每当有人让他们选择是只为了开心随便玩玩还是需要边玩边计分的时候，他们总是会毫不犹豫地选择后者。如果不计分，那还有什么可玩的啊？

导演者

导演者是了不起的策划人，是那些喜欢组织庆祝活动的人。婴儿送礼会、婚礼、班级聚会、实地考察、自驾野餐，凡是您说得出的活动，他们都能策划出来。他们喜欢把混乱变为有序。这样的场景总是需要招呼很多人来参与，因此导演者往往是有魅力的、和蔼可亲的人，他们能很好地挑起人们的兴趣。他们可能表面上不喜欢"导演"这样的"名分"，但他们暗地里却喜欢那种使他们能够改善各种情况的力量和对人对事的掌控。您能理解吗？导演者不是房间里那个说话大声、行为专横的人。真正的导演者是厨房里那个在幕后工作而没有得到认可的人。导演者不需要被认可，他们只关心最终结果：一场组织有序的活动。他们想让所有人离开时都觉得这是他们有史以来度过的最好的一天。

收集者

您的冰箱是什么样子的？它被冰箱贴和照片盖满了吗？您收到的每封信和卡片都存放在一个抽屉里吗？您家的墙是什么样的呢？您会展示您在生活中收集到的宝贝吗？如果是，您有可能是个收集者。收集者会收集回忆或者收集经验。他们是按某种主题去收集的。但是，无论他们的主题是什么，他们永远都不会觉得自己已经收集得足够多了。您可能想知道收集者和探索者之间的区别是什么，尤其是如果一个人喜欢收集体验的话。好吧，首先，您可以两者都是。没有什么人说您必须对自己进行单一的分类。但是，收集者和探索者之间有一个明显的区别。布朗（2009）分享了一个例子："我认识的一个人环游世界去看日食。这看起来像是探索者的行为，但他必须要看到每一次日食，并且还会有条不紊地收集每次日食的证据。"

艺术家 / 创造者

画家！

雕塑家！

涂鸦者！

制陶人！

版画师！还有……

摄影师！来，打个招呼吧。

这是您的地盘。请注意，我们没有说"拥有自己工作室的人"或"出版过作品的人"。任何在创作中找到乐趣的人都是艺术家或创造者。他们的乐趣在于从头开始或加入不同的材料来构建产品，在于修复损坏的东西或改进已经制作好的东西。

您知道在我们开始向巴斯出版社（Jossey-Bass）发送本书的一些章节之前，有多少年我们坐在一起喝着热饮，一起打字，一起在笔记本上潦草地写下我们的想法吗？您手里拿着我们完成的作品这一事实对我们来说仍然是一个奇迹，它让我们比您更像艺术家或创造者一些。在我们有足够的勇气分享它之前，我们只是持续不断地享受着工作的乐趣。"关键是要创造些什么，可以创造一些美丽的东西、实用的东西、愚蠢的东西，或者，只是为了让某些东西发挥作用也行。"（布朗，2009）。这种游戏人格类型显然是我们喜欢的。我们敢打赌，你们中的许多人也会在这个领域感到快乐的。

讲故事的人

如果您在餐巾纸上记录诗句或在业余时间写小说，那么您就是一个讲故事的人。您喜欢阅读吗？您喜欢去剧院看戏剧演出吗？喜欢看电影吗？是的。这就是您的地盘。讲故事的人经常能在他们的脑海中播放出各种场景。他们用那些场景来做白日梦或者改善他们下午做家务的方法。清扫门廊时，您是否必须用扫帚先把恶龙杀了？您是否必须向书籍解释为什么将架子擦干净对它们的健康很重要？您是否会编一些愚蠢的神话故事来讲给周围的人听？您在唱歌、跳舞或者描述什么吗？如果答案是肯定的，那么您真心是个讲故事的人。

在本书的第七部分中，我们将解释如何在课堂上为每种游戏人格类型提供机会。现在，请想一想您自己可能是哪种类型。如果您不确定，请看看下面这份我们发明的小测验，它或许可以帮助您。那些喜欢上网的老师们，可以查看 theplayfulclassroom.com 上的电子版本。

游戏人格类型测验

使用说明：圈出或勾选一个最能代表您自己情况的答案。

1. 以下哪一项活动您能连续做好几个小时？

   a. 用乐高积木建造一座城市

   b. 打破自己的最高分记录

   c. 制作派对零食

   d. 表演木偶戏

   e. 跳进一堆树叶里

2. 在烈日炎炎的夏天，您的选择是什么？

   a. 水气球大战

   b. 拍照片

   c. 规划一个室内游乐屋

   d. 在房间里吹空调，看《我爱露西》或"艾迪墨菲电影集"

   e. 探索新路径，希望能偶遇瀑布

3. 您在学校上学时（或者您过去上学时）像是个什么样的人？

    a. 班上逗人乐的小丑 b. 艺术家

    c. 白日梦者   d. 运动员

    e. 所有事情的领队

4. 您最喜欢的玩具之一是什么？

    a. 蹦床   b. 戏服套装

    c. 彩色铅笔   d. 汽车模型

    e. 游戏机

5. 以下应用哪个是您的最爱？

    a. Buzz Fccd（美国的新闻聚合网站）

    b. Pokemon Go or Wizards Unite（"口袋怪兽"或"巫师联盟"）

    c. Minecraft（"我的世界"）

    d. Words with Friends（"朋友来填词"）

    e. eBay（美国线上拍卖及购物网站）

6. 如果您可以去冒险，您会选择哪一种活动？

    a. 骑越野自行车

    b. 去嘉年华狂欢

    c. 去国家的另一个地方野营

    d. 在极速前进节目里比赛

    e. 去收集所有国家公园的邮戳

7. 您最喜欢运动的哪个方面?

    a. 获胜   b. 玩

    c. 指导别人   d. 关于运动的笑话

    e. 明天报纸上有关运动的文章

8. 您最喜欢哪类电影?

    a. 冒险片   b. 动画片

    c. 剧情片   d. 喜剧片

    e. 纪录片

9. 如果您可以学习某种新东西,那将会是_____。

    a. 派对或婚礼策划

    b. 绘画、制作陶器或木工

    c. 拳击、冲浪或瑜伽

    d. 地理藏宝

    e. 电影设计

10. 当您做以下哪件事情时您会感到享受?

    a. 在朋友/家人面前讲笑话

    b. 在您的珍藏品中增加新东西

    c. 探索当地小溪,寻找新的游乐场所

    d. 组织朋友一起玩游戏

    e. 野外活动日、泥巴跑或密室逃生

11. 当您被事情拖住了，您会做什么？

    a. 翻阅您收藏的漫画书

    b. 通过向朋友发送有趣的网络热门笑话来缓解无聊

    c. 想象自己正在电影中扮演学者的角色

    d. 坐立不安，做一些动作来缓解烦躁

    e. 把工作分成小块，然后委派给别人或自己处理每项内容

12. 从事以下哪个职业会让您最享受？

    a. 探索新大陆的人类学家

    b. 为自己最喜欢的杂志做平面设计师

    c. 游戏公司的销售

    d. 古董商

    e. 小说家或新闻记者

13. 在您的社交群里，您会……

    a. 想办法让每一种情况都成为游戏

    b. 鼓励集体旅行

    c. 和所有人有共同的收藏——书籍、期刊、硬币、珠宝、艺术品

    d. 拍很多照片，用来做团拜贺卡

    e. 让每个人都开怀大笑，让大家的心情变得轻松起来

在下面这张表上勾选出您的回答：

	#1	#2	#3	#4	#5	#6	#7	#8	#9	#10	#11	#12	#13
艺术家/创造者	A	B	B	C	C			B	B			B	
搞笑者		D	A		A	B	D	D		A	B		E
动觉者	E	A	D	A		A	B		C		D		
探索者		E	C		B	C		A		C		A	B
竞争者	B			E	D	D	A			E		C	A
导演者	C	C	E				C	E	A	D	E		
收集者				D	E	E			D	B	A	D	C
讲故事的人	D			B			E	C	E		C	E	D

您选的最多的游戏人格是哪个？ _____

您选的第二多的游戏人格是哪个？ _____

您选的第三多的游戏人格是哪个？ _____

您认为测试结果能表明您是谁吗？与朋友讨论一下您的测试结果吧。

_____

_____

_____

_____

_____

_____

_____

第二十四章
主题公园体验

　　您去过迪士尼乐园度假区或迪士尼世界主题公园吗？如果您去过，我打赌，您还想再去一次。为什么？因为那是一次神奇的经历。当您走进大门，来到餐馆、游乐设施、一切一切的地方，都有演员们在那里欢快地迎接您。如果您佩戴着一枚写着"首次来访嘉宾"的胸章，那您还有可能会得到特殊的待遇：额外的快速通行证、纪念杯、小惊喜。

　　去年，我（朱莉）和全家人去了迪士尼世界主题公园。这是我那几个孩子的第一次旅行。如果迪士尼的演员们知道我的名字，我相信他们会和我击掌并大喊："欢迎您，朱莉！"我的意思是，谁不喜欢听到自己的名字呢？谁不想在早晨刚刚睡醒就有人迎上来和自己做拳头对对碰，还对自己说"看到您在这里我可真是太高兴了"呢？

　　经过了一次迪士尼之旅后，我开始思考我在生活的哪些方面想要迪士尼般的体验。如果我们对自己的日子负责，为什么不让每一天都过得像是在迪士尼度过的一天呢？一切都与我们看问题的角度有关。所以，我想知道，我如何才能让我自己的课堂体验像是去地球上那个最神奇的地方旅行一样？我能不能在迎接自己学生时喊他们的名字？我能不能在他们踏进教室门的时候和他们击掌？并对他们说："欢迎你！准备好享受旅程吧！"我并不是说教室必须得是一个流于表面形式的地方。我们并不是"只有土豆没有肉"呀。在规划迪士尼体验的每一个细节时人家都考虑得非常周到，连每个垃圾桶之间要走多少步都是经过精心研究和计算的（这样可以减少人们乱扔垃圾的可能）。我们是"土豆和肉"两者都需要的——既需要精心策划的学习体验，也需要基于研究的学习指导。

我的观点是：如果我们对知识内容的讲授不是本着与学生产生联结的精神进行的，那么仔细小心的备课又有什么用呢？我们必须向学生传达以下信息：学习是有趣的，我们老师热爱我们所做的事情，如果学生要加入我们的旅程那将是有史以来最棒的一天。

我一生中读过的最有影响力的书之一是戴尔·卡耐基的《人性的弱点》。卡耐基就如何建立关系提出了几点意见，其中很多都是从初次相遇开始的。

微笑

没错，卡耐基在他的书中用了整整一章来讲述微笑以及这种看似微小的姿态对人际关系的影响。实际上，这个微小的行动产生了不成比例的影响。它有助于建立融洽的关系、打破障碍，甚至可以激励那些不在自己最佳状态的人。当我们微笑时，我们的身体会释放内啡肽、多巴胺和血清素。内啡肽是天然的止痛药，多巴胺负责传递快乐和满足的信息，血清素则传递抗抑郁的感觉。这一切都源于一个微笑！

微笑甚至会使其他人对自己的严厉程度降低。在一项研究中人们发现，法官对那些微笑的人会给予较轻的处罚。这被称为微笑宽大效应（拉·弗朗西斯 & 赫克特，1995）。事实上，我们用肢体语言交流的大部分内容也决定了我们对更大世界的思考方式（卡尼、克迪 & 雅普，2010）。我们承认，微笑在不同国家和地区的含义并不相同。在此，我们向微笑在我们的文化中起到的作用表示肯定和赞赏。在我们的文化中，微笑真的会让房间温暖起来。

社交媒体上有不少教师主动发起早晨与学生的相互问候的视频，以此作为一天中的独特时刻。在他们的教室门口，挂着画有不同选项的展板，学生可以自行选择高位击掌、拳头对对碰、拥抱或者跳舞等选项。这块展板会提醒老师：和学生的互动可以是有趣好玩并且富有个性的。最酷的部分是，在我看过的每一个视频中，他们每个人都在微笑。当我们游戏玩耍时，微笑自然会发生。如果我们可以带着微笑开启与学生的所有互动，您可以想象一下那会发生些什么。

说出学生的名字

卡耐基（1936）被引用最多的一段话是关于名字的信息："一个人的名字对那个人来说是任何语言中最甜美和最重要的声音。"这是真的，您懂的。当我们与他人交谈时，如果他们在谈话中使用了我们的名字，我们真的就会觉得他们是在认真听我们说话。提到我们名字的次数不用太多，您懂的……说的次数多了反而会变得很怪异。但是也不能提的次数太少或根本不提。我们与别人交流时，要恰到好处地提几次他们的名字，表示出我们知道他们是谁，这样他们就会真正有兴趣与我们交谈。卡耐基写道，所有人想要的只是感到被欣赏。我们的名字是我们与自己的身份和个性最大的关联。否则商标业务怎么会如此兴旺呢？

如果您是响应式课堂教学法的粉丝，那么您应该已经知道晨会的力量了。无论您是带着一群五岁的孩子坐在地毯上用苹果酱画线，还是带着一群九年级的学生坐在椅子上，有一些晨会的元素是相同的（克里特 & 贝克特尔，2002）：

比如，所有参与的人都围成一圈，面朝圈内坐下，没有人比其他人高。这基本上意味着老师要与学生坐在一起，不能站在他们的上方。这种团队式的物理结构是传达平等的关键。

又如，所有的会议都以相互问候开始。回想一下您今天的课堂。有没有可能有些学生上了您的课但全程都没有听到他们自己的名字？晨会能确保这种情况永远不会发生。对学生的问候会沿着圆圈顺序进行。问候的形式经常变化，但问候的语句中总是会包含学生的姓名。

您将在本书第五部分中读到与姓名有关的更多的信息。

让他人感到他们自己很重要，而且要真诚地去做

虽然这部分看起来很明显，但让我们将其分解一下。教师称其为互动，公司称其为投资回报，而社交媒体则用"点赞"这个行为来表示。它究竟是什么呢？我们渴望被别人喜欢。无论我们是否愿意承认，我们实际上都有这种小心思。有时明知是虚假的回应，但我们也还是乐此不疲。在美国南方，我们经常在与他人擦肩而过时说："嗨，你好吗？"对此的回应可以简单到只是点头微笑说："好，好，我挺好的"，也可以认真到停下脚步详细解释一个人的所有疾病。

大多数人都不会期待别人像后者那样去做，虽然的确有人真的会那么

认真。使用这种问候的人并不需要知道为什么默特尔阿姨正在接受她的第五次痛风治疗。我们打赌他们只是随便问问。所有这些都意味着这是对我们的挑战。让我们停止用"嗨,你好吗?"这样的视角来对待我们的课堂吧。让我们停下脚步或手头正在做的事,用真诚的眼神交流,对回应表现出真正的兴趣,以这种方式来接近我们遇到的每个人吧。

当我们用心将自己的课堂变得有趣好玩时,我们就表明了自己在设计教学时考虑到了每一位学习者。我们知道谁是艺术家 / 创造者、谁是竞争者、谁是搞笑者。我们围绕他们是谁以及他们需要什么来设计学习体验。我们相信他们,我们让他们自己选择。我们是怀着一颗有趣好玩且无比真诚的心去做这一切的。

当我们每天花时间为我们的学生着想,对他们微笑,说出他们的名字并向他们提供主题公园般的体验时,我们不仅会变得开心,而且会强化我们课堂文化中的关系。

第二十五章
陪在学生身边，
与他们一起学习

炼狱之苦

虽然这么做并没什么可感到羞耻的，但是（请靠过来，并以耳语的方式小声读出来），我们知道有些老师不会和学生一起坐在地板上。他们对坐在地板上和学生一起阅读的想法表示震惊。他们说地板太脏了。如果我们一边鼓励学生坐在地板上阅读，一边因为……（在这里插入您自己的借口）而拒绝自己也同样去做，又怎么好意思说自己是个爱学生的好老师呢？难道对学生来说那块地板不脏吗？我们是房间里的成年人，但我们同时也可以成为童心未泯的成年人。事实上，这就是我们的工作。这是一种有趣好玩的课堂心态。

如果您的身体不允许您坐在地板上，那我们必须要给予您不坐地板的自由。我们意识到并非所有人都能够坐在地板上，这没关系。我们知道您在期望学生坐在那里的同时，并没有故意自己避开地板就可以了。

当我们自己是个有趣好玩的人时，我们就为学生树立了榜样：对阅读的热爱、对学习的享受、对脑筋急转弯的痴迷……一切一切。当我们老师站在操场上扎堆闲聊成人话题时，学生们会从旁观察我们。那时，我们是在为他们做哪种榜样呢？他们在看我们，他们想和我们一样。让我们向他们展示成为成年人的好处吧，让我们向他们展示如何在生活的各个方面成为领先的学习者吧。

有时，与学生一起学习需要您在校外将他们作为一个独立的人来尊重。您被邀请参加他们的生日派对了吗？去吧。我们知道您有自己的孩子要照顾，为什么不带上自己的孩子一起去呢？我们知道您很忙，在生日派对上露个脸只不过需要您花费星期六的 30 分钟而已，但学生会终生记住这 30 分钟的。您的学生踢足球吗？去看他们的比赛，为他们加油。这个星期天有学生要受洗吗？去参加吧，和她的妈妈一起坐在前排。这周有学生要在钢琴演奏会上表演吗？去看吧，把演奏会的海报装进相框里，和您当晚给他拍的照片一起交给他的爸爸。我们要和学生建立关系，而真挚的关系还需要我们在周一到周五早上 7 点到下午 3 点之外的时间下功夫。

做个真实的人

每带一个新的班级，我（杰德）都会告诉学生阅读对我来说是很困难的一件事。我会告诉他们我需要一遍又一遍地反复阅读才能理解。我告诉他们有时阅读对我来说很无聊。有时我没有阅读我的作业，因为我认为自己就算读了也读不懂。我在小学三年级时"健康"一科的成绩评分是 D级，因为在一次小测验中我有一整行的题都没有答。我告诉我的学生，我的父母离婚了，我和我父亲的关系也不是很好。因为和班上其他的男孩不一样，所以我受到过他们的霸凌。我向学生承认当时我哭、我受伤、我担心、我害怕。

我们最喜欢的演讲者和作者之一是布蕾妮·布朗。如果您还没有看过她关于脆弱性的 TED 演讲，那么现在就去找来看看吧。花点时间体验一下她说的脆弱性。布朗（2011）说："勇气始于挺身而出并让自己被别人看到。"我们的学生需要看到我们是真实的。我们既可以是真实的，也可以是榜样。"因为真正的归属感只有在我们向世界展示真实的、不完美的自我时才会出现，所以我们的归属感永远不会超过我们的自我接纳程度。"

我还记得我小时候与传统家庭的其他孩子见面时的感受。听到他们的故事让我觉得自己像是个局外人。在我看来，我对我的学生越透明，他们在自己的故事中就越安全，他们就会在我们的课堂社群中感受到更多的包容。苏西是一个被自己父亲虐待的孩子。我永远不会忘记当她得知我本人也曾遭受过虐待时的表情。我从她的眼中看到了希望，那个希望就是：在她所住的地方之外还有另一种生活。

游戏中的真实性看起来和我刚才描述的差不多。斯图尔特·布朗（2009）描述了它的三个基本组成部分：

　　第一，真实剧本游戏有某种内在的吸引力，可以将玩家拉入游戏——玩家总是有选择的余地。

　　第二，游戏让玩家体验到时间上的自由感和自我意识的减弱。

　　第三，玩家为了自己而参与游戏，不希望游戏结束。

　　让我们考虑一下这三个方面应该如何与学习体验相关联吧。我们成为老师是因为我们想有所作为。因为我们热爱学习并希望传播这种对学习的热爱，所以我们选择教师这个职业去培养同样喜欢学习的人。那么，为什么在学生的足球比赛中露脸和教他们做重复的数学家庭作业是同样重要的呢？在我们大多数人看来，这两件事与有趣好玩的课堂理念不一致。如果我们布置的家庭作业把学生的家庭时间（与父母一起阅读、与兄弟姐妹玩游戏或者在奶奶家的前院跳绳）都剥夺了，如果我们对学生家庭作业的期望与他们的家庭时间完全割裂开来，那么我们就无法实现我们的目标（是的，您跳绳的时候可以不计数。但如果计数，跳绳就能变成很漂亮的数学练习）。我们并不是说我们不应该布置家庭作业（尽管这是一个绝妙的主意）。

我们的意思是，如果我们必须布置家庭作业，那么应该抓住每一个机会，要求学生去阅读、去分享、去与他人一起游戏玩耍。有多少孩子会一回家就坐在电视机前一动不动？有多少孩子会进入他们自己的房间（假设他们有一个自己的房间）并且几个小时都不与其他人说话？在美丽的秋日下午，有多少孩子会待在室内？今年（2016 年）春天，"脏就是好"（一项促进儿童游戏玩耍和体验式学习的运动）项目组对 10 个国家约 12000 名家长进行了调查并公布了一项惊人的发现：儿童在户外花费的平均时间比被高度监管的囚犯还要少。

当我（朱莉）读到这项发现时，我真的被吓坏了。不是作为老师，而是作为家长。我们家长对此也是有责任的。我们自己也总是坐在屋子里。但是，当我们从孩子发育成长的角度来考虑时，我们就可以做出改变了。那么，请允许我问一下，我们对学生家庭作业的期望是如何要求他们与大自然进行互动的呢？我们怎样才能将游戏玩耍融入家庭作业之中呢？我们又该如何向学生展示学习是一件很有趣、很好玩的事情呢？

我们听到了您说："哦，原来你们是家庭作业的倡导者啊。"您说得对，要想更好地掌握一项技能就必须多多练习。有些学习本身就是技能，有些学习则需要反复练习。但是，请不要假设我们是通过布置家庭作业来要求学生进行深入思考的。我们最近就家庭作业和学校政策的话题与一位管理者见了面。许多学校都有限制家庭作业时间的政策，但该政策很少规定家庭作业的类型。我们最近阅读的一项此类政策甚至允许老师对家庭作业进行评分。

在下面的文字框中，我们会向您分享一封电子邮件。这封电子邮件的作者允许我们与大家分享。请理解，这是一封未被发送的电子邮件。然而，她确实亲自与老师见了面，并表达了她的担忧。她在下面文字中的呐喊是真实的，但她并没有像杰德的祖母莫迪所说的那样，"嘴唇上抹点蜂蜜，想说什么就说什么"。她转而选择与那位"嘴上抹了蜂蜜"的老师见面，这样那位老师才能真正听到我们这位朋友关心的问题，而不只是高谈阔论或严厉的批评。

我们这位朋友的那些怒吼，如果通过电子邮件发送，只会将老师置于自我防守的境地。然而，如果我们想要做个真实的人（作为老师、作为父母、作为人类），我们就必须了解此处所呈现出的内心的情绪。这件事的前情提要是，那位老师在孩子的计划书上写了一张便条，说她之所以给学生的家庭作业打分是因为课堂上没有足够的时间去给学生的社会研究评级。

> 亲爱的（教师姓名，已删除），
>
> 感谢您在家长文件夹中关于给家庭作业评分的注释。我感到心烦意乱，所以花了一周的时间才想明白我的主要问题，因此，我将我的想法写在这封电子邮件中，以便能更及时地回复给您。
>
> 如果学校规定的社会研究的教学时间不足，老师不能当堂

进行真实的形成性和总结性评估，我会觉得很担心。作为一名母亲、一名教育工作者及一名学校董事会的成员，我想知道政府相关教育部门是否应该因此感到警醒。我可以去协助调整课程表，以便最大限度地提高整个课程的学习体验吗？

今晚我写信给您，只有一个重点要说，那就是家庭作业。我想聊一聊家庭作业的目的、评估和数量。

家庭作业的目的：

我不知道每晚上在 http://superteacher.com 上填工作表是否能培养出爱好读书的孩子。

我不知道关于蝙蝠的词汇堆砌的工作表是否能帮助想要从事科学探究的孩子。

我对自己要求学生完成的任何任务都会加以质疑：我们布置的任务究竟是为了符合教学规定，还是为了让学生更多地参与学习？这样的质疑指导着我的决定。我在这里提到我自己的做法只是一种单纯的反思。

家庭作业的评估：

我确实想知道给家庭作业打分（总结性评估）是如何支持孩子的学习之旅的。如果我们要鼓励学习者勇于冒险、提出问题并深入思考，行为主义导向的教育方法（提供分数）将怎样支持这些目标呢？此外，老师必须考虑学生们在其各自的家庭中所获得的支持和资源优势是不平等的。我自己的孩子在家里拥有多种资源：他们的身边围绕着两位家长、先进的技术和大量的书籍。当我们考虑到一个班级的学生来自于不同的家庭背景时，这就是一种不平等的状态。作为您的教育工作者同伴，我恳请您在为作业评分时重新考虑您的选择。如果您必须要布置家庭作业，请仅提供关于学术成长方面的反馈，而不要给家庭作业评分。

家庭作业的数量：

在学校，各年级学生的作业量应该是多少？每天、每个科目都会布置家庭作业（工作表）。唯一的休息时间是周二的科学课。我的孩子一直忙到今晚。她现在已经到了临界点。她下午2点40分到家，吃了一点零食后就开始做作业。直到下午5点43分才完成了作业。她今年秋天已经崩溃了好几次，通常是在星期二我自己需要工作而不能在家辅导她的时候。今晚，她无法参加教堂礼拜，因为我们无法在下午6点之前吃完饭并驱车30分钟到达城里。

我的孩子已经从热爱学校变成了讨厌学校。她对学校的评价是负面的。在升到这个年级之前，她是喜欢学习的。我深感忧虑。我期待您的回复，以便我们能改善孩子上学的体验。

当我们以恻隐之心而不是尽义务之心进行教学时，我们职业的人性就会受到尊重。而当我们以不真诚的心情去"完成教学任务"时，学生家长也会很快知道的。

如果我们不真实地讲述我们的观察和经历，我们就无法写出这个关于关系的部分。我们都是教育工作者，致力于为那些来到我们职业路径上的人们提供强大而鼓舞人心的体验。所以，我们不能只是看看这封电子邮件就算结束了。请记住：这封电子邮件的写作者选择了与老师对话而不仅仅是打完字发泄一番之后不了了之。

双方只有都认真倾听对方，才能理解对方，才能共同成长并因此变得更好。

这才是这个故事的寓意：教育和教学都必须承认我们所看到的人性。

师生关系的结束

牢固的师生关系不会在 180 天后结束，而是会持续一生。以一年级学生杰米为例。当他进入了二年级并离开我的教室时，我（杰德）仍然每天都去看看他。那一年，他的曾祖父母去世了，他最终搬进了离我们学校大约半小时车程的祖父母家。看到他离开我很伤心，所以我承诺保持联系。他的"芭芭拉妈妈和韦恩爸爸"在让我和杰米保持联系这件事上做得非常棒。他们邀请我参加杰米的生日派对、洗礼和学校的颁奖活动。

每次杰米在中学乐队音乐会上演出时，每次杰米获得了新颜色的空手道腰带时，我都在现场。当他作为高中军乐队的鼓手第一次上场时，我在台下为他大声欢呼。当他高中毕业时，当他离开家去参加新兵基础培训时，当他军训归来回到家完成大学学业时，我都感到非常自豪。虽然我没有自己的孩子，但像杰米这样的学生常常提醒我自己如此努力地工作并对学生如此关心是为了什么。无论我每天是否能见到杰米，杰米都在日复一日地提醒着我：要继续从事与教育相关的工作。这份工作对我来说是无价之宝，而对学生来说，它比无价之宝更珍贵。

好玩的课堂

相信……

我们必须提倡学生有玩耍的权利。

通过拒绝任何"我们"与"你们"的想法来加强"咱们"的心态。

我们必须做到关爱第一，教学第二。

游戏玩耍和有趣好玩的时刻是因人而异的。差异化对待会让我们感觉更好。

第五部分

游戏玩耍构建社群

社群在玩耍中强化

我们在社群中生活并与他人互动。玩耍游戏有助于我们塑造一种支持、了解、敏感对待和同情所有人的心态。

第二十六章
相关性和四脚凳

当我们跨过 40 岁的门槛时，我们做老师的时间就比我们不做老师的时间要长了。顺便说一句，到目前为止，我们仍然热爱当老师的这些年。这是迄今为止我们度过的最好的时光！多年来，我们一直在公立学校的教室里教书，我们感到自己和学生息息相关。我们认识学生的家长，他们也认识我们。我们给学生家长发送纸质版的家庭通讯，同时也在 Geocities 网站[○]上给他们发送家庭通讯的电子版。我们还举办了一些定期请家长进入教室的活动。请注意，所有这些都发生在投影仪被广泛使用的时期。这段话的意思是说，我们曾经是老师，我们曾经觉得自己很有见识。我们觉得自己知道每一天都在发生什么新鲜事。

时间来到今天。还记得在第十八章中，我（朱莉）告诉过您我有两个完美的孩子吗？不记得了吗？来复习一下吧：我有两个孩子在读小学，我在一些高等教育机构里教书。我在不同的教学楼里教授同样的专业。我没

○ 创立于 1994 年，当时名为 Beverly Hills Internet，是最早一批免费为用户提供个人主页服务的网站之一。——译者注

有每天都待在公立学校里（尽管我正在努力改变这一点）。到目前为止，我们家有幸拥有了多位出色的老师。但是作为一名家长，我"见多识广"的程度是否与我作为一名课堂老师一样吗？不，当然不是。不过，直到我站在老师和家长两个不同角色的立场上分别进行各自独立的思考时，我才意识到自己错过了多少事情。

我过去常说，教育是一只三脚凳，由学生、家长和老师共同支撑。但那只是在技术普及、社交媒体提供机会以及我们现在拥有大量的学习平台（例如：推特、Skype、Flipgrid、Seesaw）之前的情况。

教育实际上是一只四脚凳。学生、家长、教育工作者和社群都同时发挥着至关重要的作用。您可能还记得我们在第十五章中提到过三条腿的牛吧？好的。为了您的视觉享受，我们给它画上了四条腿，然后让它坐在凳子上。当凳子的每一条腿都知道其他三条腿在做什么时，我们就成功了，因为这样才能产生真正的支撑。如果每条腿之间没有相互联结，凳子就无法站立了。那么，我们如何实现这一目标呢？作为教育领域的利益相关者，我们所有人该如何从单兵作战转为接受团队合作的理念呢？

如同教育的许多方面一样，我们来向后推导这件事。我们从教学标准开始，然后想

办法"吸引"孩子们。暂停。这可不是在替教学标准摇旗呐喊。我们确实认为我们需要这些教学标准。教学标准太高高在上了。它们骑着一匹高头大马到处乱跑，需要有人把它们打下来一些。就在昨晚，我家老大跟我说："妈妈，我只需要知道有这回事，然后能应付考试就行了。我并不关心为什么会发生这件事。"我们当时聊的主题是：欧洲人与殖民。有什么比了解我们国家建国的真相更重要的呢？

教学标准是指导方针。它们不应该成为孩子好奇心的阻碍。但是，让我们用内森·朗拉德博士的话来重新看待教学标准吧。他在推特上写道："我们的工作不是要去教授那些教学标准，而是要去拆解那些教学标准，找出它们能让学生感兴趣的部分，然后创造学习体验，在教学标准和学生的兴趣之间架设起桥梁。"他说的是要建立一个强大的课堂社群。如果您像内森·朗拉德博士建议的那样去了解您的学生，那么您无疑会对他们的学习产生积极的影响。

您听说过"语境化"这个词吧？这是一种能让孩子关心所学内容的方法。如果他们不关心所学的内容，我们又为什么要去打扰他们呢？他们就算学了也不会记住这些信息的。他们当然也不会有动力去接受这个新的学习内容并深入思考或将其应用到解决问题的过程中去。如果是这样，他们学这些教学标准又有什么用呢？因为要应付考试吗？那可真是太蠢了，简直是胡言乱语。这不是您从事教育事业的原因，这不是您在本科学位上投资 40000 到 80000 美元的原因。您想激励下一代，您喜欢孩子，您喜欢让他们思考！

要做到这一点，学习内容必须与学生有关。就像朗拉德所说的，您必须"……找出教学标准的有趣之处"，并使其适应学生的生活。您必须关心您在教什么。您要告诉学生为什么它很重要。您必须说服他们，您要带着热情、激情去说服他们。对学生来说，您的热情是非常重要的。

在我（杰德）自己上十一年级（高三）的时候，每天当我和安吉·杰克逊女士（现在是兰佩夫人）一起进入几何教室时，我的兴奋总是显而易见的。我首先是对我们已经学完了代数部分感到开心，但同时，我也很高兴有这位新就职的老师来给我们上课。杰克逊女士因为自己这份崭新的事业而浑身充满了积极的能量和喜悦。她常常给我们播放音乐。我们的座位选择也很有趣，绝不是那种桌子总是弄伤我背部的、传统的一行一行的排列方式。她还会用一张可以贴纸上去的图表来庆祝我们的辛勤工作。她的教室可爱、温暖、舒适，她的笑声是世界上最具感染力的笑声。光是走进她的教室，就能让我感到宾至如归。她的课堂充满了一种有趣好玩的学习精神。

㊀ hogwash 的本意是"愚蠢的想法，胡言乱语"。作者将其拆解为 hog（猪）和 wash（洗），并且画了插图来增加阅读的趣味性，使读者能够有趣好玩地记住这个词以及"老师要拆解教学标准"的观点。——译者注

我经常发表关于我最喜欢的五位老师的演讲。我会向听众分享杰克逊女士是如何让学习变得如此有趣好玩的。她本人也是一位领先于她那个时代的有趣好玩的老师。我是在 1994—1995 年期间上的高中三年级，那时的教育仍然很传统，而她作为新老师，在任教的第一年就用有趣好玩的精神打破了其中的一些规范。

我那时就非常喜欢杰克逊女士的教学方法。在我自己也有了将近 20 年的教学生涯之后，我就更喜欢了。无论杰克逊女士是否知道，她有趣好玩的精神都在她的教室里为我培养出了一种强烈的社群意识。她带给我的课堂体验中最令人惊奇的是，在我之前的高中时代里，我几乎从未有过那种感觉。在作为学生的教育之旅中，除了乐队课（当我们用呼吸创作音乐时，本身就自然引入了日常的游戏玩耍），我有很多的至暗时刻。我不喜欢学校。我遭受过校园霸凌，而且从来没有觉得自己有很多朋友。社交与我无关。除了在乐队之外，我尽一切可能让自己保持沉默。

杰克逊女士的课程彻底改变了我。正是在她的课上，我开始真正找到了自我并投入到了有趣好玩和创造之中。有趣好玩和创造力似乎一直冬眠于我的内心深处。它们默默地等待着春天的第一个迹象或者一个安全的社群，然后冒头出来，成为世界的一部分。我从杰克逊女士有趣好玩的课堂中获得了归属感和接纳感。幸亏如此，我才在第二年的学习中找到了新的道路，而这又将为我继续建设这种集体归属感。

在上高四的时候，我参加了由另一位有趣好玩的老师埃迪斯·格林教授开设的名为"媒体传播"的选修课。该课程要学习视频的制作、剪辑、撰写文案等。我们的课程目标是：制作一段公关视频来突出我们学校所有的伟大之处。这是一堂令人难以置信的课。每次会议都像是午间休息。格林夫人的课堂充满了欢笑、学习和爱。虽然我的整个高中经历很糟糕（与同伴的互动充满了尴尬和痛苦），但我很感恩能以如此出色的方式结束我的高中时光。

难道我们不想成为杰克逊女士和格林夫人吗？难道我们不想成为学生20多年后还记得的高中老师吗？我确定我自己想要成为那样的老师。我绝不想让我的学生"仅仅学会"二次方程和蝴蝶的生命周期。我和朱莉，可能还有您，我们都应该用教学来对他人的生活产生影响。不，不是要成为救世主，别想歪了。我们要走有影响力的道路，并且要正面、积极地去思考。没有人选择这个职业是冲着薪水、暑假或者巨大的利益去的。我们获得教育学位并选择直面一切阻碍是因为对我们而言，没有什么事情比自己能积极、正面地影响学生更重要的了。而成为一名热爱工作、关心学生并乐在其中的教育工作者，是产生这种影响力的最有效和最直接的方式。

虽然我们都爱我们自己的老师，也喜欢我们自己的个人故事，但我们知道，一本关于教育和最佳实践的书需要有科学研究来加持。在爱丁堡大学（2012）的一项研究中，研究人员麦克劳德、麦卡利斯特和皮里发现，老师越是关爱自己的学生，她从学生那里得到的尊重就越多。这项研究成果声称，他们的数据中呈现出了一种强烈的主线，即："当年轻人感觉到成年人真正关爱他们时，他们就会按照成年人的要求去做。"大多数学校的教学标准通常会要求学生严格按照老师的指示去做，遵守课堂规范并完成老师统一布置的作业。

然而，并不是所有学生都迫切地想盲目地听从指令。他们需要真正关心他们福祉的老师来为他们的课堂掌舵，以便进行真正的、真实的学习。

他们需要有人关心他们本人及他们的学习社群所处的环境，而不是只关心他们需要学习的课程或者学区的范围和排名。也许一开始您会感到不适应，因为许多老师的终极目标就是传递知识和内容。不过，让我们仔细看看有爱心的老师会对学生的学习产生什么影响以及对整个社群产生什么影响吧。

2014 年，一组研究人员（格尔萨、阿里加德罗、布莱斯和菲特）采访了美国南部郊区教育机构的一些老师。他们对这些老师进行了观察，并要求老师们从教师的角度进行自我反思。研究人员想知道的是：教师的哪些行为能表现出他们对学生的关怀。了解这一研究结果可以帮助我们对自己的实践进行如下反思：我们使用的方法是否与我们原本的意图一致？研究人员最终发现，参与者会将有爱心的教师与以下行为联系起来：

- 培养学生的归属感
- 亲自了解学生
- 支持学生去获得学业成功
- 知道学生的名字
- 设计有趣且可行的课程

在我们阅读这项研究时，我们忍不住要透过我们的"游戏眼镜"来观察它。是的，游戏眼镜……就是把假眼球粘在弹簧上的那种。当我们戴上这种眼镜时，假眼球就会从镜架上掉下来并且不停地弹跳。好吧，也许我们说的这些不是真的，但这是一本有趣好玩的书，我们需要在接着往下读的过程中让大脑里出现这种有趣的视觉效果。

我们看到，这项研究中列出的每一种行为都表明：有爱心的老师与有趣好玩的老师、有趣好玩的课堂之间有着很强的联系。让我们引用 DJ 爵士杰夫的歌曲 *Summertime* 中的片段来做个总结吧：

课堂规则我们可以稍做改变

离开那条千篇一律的固定路线

动动大脑去打破那沉闷单调

自由舞蹈本来就要千人千面

跳吧跳吧跳吧跳吧，热情绽放

不要害怕，这就是你的优秀原创

你说想要保留一些规则浪漫

软硬混合全都靠你敢想敢上

第二十七章
培养归属感

在有趣好玩的课堂上，老师能把学习变得有意思。不，我们不是指彩虹和独角兽、糖屑和纸杯蛋糕之类的东西。我们是说，老师能把有趣好玩的精神播撒到教室里的每一个角落和缝隙，以及那些学生需要安静、反思、独立工作的时间。默读不再是呆坐在座位上无聊地盯着一页纸上的文字。有趣好玩的老师会示范、鼓励和赞赏积极的想象力，因此书籍可以变成火箭，将学生的思想发射到他们从未看见过的地方去体验星空中的梦想。有趣好玩的老师已经让每个学生都意识到了巨大的自我价值，因此他们安排的学生反思时间会被学生视为提高篮球跳投、黏土雕塑或诗歌写作能力的方法。有趣好玩的老师所布置的独立作业不再是一项平淡无奇的任务，而是一个机会，一个学生可以提出问题、寻求这些问题的答案并想象哪些创作可以呈现自己学习内容的机会。

这是我们想要自己去上的课。

这是我们想要让自家孩子去上的课。

这是我们希望所有孩子都能遇到的老师。

这是我们自己想要成为的老师。

想象一下在这种学习社群中培养出来的归属感会是怎样的。仅仅把它用文字打出来，就能让我们对所有的可能性感到安全和兴奋，感到浑身充满了能量。回顾一下16种游戏玩耍类型（参见第九章）和斯图尔特·布朗的游戏人格（参见第二十三章），我们就能明白，游戏玩耍可以增强社群感和归属感。团队建设的体验、合作学习的机会和充满幽默感的课程是三种可以建立社群和培养归属感的特定的有趣好玩的方法。

最近，我（杰德）为一所学校主持了一个工作坊，校方要求我专注于加强教师的"团队意识"。学校刚刚换了新的领导，校长正在努力以她有趣好玩的个性去改变学校的文化和氛围。同时，她还特别专注于培养全体员工的归属感。参加工作坊的有教师、办公室工作人员、家长志愿者和学校后勤人员。房间里有各色各样不同个性的人。在工作坊开始之前，我亲自对参加者做了个人采访，因此我了解到：许多工作人员都是刚刚来这所学校的，许多人觉得他们的工作没有受到重视，许多人渴望融入团队。

我希望我对游戏玩耍的研究能给这个群体带来益处，所以我选择了实施我自己制订的计划，即"全天带着目标学习……玩耍"。是的，没错，我请一群老师一整天都带着一个目标来参与各种有趣的活动，这个目标就是：他们要更多地了解彼此，要发现自己在团队中的优势，要增加自我价值感。我希望整个学校都将受益于他们新觉醒的社群意识。

勇敢者徽章

这一天是从"为五件随机物品建立联系"这个游戏开始的。我用的是一把尺子、一支记号笔、一枚回形针、一张复印纸和一块创可贴。创可贴是由一家名为 Welly（威利）的公司制造的。这家公司在产品包装上的营销词很棒。他们称他们生产的创可贴为"勇敢者徽章"。我选择在这次特殊的体验中加入创可贴，是因为社群建设总是需要额外的勇气去发现自己与他人的共同点。

勇敢者徽章，你的教师之心是不是刚刚跳了一下下呢？当我在 Target（塔吉特）百货公司的收银台前一眼看到这个名字时，我的教师之心立马就跳了一下。游戏玩耍和团队建设都需要很大的勇气。建立一个安全的社群对于这场以"有趣好玩的课堂"为主题的对话交流是至关重要的。我现在就贴着一个"勇敢者徽章"。我用它来提醒自己在写这本书时要有勇气。写这本书是迄今为止我做过的所有事情中最让我感到害怕的事情了。

回到我刚刚提到的那个任务上来。参加工作坊的老师们被要求使用所有五个随机对象创建一个常见的主题列表。这个要求乍听起来似乎不太难，但这种体验需要独特的"破坏盒子"的思维（参见第二部分"游戏玩耍激发创造力"）。连接一个或两个物品很容易，但连接五个物品可就难多了，它可以将挑战提升到一个新的高度。我是从朋友坦纳·克里斯滕森写的书《创造力挑战》中看到这个点子的。这是他分享的一百多个游戏中的一个。这个游戏的目的是让大脑朝着新的方向去思考。我在每天的工作中都会使用很多这本书中的游戏方法。虽然这些活动的目的是提升创造力，但它们也能创造很棒的团队或社群建设体验。

在老师们开始做这个活动之前，我向他们解释说，虽然乍一听起来他们可能会觉得这项活动很困难，但我希望他们深入挖掘自己的想法来为这五样东西建立联系。我还将这些物品比喻成房间里的小组。虽然小组里的每个人都有相同的工作，但是他们的目标、策略、想法和过去的经历都是独一无二的。然而，就像那些东西都是被随机放在那里一样，他们这些人也已经被随机地分成了小组。为了使他们的团队变得更强，他们需要在彼此之间找到共同的东西。

我播放了两首泰勒·斯威夫特的歌曲，并要求他们在歌曲结束前进行团队合作。两首歌播完后，老师们分享了他们团队形成的想法。正如我所希望的那样，他们发现了一系列将这五种东西连接在一起的方式。同时，他们还闲聊了别的话题，也发现了彼此的共同点。整件事情的发展就好像我能未卜先知似的。

我们做老师的在这方面非常棒，难道不是吗？以一种结果创造一种体验，不露声色地、间接地将学习者带到一个完全不同的地方去。啊……别对我说："您不能'牛不喝水强按头'啊。"当我（他们的辅导员）通过团队建设、合作学习和幽默去培养那些老师的归属感时，他们大笑、插话、玩耍并建立社群。为什么会这样？我是怎样做到的？因为我关心他们本人，关心他们的工作，关心他们的学生；因为我给了他们时间、空间和游戏玩耍的机会；因为他们都很勇敢，感觉自己属于自己的团队。

教学是一门艺术。

建立社群也是一门艺术。

游戏玩耍则是帮助我们画出这些艺术品的画笔。

玩耍

　　尽快去尝试在课堂上用游戏玩耍这支画笔绘画吧，尽快去向您的学生展示您关心他们的学习社群吧。

　　如果您现在就想要了解怎样把勇敢者徽章和其他独特的物品带入课堂，请参阅本书的第七部分"出去玩吧！"。

第二十八章
亲自了解学生

　　每年开学前，我们都会花时间给学生及其家人写信。我们希望尽快开始了解学生的流程。在我们有趣好玩的课堂上，没有什么事情比我们与学生及其家人的关系更重要的了。我们真是这样认为的。我们在这里使用的词是"家人"而不是"父母"，因为"家人"包含了所有那些关心、爱护我们学生的人，那些把孩子托付给学校、托付给我们当学生的人。老师与学生及其家人的关系在学习中所承担的角色、发挥的作用和带来的好处已得到过很多文献的记载。不过，以防万一，如果您还从未读过与这方面相关的任何内容，这里有一些资料可以供您参考。

　　根据分析，老师与学生及其家人的关系在促进学生成绩方面起着至关重要的作用。关系的处理被视为教育生活的重要方面以及鼓励学生良好表现的基础。这些观点结合起来，揭示了关系在理解学生成绩方面的重要性（阿斯佩林，2012）。

　　诺登堡、索加德·拉森、提夫提奇、温特和奥斯特加德（2008）将教师的关系能力定义为学生成绩背后的关键因素。

格罗辛（2004）认为，成功的学校和教学法的特点是以学习者为中心，建立相互尊重和信任的师生关系。

在一系列报告中，瑞典国家教育局演示证明了教师的社交能力以及教师和学生之间密切的个人关系对学校成绩的重要性（阿斯佩林，2012）。

教育的主要目的是提高学生建立关系的能力——从与本地的人建立关系扩展到与全球的人建立关系（格根，2009，p.243）。

与对 10 岁以上的人进行的游戏玩耍研究不同，这个领域里的研究和故事都非常丰富。在这本书中，我们写了一个专门讨论关系的部分。关于信任的那部分内容是与关系有关的。培养社群……是的，您猜对了……关于培养社群的那部分也与关系有关。

关系最重要。

与我们一起回忆一下您之前参加过的教师资格认证项目吧。您参加了多少课程来了解人与人之间联结的价值？有多少课程让您更深入地了解了关系在学习内容交付及合理的教学实践方面的力量？还有，在您的那些教授们帮助您确定教育理念的过程中，他们有多少人通过与您本人建立牢固的师生关系来为这一点做了榜样和示范？我们希望您的答案是：有很多很多的课堂、课程和教授为您提供过基于关系的学习。

凭着我们作为学生、老师、指导教练、教授和无数职业发展研讨会参与者的经验，我们可以肯定地说，关系和社群的培养通常会被认为是一种"画蛇添足"的行为，因为人们通常都假设大多数老师都知道它的价值并有能力发展强大的、与学生和专业同行的关系和社群。我们向职前水平和继续教育水平的老师们发起过询问（我们询问的老师数量超出了您的想象），询问他们曾经受到过哪些培训以及曾经被教授安排做过哪些课程作业。我们得到的结论是，这些老师中几乎没有人接受过关于如何建立社群或如何加强与学生、家长和同事之间关系的任何具体的培训。他们中大多数人的默认答案是："我上过一节课堂管理课程。"我们询问过的大多数人（除了学校辅导员）都说关系和社群培养通常在每门课上都会涉及，但这从来都不是把他们作为教育工作者去培养的唯一重点。

当我们读到关于关系和社群在教育学生过程中重要性的研究时，我们感到有些难过。我们竟然没发现当前的教育系统中缺少了这么多的部分。我们相信，成为一名有趣好玩的老师将会在我们的课堂上强化关系和社群，并填补我们在教师培训中可能错过的一些漏洞。通过创建一个有趣好玩的课堂，我们可以在以下三个关键领域中从个人层面上增加对学生的了解并培育好我们的社群。

游戏玩耍揭示思维

如果您想知道您的学生是怎么想的，那就别给他们一套标准化的填空测验题，取而代之，可以给他们一罐轻黏土，让他们进行创作；给他们一片锡箔纸，让他们进行雕刻；给他们一大张厚厚的不透水的纸，让他们进行设计……这些在课堂上有趣好玩的学习体验比动不动就考试更能让您了解学生。看着他们处理任务，与他们进行交谈，问他们问题，当他们学习如何操纵媒体来获取答案时与他们一起爆笑。

我们提到大笑是因为这些任务经常会引起笑声。这种类型的体验让学生在身体、心理、情感和语言层面上都能参与其中。请记住，小测验曾经做到的唯一一件事情就是让我在小学的健康考试中获得了一个"D"。这些小测验既不能让老师了解我个人的任何一件事，也不能让老师了解我对健康知识学习得怎么样。但是，当我把手绘的器官粘在人型纸板上的适当位置时，老师就能了解到这两件事了。也许您不想为您的项目做这个，但有趣好玩的课堂充满了有目的的选择，这些选择可以让老师拉开幔帐，看一看学生，可以让老师用一种尊重学生的方式去思考，可以让老师将学生作为社群中独立的个体去看待。

游戏玩耍增强社交技能

强大的社交技能对于培养课堂社群至关重要。游戏玩耍不仅能展露一个人社交技能的高低，还能为提升其社交技能提供机会。您有没有看到过一群学生（或成年人）在玩棋盘游戏？合作、倾听、耐心、信任、沟通、策略，在游戏中能观察到的个人技能列表是非常丰富的。所有那些技能对于现实世界里的课上课下、校内校外的强大社群来说，难道不都是必需的吗？我们想说我们现在比以往任何时候都更需要在生活中游戏玩耍。联合国儿童基金会与乐高基金会合作，在其出版物《玩中学》里谈到游戏玩耍中的社交互动：

游戏玩耍为关键的与社交、情绪相关的知识和技能的发展奠定了基础。通过游戏玩耍，孩子们学会了如何与他人建立联系、如何分享、如何谈判和如何解决冲突。同时，他们也学习到了为自己宣传、辩护的技巧。游戏玩耍还可以让孩子们学习到领导力和团队合作的技能。除此之外，游戏玩耍也是一种自然的工具。孩子们在学习处理人际关系和应对社会挑战时可以用这种自然的工具来培养自己的复原力和应对技能。

《玩中学》中还提到了："游戏玩耍能够让孩子们交流想法并通过社交互动了解他人。这为孩子们与他人建立更深入的理解和更强大的关系铺平了道路。"

虽然这些内容关注的是生命早期阶段的游戏玩耍，但我们相信，人类生存的每个阶段都需要在日常生活中有好玩有趣的时刻，这样才能增强他们的韧性和应对技巧，并让他们在真实世界中驾驭成人关系时能继续磨炼自己的社交技能。我们在二年级的教育规范之外经常有意识地为孩子们提供一些好玩有趣的时刻。通过这种方法，我们将强化学生在核心教学内容上的学习体验，我们也将越来越多地了解他们这些学习者，我们还将创造更强大的、更具有社会意识的人类。

游戏玩耍创造人与人的联结

当我（杰德）在幼儿园时，我超级喜欢"中心厨房"的游戏。我无比清晰地记得自己穿着一条儿童围裙站在木头做的烤炉旁假装做鸡肉馅饼的样子。不知道为什么那天我选择了去烤鸡肉馅饼那种特殊的美味。也许是因为我的曾祖母莫迪做了一个特别不好吃的馅饼吧。那天，我的"妻子和女儿"和我一起在厨房忙活。她们是谢伊·戴维斯和金·史密斯。助教沃尔芙夫人走过来观察我们在做什么。她加入了我们的"中心厨房"游戏，并"咬了一口"我"烤好的鸡肉馅饼"。"嗯……"她说，"这比我做的馅饼好吃太多了。"我从未忘记过那段经历。

我记得谢伊和金。
我记得木烤炉的味道和厨房舒适的感觉。
我记得沃尔芙夫人喜欢我做的馅饼让我感到多么自豪。

我不知道沃尔芙夫人在教过了那么多年书之后是否还记得那件事，但我却永远不会忘记。我和她永远联系在一起，因为她和我一起游戏玩耍过。直到今天，我做饭的时候也还是会想起沃尔芙夫人。

第二十九章
支持学业成功

近期，我（杰德）参加了一场关于评估方法的在线聊天互动。这是一次很棒的交流。我看到许多出色的教育工作者正在世界各地做着了不起的事情。推特聊天的参与度非常高，它是一种动态的方式，可以用来建立您自己的全球化专业学习社群（PLC）。我从我自己创建维护的在线学习社群中学到了很多东西。我让自己的想法受到他人的挑战，然后再进行调整，而且，我已经将不少优秀非凡的人加入到了我的"线上同行"这个社交网络中了。如果您从未通过互联网参与过同行之间的线上聊天互动，那么请尽快去尝试一下。这种线上互动总是很有趣，而且绝对能通过对话和连接建立起社群。它会让您成为更好的老师、更好的人。

当然了，在我们聊天的时候，关于形成性和总结性评估的话题就自然出现了。您能想象在不说诸如"形成性评估"和"总结性评估"这类经典教师术语的情况下怎么好好聊关于评估的话题吗？如果您像我们职业生涯的最初几年那样，您可能需要在这里暂停一下，去找一找那些术语，以便您能记住哪个是哪个。

坦白说，我们经常会在给学生做评估时感到纠结，因为我们很难回忆起他们的差异，尤其是当我们的身边都是一些熟悉所有术语的"好老师"时。游戏玩耍有时会让我们变得脆弱，因为我们必须承认，只有当我们想了解某样东西时我们才能去学习它。在有趣好玩的课堂上，老师有时必须自觉自愿地让自己变得脆弱，是不是？

有趣的是，现在我站在了近二十年教育工作的另一边。我们曾经认为的那些"好老师"的品质特征和现在对好老师的描述相去甚远。这是否意味着我们就不是好老师了呢？不，这意味着随着时间的推移，我们当老师的"手艺"越来越好了。而且，随着生活经验的积累，我们对事物的看法也有所不同了。这也不意味着如果您正处在我们当年的位置上，您就不是好老师了。我们所有人都走在同样的道路上，我们都行走在一个不断修剪、生长、开花、重复的旅程中。

对我来说，在脑海中记住"形成性评估"和"总结性评估"的最佳方法是告诉自己：我要在学生的学习仍处于"形成"阶段时收集形成性评估，然后在需要"总结"学生在学习过程中学到的所有知识时给出总结性评估。如果我在这里完全诚实，那么我会说，我从来没有真正在我的教师教育计划中学到过这些。

是的，我的教授和导师们"讲过"这些。但是，直到我坐在一个满是同龄人的房间里，因为不知道这些基础知识而觉得自己像个白痴时，我也从来没有记住过它们。是的，评估是教育的基础。我们必须这样做。我们必须把学生分出等级。校长、学区、教育部门、学院、家长和整个社会都期待着这样的分级。A、B、C、D、F 和 4.0 GPA（平均学分绩点）是让任何人都能了解学生表现的唯一方法，不是吗？我认为这样的做法大错特错了，我们希望您也这么认为。

我们之所以使用考试和评估，是因为有两条道路在一片黄色的树林中分了叉，而我们"选择"了那条"少有人走的路"。当我们以学生的最大利益为出发点做出决定时，我们可能会发现自己在这条道路上要孤独一段时间了。这没什么大不了的。

我们应该始终避免使用带有后果的评估。当我们根据评估给予惩罚时，我们就把评估的目的弄错了。考试得了一个 F 可能会让您在大型比赛中坐冷板凳，或者惹得妈妈怒火中烧，导致您整个周末都在洗马桶。评估是一个工具，它可以帮助教育者了解自己的学生正走在哪条道路上，然后再帮助学生继续沿着这条道路前进，或者帮助他们转身去走另一条新的道路。可悲的是，许多考试和评估的结果被用于了以下方面：

- 将能者与不能者分开

- 用字母给学生打上标签

- 衡量教师的效能

- 建立对什么是"好"学校的公共认知

- 确定学生可以去哪所大学

- 确定学生能从大学拿到多少奖学金

- 显示学生做一份工作的资质怎样（我们稍后会聊到这个话题）

　　您可能会认为这样说好像是在咆哮、抱怨。但是，让我们记住这本书想要说的内容……有趣好玩的课堂。这些听起来很有趣、很好玩吗？对我们来说，绝对不是。当我们将评估可能带来的结果打成这份列表时，我们开始真正地感到恶心。我们想到了自己过去做这些事情的时候。我们当时并不了解还有更好的方法。这是我们自己从小到大所使用的系统，是我们在青少年时期所学习的文化，是我们作为职前教育工作者所接受的培训，也是当我们以教师的角色进入课堂时别人对我们的期望。

　　我们中的许多人都忘记了，为了在有趣好玩的课堂上照顾学生，我们必须重新学习、重新教会自己评估的真正用途到底是什么。在有趣好玩的课堂上，我们应以学生为中心，倾听他们的声音，尊重他们的选择，这样我们才能更清楚地看到学生的真实面目，更好地了解他们在学习中进展得如何，以及更明确地知道我们该如何帮助他们达到自己想要达到的学业目标。这才是我们让学生参加"考试"这件事应该得到的结果。

　　在有趣好玩的课堂上，我们相信，学业成功不是靠更高的考试成绩和级别来支持的，而是靠对学生的成长提供反馈以及给学生的自我调整提供机会来支持的。两者的区别在于视角不同。考试和评估要被用作下一步行动的参考信息，而不是最终的结果。

对成长提出反馈，而不是对成绩提出反馈

朱莉和我（杰德）所教的大学课程的最终目标是让学生成长为学习者。我们工具箱中那些能帮助他们做到这一点的想法和策略都来自于我们多年来培养出的有趣好玩的精神。我们的学生有时会讨厌我们这个工具箱，因为他们以前所受的十多年的学校教育已经教会了他们将梦寐以求的"A"作为衡量他们成功的唯一标准。但是，经过几周的作业反馈后，他们明白了"成长第一，成绩第二"，所以很快就适应了。您可以真正看到焦虑的枷锁从他们一些人充满压力的身体上打开，那些焦虑都释放了出来，因为他们意识到我们不是为了制造焦虑，而是为了帮助他们学习。

让我们来聊聊培养社群吧！压力较小的学生更容易在安全的空间中学习和成长。向学生展示我们真正关心的是他们的学习，而不是他们的考试成绩。考试成绩可以为他们提供非常美妙的学习体验，却不会给他们带来跨越式的成长。您可能会问，学习为什么会有趣好玩呢？如何才能让学习有趣好玩呢？请继续阅读吧。

朱莉是为促进他人成长而提供反馈的大师。无论您是待在她的课堂上，还是因为工作与她会面，您都会觉得很有趣。她的办公室里有一面黑板墙，学生和她会面时，可以在她的指导下在上面涂鸦。有时她会离开上述这间办公室，在当地的咖啡店与学生见面，在那里为学生做出反馈。他们可能会进行情景角色扮演，这种方法可以为学生提供大量的内省和领

悟。很多时候，他们会随时用聊天软件对相关的主题进行讨论，这样，来自世界各地的老师们的见解就会纳入给学生的反馈中。她以有趣好玩的心态对待她所做的一切。不，她并不是只用玩具和休息的态度去对待一切事情。还记得吗？游戏玩耍的类型是很多的。引导她去工作的心态理念绝不是传统的，这强化了她的课堂社群，而且，她的学生喜欢她的那些方法。

说实话，她在反馈方面比我做得好多了。事实上，她是唯一真正挑战我，让我在这方面不得不改进的人。不管她知不知道，我经常观察她作为老师的做法，她对学生做的许多事情都启发了我，让我想要自己做得更好。她工作到深夜，给学生发送关于他们作业的电子邮件，她不断地给学生时间，让他们去尝试、重做、再尝试、再重做，让他们制订一个新的计划，尝试那个计划，再次跌倒，再次爬起来，等等。

当我教授我的第一门大学课程时，我有一种非常固执的心态：我觉得我的学生都是成年人了，他们应该"知道"如何上学。虽然，对我那些小学一年级和二年级的学生来说，我是一位非常有趣好玩并给了他们无数成长机会的老师，但我的大学学生并不需要朱莉在她的课程中所创立的那些所有的善待和体贴。"去学我说的那些内容，在你们的作业中把它展示给我，在整个学期里一遍又一遍地重复这个过程，争取在这门课得到 A。如果任何一点没做到位，你们的成绩就会反映出来。"哎呀……把这些字打出来真是让我感到非常内疚和羞耻。我的确是一个"我才不管好不好玩"系统的受害者啊。

当我开始观看朱莉的实践时，我意识到，无论我的学生年龄多大，他们都需要收到对他们工作的反馈才能成长。字母和分数不是反馈，而是过时的标签，仅仅定义了学生在某一时刻的表现。没有人，我的意思是说，我们当中的任何人都不应该因为某一天的表现而受到评判，特别是当学习本身是目标时。学习意味着我们会一次又一次地失败。我们从来没有第一次就做对过。如果我们第一次就能做对，那我们就不应该被分到当前的年级。如果您是房间里最聪明的人，那您就是走错了房间，对吧？也许您正在想，给学生定的等级是几天内的平均成绩，并不是学生"某时某刻"的表现，所以，或许它并不像我说的那么糟糕。好吧，我认识一些老师，他们根据整个学期的三次评估给学生定出最终的级别。在整个学期中取三天来评价学生并不比取一天来评价学生要好多少。

因为学到了朱莉的尝试、尝试、再尝试的学习方法，我对我自己教的一门课程进行了一些重大改动。那门课原本会要求学生把他们自己的教学过程记录下来并提交给我，以此作为他们的期末成绩。我看到朱莉在给学生反馈的过程中达成了她和学生一对一的社群建设，而她的学生则从中受益匪浅。我看到她的学生认为能够学习和尝试、重新学习、再次尝试是多么有意思。我承认我讨厌我课堂上播放视频的部分，因为它确实是学生的"终极标签"。这是一门要么"通过"，要么"挂科"的课程。视频真的决定了一切，而完全不管整个学期里学生学习得怎么样。

我是一名兼职讲师，我的那些终身教职的"教授"同事们反复提醒我：因为我不是全职教师，所以我没有资格重新设计课程。因此，让我去改变课程是很难的。但是，我确实做了一些调整，真正向我的学生表明：我关心他们并希望他们学习，而不仅仅是考个好成绩。在他们提交教学视频之前的几周里，我在课堂上模拟了我希望在他们的课程中看到的最佳实践。

我们玩得特别开心。在外面的公共场所穿上戏服进行阅读、虚拟实地考察和用 Skype 软件给神秘嘉宾打电话、有目的地绘画、写一首班级情人节歌曲并与宾夕法尼亚州的大学生分享、在我们班级所在的正规大厦的单调大厅里创作磁带艺术，我甚至请来了一位呼啦圈专家给班级上了一整节课。在那节课上，我们踊跃提出了很多在实践课上如何与学生一起使用呼啦圈的想法。我们建立了最好的学习者社群。我们每节课都会游戏玩耍。这是我最喜欢的学期之一！

通常情况下，学生的教学视频应该就是他们的期末考试，但我设法在没有引起任何终身教职的家伙注意的情况下改变了这一点。我希望我的学生得到真实的反馈，我想帮助他们成为更好的老师，而不是惩罚他们、不让他们通过课程。毕竟，我去到那里的目的是要教他们如何成为伟大的老师，而不是要让他们认为自己有多糟糕。而且，他们为了我所提到的学习付出了很多钱。他们应该得到他们能得到的最好的教练。

作为课程调整的一部分，我要求我的学生在学期结束前两周提交最终视频，这样我就可以在他们正式的学期结束日之前给他们提出反馈了。我无法向您描述他们害怕成什么样子。他们像"忧天小鸡"那样惊慌失措，仿佛天就要塌下来了。现在回想起当时的情形实在是让人感到有些滑稽，但是在那一刻他们真的被吓坏了。我要求他们在整个过程中信任我，并相信自己最终会做得更好。因为我之前已经建好了一个有趣的、有爱心的社群，所以学生慢慢接受了这个想法。在他们平静下来之后，我制订了一个会议时间安排，在此期间我们将在当地的一家咖啡店里一起观看他们的视频并讨论我们所看到的内容。咖啡由我来请客！和由找一个人直接评判他们的工作相比，这样做更像是一种共同协作的努力。

看完第一个视频后，我很高兴自己做出了采用这种方法反馈的决定。那位学生在课堂上是个优等生。她有很棒的想法，总是积极参与课堂活动，从未错过任何一节课，每次讨论时她也总能加入她自己的观点。她在我们课堂上的想法和实践都是正确的。

然而，她的视频并不是那么出色。如果她把这第一次录的视频提交上来作为期末考试作品，那她就会不及格。视频中没有包含我们上课时教授的任何内容。没有体现创造力、协作、沟通和批判性思维，没有游戏玩耍。就像她自己说的，45 分钟课堂的前 30 分钟，都是她一个人在说，她的学生只是全体坐着听她说。没有让学生动手做些什么，没有做实验，没有搭建什么东西，没有任何有趣或令人兴奋的事情，也没有社群建设。

我遵循了朱莉的尝试、再尝试的方法，在这次一对一的会面中对她的视频给出了反馈。她从这些反馈里学到了改进的方法，重新制作了视频，加入了我们讨论过的所有学习重点，结果非常棒。在第一个视频中，她没有应用在课堂上学到的任何东西，因为她害怕按照我的要求去做。她任职学校的那位非常传统的实习指导老师告诉她，她必须非常专注于教学标准、分数和成绩。我的学生还处于学习的早期阶段，她按照那位实习指导老师告诉她的方法去做了。

值得庆幸的是，在第二个视频中，她放下了恐惧，做了自己想做的事情……她做得很好。她通过了课程考试！想象一下，如果我没有和她讨论，没有给她反馈，直接就以她的第一个视频给她做期末评分将会怎样。那一刻可能会永远影响她的生活。一位有趣好玩的任课老师会渴望通过反馈，而不仅仅是分数等级，来支持学生获得学业的成功。

分数和职业目标

我们在评估结果列表里说过我们将单独聊聊这一点。请先读一下我们在咖啡店里无意间听到的一段话，然后，您就会知道为什么我们想单独聊聊这个话题了。

我算了每门课我需要得多少分才能获得 A 等级。

我聪明不聪明？

我需要一门课得 90 分，另一门课得 92 分才行。

等等……我可能只需要一门课得 89 分就够了。

另一门课，我只需要得 65 分就可以拿到 B+ 等级，如果能得 80 分，那就能拿到 A 等级了。

上面这段话是我们在咖啡店里偶尔听到的。当时我们刚好正在写作这一章节。一位坐在我们旁边的医科学生说出了上面这些话。她和她的同学与我们坐在同一张桌子旁，她们和我们之间只有两英尺远。她们毫无顾忌地进行着这种特别的谈话，真是不可思议。听到她这么说之后，我们和她们聊了一会儿。谈话中，她们非常清楚地对考试成绩进行了吐槽。她接着问："我为什么要在自己不必竭尽全力的时候竭尽全力呢？"

这件事震撼了我们。不过，它原本不应该让我们感到如此惊讶的，因为系统早就告诉了我们，"成绩比学习更重要"。系统告诉我们："是成绩让你迈出下一步，不是学习，不是经验。你们所有人都听好了，包括你，医学院的学生。好好想想吧。"

我们问这位学生："在你们的课程中，某人考试得了 100 分和得了 85 分有什么区别呢？"她的回答是："没什么真正的区别，只是他们接下来能上哪所学校会有所不同罢了。其实，你是怎么学的、学到了什么比分数重要得多。但是现在我必须专注于成绩而不是学习。"

作为教育工作者，这段对话应该能把我们吓死了。我们经常听到人们说："我希望为我治病的是 A 级医生，而不是 C 级医生。"可是，获得 A 的医生却并不一定是更好的医生，而只是意味着那个医生是一个更会考试的人。请回想一下您在大学里上过的"西方文明史"课程吧。是的，您当时得到了 A 等级。可二十年后，您用那个 A 做了什么呢？关于西方文

明史，您又能告诉我们什么呢？我们的猜测是，您一件事也说不上来。与我们交谈的这位年轻女子希望自己有一天能在急诊室工作。我不在乎她是否能得到 A 等级，因为她是一名优秀的应试者和统计学家，她可以计算出自己需要多少分才能"成功"，她可以用这种计算来击败系统。是的，我们问过她是怎么算的。那些考试有什么意义呢？不过是用纸和铅笔来做的记忆力评估罢了。我想知道的是，她能否应用她的所学在急诊室里拯救我的生命，您呢？

这不是她的错，这是我们所有人的错。这个系统和那些延续它的人一起创造了这种心态。您应该经历过，我们自己也经历过。在研究生院，我们想要得到 A 等级。我们按照教学大纲来确定需要付出多少努力才能从一间教室走到另一间教室……朝着实现我们的目标前进。我们将上课视为达成目标的一种手段。这正是那位坐在我们桌对面的年轻女士的看法。

我们可以看出她很聪明，我们可以看出她很热情。但是，即使是在医学院里，她对学习的看法也被绑定在了评估上面，而她一生职业所需要的对问题的理解和解决却没有被她放在重要的位置上。

第三十章

知道学生的姓名

我们在第四部分（游戏玩耍建立关系）中讨论过姓名的力量。它同样值得在社群建设的章节里占有一定的篇幅。我二年级的老师叫我约翰。她每天都用这个名字叫我，一整天都用这个名字叫我。"约翰"，我讨厌这个名字。我的名字是，现在是，永远是，"杰德"。我祖父的名字是"约翰"，不是我。虽然我的法定姓名实际上是约翰·埃德温·迪里伯里三世，但是，自我从医院回到家的那天起，我的妈妈就叫我"杰德 JED（我名字的首字母缩写）"了。我一次又一次地请我的老师叫我"杰德"。我永远不会忘记她的回应："如果你的妈妈想让你叫'杰德'，那她应该把这个名字写在你的出生证明上。"

天啊，当您读到 80 年代中期老师的声音从书页中尖叫而出的时候，您是否会感到害怕呢？很难相信，对一个 8 岁、只是要求别人叫自己名字的孩子来说，这曾经是一个完全可以接受的答案。这件事情后来越变越糟，以至于我的妈妈最终不得不去学校和那位老师面对面摊牌理论。那位老师后来终于开始叫我"杰德"了，但她大多数时候会叫我"杰布"。我想，"叫花子不能挑肥拣瘦"是我早年学到的教训，"杰布"总比"约翰"更接近"杰德"吧，您说是不是？

不幸的是，我们都认识一些老师，他们不按要求的名字称呼学生。这不是一个孤立的 20 世纪 80 年代中期的事件。老师经常用他们在花名册上看到的名字来称呼学生，或者，比这更糟糕，用错误的发音来念学生的名字，即使被学生纠正了，也从来不去尝试学习并正确说出学生的姓名。还记得我们提到过的戴尔·卡耐基关于我们名字价值的话吗？人们的名字确实是他们能听到的最重要的声音之一，尤其是在课堂上。如果一位老师关心学生、重视课堂社群并希望创造一个安全而有趣的学习场所，那么他将会确保恰当而正确地使用学生的姓名。

正如我们必须刻意了解学生的姓名一样，我们必须确保将同样的价值观传递给我们所教的学生，以便在我们的课堂社群中同龄人之间能有共同的价值观。当他们知道彼此的名字，并表明他们重视彼此时，安全、有趣的社群就很容易建立起来。

我最近在与一所学校合作。这所学校与学区内的另一所学校合并了。两座教学楼融为一体，创造了这种独特的空间二分法。很多 A 校的学生都不认识 B 校的任何人，反之亦然。但他们都被分在了一个班级里。来自 A 校和 B 校的老师们都在向我询问如何才能让学生互相记住对方的姓名。一位老师说，他的关于协作性的教学非常痛苦，因为学生要花很长时间才能了解彼此是谁。

在合作学习期间，A 校的学生找 A 校的其他同学一起协作，B 校的学生找 B 校的其他同学一起协作。他说："这几乎等于我在同时教两个独立的班级。他们根本就没有那种凝聚在一起的团队的感觉，而仍然是一种

'我们是我们，他们是他们'的感觉。我希望这能转变为一种'咱们'的感觉"。

我很高兴这位老师能认识到这一点是他合作、游戏空间的关键组成部分。他是一位体育老师。有什么课能比体育课更有趣好玩吗？有什么课能比体育课更强烈地需要集体意识吗？虽然很多学生对不那么具备集体意识的体育课都有着可怕的记忆，但是我遇到过的事却更严重。我因为没有"像男孩一样玩耍"以及在体育课上穿错鞋子而被取笑过。这两次取笑我的人都是不关心学生、不爱玩耍的老师，而不是我的同学。下文中列出了我给这位有趣好玩的体育老师提出的一些关于"建立社群"的建议，他想要在健身房里建立一个更强大的集体。我也建议您尝试其中一些有目的的、有趣好玩的做法，看看它们将如何影响您的班级社群。

问候学生

在我抵达学校时，我从来都不需要每天有老师小题大做地等着欢迎、问候我，任何学生也不会真正需要。但是，每当我写下"在教室门口问候学生"这几个字的时候，我永远会记起自己没有站在老师的位置上问候昆妮莎的那一天。当时我正在准备当天上课要用的东西，忙得晕头转向，没有看到昆妮莎走进教室。她走过来，自豪地声明："迪里伯里先生，我来了。您不和我打招呼吗？"不用说，我再也没有错过任何一次对学生的问候。为什么？这对昆妮莎很重要，而且很可能对其他学生也很重要。此后，我就在门口与我的孩子们握手、击掌或拥抱了。

不过我必须承认，我暗暗嫉妒我没有像我的朋友巴里·怀特

（@thatsbwhite）那样去做。您可以花点时间在互联网上搜索他的课堂问候方法。当他使用与每个学生一起创造出的个性化握手方式与学生联结并相互问候时，那些兴奋的、充满吸引力的能量就会从他的身上流淌而出。我们知道并不是每个人都喜欢这种问候方式，我们也知道并不是每个孩子每天早晨都想要同样的问候。但是，我敢打赌，我们每个人都可以从这位花时间培养出如此有趣的学习社群的老师身上获得启发。

建立一个有趣的社群

让学生做迎宾员。当每个学生进入房间时，请迎宾员用一个有趣的问题、一个谜语、一个双关语等来吸引他们。迎宾员可以每天轮换，也可以保持一周不变。这会让孩子们互相交谈，否则他们可能永远不会与对方说话。

使用昵称

小布、露露、T. 李、天真、格雷西–娄、威利–李、卡提虫、妮莎、阿狸–卜、JD、天天、莉莉商店、克拉克先生、AC、悠悠和搬运工都是我曾经用来称呼学生的昵称。我教过的学生几乎每个人都有自己的昵称，只要他们想要。于是变成了我所有的学生都有昵称，他们求我给他们起一个昵称。给学生起昵称有时会很容易，因为昵称可以直接来源于他们的名字。

当然，这些名字是出于爱和集体的自豪感而想出来的，而且，我会确保在学生允许的前提下才用昵称来称呼他们。如果他们不愿意我用昵称称呼他们，我是绝对不会用的。我很高兴带有昵称的俏皮话和开玩笑能成为我课堂的一部分。它总是能让我们的教室有一种家的感觉。在家里，人们总是对他们所爱的人称呼特殊的名字，而我爱我所有的学生们。昵称是为我们的社群服务的。

建立一个有趣的社群

如果学生觉得没问题，可以让大家分享自己在家里的昵称，甚至让他们为您本人想出一个昵称。我自己的"作为老师的"昵称是"D 先生"或"DB 先生"。有些人不允许别人给自己起昵称或者用昵称称呼自己，因为他们认为这是不尊重的表现。就我个人而言，我认为尊重是通过名字或头衔以外的其他方式赢得的。

为彼此加油

您有没有参加过那种身穿跑步马甲，马甲上写着自己名字的公路赛跑？这是我最喜欢迪士尼系列跑的原因之一。我要再一次向迪士尼致敬，他们给客人的感受是一次真正难忘的体验。您的名字始终印在马甲的正面，供所有人查看。不，不是您的全名，而是您告诉他们当您穿过地球上最神奇的地方时您想被别人称呼的名字。

跑步很难。狂热的跑步者会告诉您，99.9% 是靠精神完成的。我（杰德）已经跑了七次全程马拉松，也参加过无数次其他类型的或不同距离的跑步比赛。我最喜欢的比赛是在我完成比赛时听到人们为我欢呼的比赛。

不，我并不总是认识那些人，但是因为我的名字印在了跑步马甲上，所以当我经过时，他们就可以直接对我进行大声的鼓励。我无法告诉您听到完全陌生的人为自己的名字欢呼意味着什么。那些神秘的人帮助我达成了一些非常了不起的跑步成绩。

想象一下在课堂环境中为个人欢呼喝彩能为培养您的社群做些什么贡献吧。而且，欢呼喝彩是一种爆炸式的创造。您可以做，学生也可以做……无论用什么方式为某人欢呼喝彩都是不会错的。学生有大量的学习目标需要实现。当他们实现了某个目标时就可以为他们欢呼喝彩，并且……这很有趣。我们认为这是适用于所有教室的"双赢"体验。

建立一个有趣的社群

在互联网上搜索"班级口号"一词会找到大量的班级欢呼喝彩用语。您可以用这些欢呼喝彩语来获得一群人的关注。请您先从直接使用这些口号开始。然后，当您的班级建立起了社群之后，您要更进一步，创造出班级自己的口号。在创建班级口号的过程中要对学生的想法加以鼓励。虽然创建班级口号是为了满足获得群体关注的需要，但我们也可以将这种想法用于班级的庆祝活动。当您要祝贺某些学生和他们的个人成就时，可以请全班一起"照耀"他们（向他们微笑、朝他们摆出胜利的手势）。

第三十一章
创造有趣且适用的课程

作为一名老师，我很难坐下来全程参加一个对我的生活没有任何适用性的、无趣的课程。我自己上过无数次这样的课：课程开始五分钟后，我就开始质疑自己为什么要来参加，同时，我也开始怀疑自己是否还继续需要那位演讲者的智慧。在这样的时刻，我几乎总是会立即断开连接、关机、退出（无论您想怎么称呼它都行）。我知道我的大脑飞快地离开了那堂课，比 3 号车⊖离开维修区时跑得还要快。

有趣的是，我说的是已经长大了的我。具有认知能力的我可以处理新的信息，可以收集演示文稿中最有价值的信息并将其应用到我的生活中，可以从老师那里学到一些新东西并带着新知识摆脱旧的经验。但是……我

⊖ 拉尔夫·戴尔·恩哈特是许多美国南方人喜欢的职业赛车手。在纳斯卡杯赛车比赛中，他的车是 3 号，被称为冠军 3 号车。这里是用戴尔驾驶他的 3 号车飞驰离去做比喻。——译者注

的思绪却像超速的 24 号杜邦色汽车[⊖]那样飞出了课堂。

（是的，我们又用了一次赛车梗。我们在同一页上两次引用了纳斯卡赛事。）

我们这样做是因为我们必须要夸张地说明：如果您没有把课堂变得足够有趣和适用，学习者就会在精神上以飞快的速度离开您的学习体验。如果 41 岁的我都会这样做，那么，当 10 岁的蒂米端坐在自己的椅子上时他会怎么做呢？在接下来的一小时里，他会沉浸在对两小时前课间休息的回忆中。蒂米想要学习，他不是一个坏孩子。他知道"聪明"会帮助自己找到一份好工作，一份比父母的工作更好的工作，因为父母每天都是这样告诉他的。但是，当他盯着您用网上找来的关于"咆哮的 20 年代"[⊜]的图片拼凑的 30 分钟长的幻灯片时，他就是弄不明白为什么自己需要了解人们在"咆哮的 20 年代"穿什么衣服，也弄不明白究竟为什么当年的人要咆哮，更不明白这些跟他自己的人生有什么关系。

我们的课程必须有趣、能吸引人并且与学生有关联性。为了建立一个强大的学习者社群，所有这些部分都必须在我们的课堂上融合在一起，然后这些学习者才能在整个世界范围内建立起更强大的社群。当我们第一次被要求接受这种指导时，我们会感到有点受挫。为了帮助您的那些拖拉机轮子滚动起来，我们想给您出一些主意。

⊖ 杰夫·戈登是北美最受欢迎的赛车运动巨星之一，在纳斯卡杯赛车比赛中他的车是杜邦色的雪佛兰，是 24 号。——译者注

⊜ 指北美地区（含美国和加拿大）的 20 世纪 20 年代。在此十年内出现了无数具有深远影响的发明创造、前所未有的工业化浪潮、民众旺盛的消费需求与消费欲望以及生活方式翻天覆地的变化，因此也被称为"历史上最为多彩的年代"。——译者注

建议 1：

如果一个可爱的小学生对您说："我爸爸睡眠不足时会发脾气。"那么请您去鼓励学生在您的教室里讨论睡眠的重要性。请借此机会将这句话转化为您班级社交媒体页面上共享的表单式调查问卷，用它来收集"睡眠时间与情绪之间的关系"的数据。还等什么？散点图难道不是您数学教学标准的一部分吗？虽然，学生要到了某些年级才会学到散点图的知识，但这是否意味着他们还没学就一定理解不了呢？即使他们理解不了，但这是以学生为中心并由个人连接所驱动的，那么它为什么不能进入您的课程中呢？这是多么好的机会啊！大家来看看，这并不需要花很多时间。请看下面的图片。只需要两个问题，就这么简单。这样的创造甚至连 20 秒都用不了。

睡眠与情绪关系的调查

* 必填项

昨天你睡了几个小时？ *

你的回答是：

你今天的情绪是这样的

请参照上图输入能表达你今天情绪的数字！

你的回答是：

建议 2：

冬天来学校上学时，如果有孩子问"为什么卡车要在路上撒盐"，您该怎么办？我们会鼓励学生去搜集盐的用途吗？我们会在午餐时从餐厅的柜子里拿几个梅森罐、从餐厅的桌子上拿几个盐瓶吗？我们会去测试盐水与自来水各自需要多长时间才能结冰吗？我们会给学生机会得出结论吗？这就是有趣好玩。这就是与学生相关。这就是与现实世界的连接。它不仅建立了课堂社群，而且将学习与一个更大的社群联系了起来。学生不会永远待在学校。如果我们教给他们的课程无法延续到现实世界，那又有什么意义呢？如果我们不知道何时、何地可以用到以及为什么用，那么知道"2 加 2 等于 4"对我们来说又有什么好处呢？

建议 3：

一个学生在持续默读课（SSR）上阅读了一本从图书馆借阅的书，书中的内容是关于一种叫作食火鸡的动物。那种鸟来自澳大利亚，外表看起来很奇怪。她本应默默地阅读，但她的"哦、啊"分散了她邻座同学的注意力。接下来，您懂的，10 名学生挤在了她的周围，都对那种鸟感到非常好奇。

您可以为此感到困扰并取消所有学生的休息时间，因为他们没有遵循持续默读（SSR）的要求，或者……您可以加入他们，指导他们如何进行在线研究以了解更多关于那种鸟的信息。您还可以让他们动手去找一些关于那种鸟的很酷的视频。您甚至可以让第一个读到那种鸟的学生稍后独立做一些工作，并将她的发现呈现给那些已经对那种鸟特别感兴趣的同学们。那么，如果"鸟"的知识并不在您的教学标准中怎么办？可以凭借公开演讲、研究、语法等方式进行关于"鸟"知识的学习，这些在每个年级的长期计划中都是有要求的。

教学的艺术是接受学生对睡眠、扫雪机和食火鸡的好奇心，然后将它们与我们的教学内容联系起来。每一种好奇心都可以与一个教学标准相关联。如果没有这种联系，我们最终会将教育视为工厂流水线上的模具。但是，孩子可不是流水线上的小部件哦。一旦孩子的好奇心与我们的教学内容存在相关性，您就可以考虑建立社群了。

第三十二章
红色校门以外

有一年，我（杰德）教的班级获得了国家宠物连锁店的资助。当得知我们将免费获得一笔资金来支持我们在教室里养一只宠物的消息时，大家都非常兴奋。这笔赠款同时为我们提供了　份可选宠物的清单。学生们立即进入了研究模式以决定哪种宠物最适合我们的学习空间。他们查找了每种可选动物的基本信息，观看了其他与他们同龄的、已经收养了清单中某种宠物的班级的视频。他们甚至给那些在网上发布宠物照片的班级发信息去询问照顾宠物的相关问题。我清楚地记得，当我看到我们在 100 号教室里努力建立起来的学习者社群随着学生们走出校园围墙而延伸到现实世界时，我感到多么自豪。

学生们在网上找到了很多以拥有胡须龙（鬃狮蜥）为荣的班级。如果您从未见过这种动物，请花点时间上网查一下。当然，我的班级对这种生物很感兴趣。首先，任何名字中带有"龙"的生物都会让痴迷哈利·波特的班级兴奋不已。另外，电影《驯龙高手》当时恰好刚刚上映。仅凭这一点，他们就会确定要养胡须龙。接下来，他们又了解到，正如许多人所说的那样，胡须龙拥有独特的变色能力。这对我的孩子们来说特别有趣，因为我们刚刚用艾瑞·卡尔的《拼拼凑凑的变色龙》完成了一个综合艺术的学习单元。我承认，当我看到胡须龙的颜色变化时，我自己也有点兴奋，而且很惊讶这种变化是那么明显。最终让班级确定要养胡须龙的原因是它尖尖的外表。我的很多学生都对世界摔跤娱乐比赛（WWE）非常感兴趣，他们说服了班上的其他人。他们说："如果我们想成为自己最喜欢的摔跤手约翰·塞纳，养一个长着尖钉的生物是最好的选择。"

如果您从来没有和小学二年级的学生一起工作过，那么让我告诉您：如果您提到教室里生活着一条会变色的胡须龙是一件有可能的事，那么其他的生物就不可能胜出了。对不起，所有喜欢仓鼠、沙鼠、乌龟、豚鼠的人们。胡须龙对我的孩子们来说是不二的选择。

确定好了要选择的动物之后，我们就计划要全班一起去宠物店挑选我们的胡须龙吉祥物。让我感到非常震惊的是，在星期六上午10点，竟然会有那么多的学生前来和我一起去宠物商店。不用说，这引起了很大的轰动。当我们所有人一起走进那家宠物商店时，店员们的眼睛都亮了。我现在仍然不能确定的是：当一大群孩子在一位男老师的带领下走进他们店里时，那些店员最初的表情到底是兴奋还是恐惧。我向其中一位店员解释了我们是谁，我们来自哪里，以及我们希望购买什么。当然了，无论您做了多么好的计划，结局常常都会事与愿违。不过，得到与原始计划不同的结果倒并不见得总是坏事。

我的学生们毫不犹豫地开始告诉店员他们所学到的关于胡须龙的一切。关于它们的饮食、睡眠方式、爬行动物的天性，当然，还有它们便便的颜色。孩子们对便便很着迷，不是吗？我站在那儿，吃惊地看着这一切一步步展开。店员开始反问孩子们问题。接下来，我所知道的就是，45分钟一晃就过去了。在星期六的早上，我们什么也没做，只是在社区宠物店的笼子旁边站着闲聊。笼子里装满了胡须龙。我们只能看着店员喂它们、给它们做清洁、整理它们的笼子。我们所有人轮流拿着几个不同的笼子，这样我们才能决定哪一只最适合我们。我觉得那天早上自己应该算加班，因为我们的确是在学习。我给那位店员付了小费（按照公司的规定，我不应该这样做）。他原本不必教我的孩子们，但是他却真的教了他们不少东西。

每次经过那家宠物店，我都会想起那一刻。这就是一个有趣好玩的老师对社区的期望。我曾如此努力在我的四面墙之内开辟空间，在看到那个空间蔓延到我们校门之外的世界时，可真是令人激动啊。有无数种方法可以让我们在教学楼之外进行有趣的学习，从而强化和培养更大的学习社群。

关于胡须龙的故事并没有以宠物店之旅宣告结束。在我们将"斯派克"叉叉地安顿到它在100号教室里的新家之后，就该轮到我们让自己的生活适应它的存在了。相信我，尽管我们希望它能适应我们，但它却并不配合。为了让"斯派克"能快乐地成为我们课堂社群里的一员，我们必须了解很多东西。它需要有人：

- 每天早晨为它换上新鲜的水。
- 一天两次从它的笼子里把粪便清理出来。
- 准备它每天下午要吃的肉虫子。

- 准备它周末两天要吃的蟋蟀。
- 如果周末休息三天，要给它当宠物保姆。
- 课间休息时要有一个人看着它。

要做的事情很多。孩子们和我都对所有的责任感到不知所措。前两周很艰难，我花了很多自己的钱购买蟋蟀和肉虫子。大约在拥有胡须龙的第三周，我们班阅读了斯图尔特·墨菲的书《柠檬汁大卖》。亚马逊网站对这本书的描述是这样的：

四个孩子和他们的鹦鹉伙伴皮蒂共同经营着一个柠檬汁摊。顾客包括各种古怪的邻居。甚至有个杂耍演员也来光顾他们。他们做了一张柱状图来记录柠檬汁销售量的涨跌。作者斯图尔特·墨菲和插画家翠西娅·图萨通过生动的艺术和温馨的故事让读者轻而易举地理解了什么是柱状图。

在我们阅读的过程中，当学生建立从自我到文本的联系时，他们分享了自己为购买想要的东西去赚钱的方式，这已经很不错了。但当威利·李说："我们应该去卖柠檬汁或努力为'斯派克'的食物赚钱"时，情况变得更棒了。我承认，我自己从来没有想过要那样做。我猜我的大脑认为"斯派克"是我自己的宠物，养活它是我的责任。

其实不是的。学生从那一刻起接管了养活"斯派克"的责任，我从此再也没有在它身上花过一分钱了。学生们放学后用自己的时间为邻居做家务、在父母的生意场所摆放让客人自愿投硬币的零钱罐，或者把自己的零用钱节省下来。有一个孩子甚至去了我们这里闻名世界的斯巴达堡灯塔汽车餐厅。他获得了餐厅的许可，在那里为客人的饮品续杯、帮忙清理

桌子，以及请求客人为我们的班级宠物捐款。他筹集到了 60 多美元，为"斯派克"买了蟋蟀和一个新的改进过的饮水盘。哇哦！

整个过程最棒的部分不是他们筹集到了多少钱（他们短短几周内就筹集到了 373 美元），而是他们共同努力实现这一切的方式。他们设定了目标，制作了图表，还用头脑风暴的方法列出了他们可能找到的工作和有可能成为捐款人的名单。他们给住在远方的亲戚写信。他们甚至给那家宠物店发信息索要免费的赠品，而且，他们居然得到了！看着这一切一步步上演真是令人开心啊！我们小小的课堂社群越过了我们小小的红色校门，在外面的大社区里培养了孩子们的归属感和参与感。

加强与校园外社区的联系对于创建成功、有趣的课堂至关重要。教师不能独自承担教育每个孩子的重担。这真的需要一个村庄，一个参与该过程的利益相关者的群体。我经常邀请学生家长、商界领袖、立法者、学校董事会成员和当地电视名人进入我的课堂。我们知道你们中的许多人也是这样做的。在全国各个地方，本地气象学家都是很受欢迎的。

支持这种做法的论据很容易获得，应该时刻放在手边，这样您就可以与您的同事分享这些小小的智慧了。全国教育协会（NEA，2008）引用了许多研究人员的话。这些研究者证实父母、家庭和社区的参与是解决辍学危机的关键。强大的学校—家庭—社区伙伴关系不仅可以培养出学生对接受更高教育的渴望，还可以培养出更有上进心、更能自我激励的学生。当有足够多的利益相关者在场并产生影响时，学生会想要做得更好，这一点丝毫不会让我们感到吃惊。令人兴奋的是，无论父母的受教育程度、家庭收入、种族或背景如何，也无论学生的年龄大小，这项研究的结果都适用（巴顿，2003；简尼斯，2003）。

全国教育协会（NEA，2008）的这份建议清单可以帮助我们所有人更加了解在校园之外扩展和培养课堂社群的方法。我们如何才能让更多的利益相关者参与进来呢？看看以下想法然后着手去做吧：

- 对教师和学生家庭做问卷调查，以确定双方对合作的需求、兴趣和想法。
- 制定和通过有利于家庭的政策和法律（即：父母或看护人可以请假参加学校或教育相关的活动；允许父母或看护人对其工作时间进行灵活安排以鼓励不同的家庭参加学校或教育相关的活动）。

- 为学校教职工提供与家庭和社区互动的专业培训。
- 为家长和社区利益相关者提供有效沟通和合作技巧的培训。
- 更多地提供有关学校、学区政策及程序的信息。
- 使用有效的沟通工具，确保各种家庭结构的学生家长和学生家庭成员都可以及时获取信息，并将信息翻译成他们能理解的语言。
- 聘请和培训对社区历史、语言和文化背景比较了解的学校—社区联络员，让他们与家长联系并组织协调各类活动。
- 与高等教育机构合作，将教育中学生家长、学生家庭成员及社区的参与纳入教师和学校行政人员的预备计划中。
- 制定向外发展的战略，向家庭、企业和社区做宣传，让他们了解学校和家庭有哪些可参与的机会、政策和项目。
- 定期评估家庭参与计划和活动的有效性。

想要了解更多有趣好玩的想法，请参阅第七部分。那些想法可以将您的课堂扩展到红色校门之外。

第三十三章
走向全国，走向世界

我们听到无数人说他们不再看头条或其他新闻了，因为新闻内容大多是令人沮丧的。虽然我们同意几乎每天都有令人不安的事情发生，但这正是我们作为教育工作者应该努力在课堂上刻意为学生创造出有趣好玩的、充满吸引力的学习体验的原因。读到这里，您应该已经了解了这项研究，我们希望您也能明白它在学习过程中的重要性。世界现在比以往任何时候都更需要人类发展出有趣好玩的社交，并拒绝那种"我们 VS 他们"的思维方式。在本章中，我们想向您介绍一些我们最喜欢的有趣好玩的全球化学习体验。这些体验在培养"咱们"的思维方式上获得过非常好的效果。

全球校园玩耍日

自 2015 年开始，全球校园玩耍日（www.globalschoolplayday.com）活动已带领了 1,445,690 名学生在教学环境中进行过一整天的游戏玩耍。这是由一个有趣好玩的教育者团队开启的一项草根运动。发起者心中的目标有两个：向全世界宣传游戏玩耍的力量，以及让我们所有人都好好地玩上一天！这项运动鼓励老师利用平时正常的上学日来向学生、家长、同事和管理人员介绍游戏玩耍的好处和必要性。我们可能有些偏心，但这本书及其所包含的研究是非常好的资源，可以让所有教育工作者用来支持这一美好的日子，然后将这一天变成每周（甚至每天）的实践，使其成为校园文化的一部分。全球校园玩耍日的组织者在他们的网站上给出了以下提示：

- 不要为您的学生组织任何事情。
- 不要告诉他们该如何使用玩具去玩，或者要做什么游戏。
- 不要干涉学生，除非您看到可能会导致自己被解雇或对小孩子造成身体伤害的事情（不包括可能让孩子身体上感到不舒服的事情）。
- 不要让您的学生处于无人看管的状态。虽然这一天的活动内容不是由成年人安排的，但并不等于您可以不去看护和督导学生。

如果我们是喜欢打赌的人，那我们几乎可以下注认定：您读了前三个提示就读不下去了，而且您会有一些心慌或者心跳过速的感觉。在您去抓氧气瓶之前，请记得回到本书的第三部分重读关于信任的内容。全球校园玩耍日的发起者可以做到的事情您也可以做到。在自由玩耍的过程中，对成年人来说，最困难的是不去干涉。作为教育者，我们常常想介入并确保不会错过任何可以对学生进行教育的时刻。能意识到这些时刻会让您成为我们这本书中描述的好老师，但是，在学生们的自由玩耍中，我们必须实践我们经常提到的那个"时间、空间和机会"的模型。在这种情况下，学生需要时间来解决问题，需要没有您干涉的空间以及独立学习的机会。

最重要的是上面的第四点提醒：在学校环境中，督导始终是必需的。我们的眼睛和耳朵每时每刻都要保持张开。安全是最重要的！

当您访问全球校园玩耍日的网站去了解更多信息时，我们希望您能将您的班级、学校或校区信息添加到玩家列表中。如果您阅读本文的时间已经过了当年的全球学校玩耍日，那就请在下一个全球校园玩耍日开始之前创办您自己的玩耍日吧！向了不起的"全球校园玩耍日教育委员会"致敬。是他们创造了这个机会，让人们能够认识到游戏玩耍的力量，并将自己与全球的社群连接起来。

全球校园玩耍日团队成员

埃里克·塞贝尔 @ecsaibel

米斯蒂·希金斯 @mistynorman12

奥利弗·辛克顿 @schink10

斯科特·贝德利 @scotteach

蒂姆·贝德利 @tbed63

伯达尼·查芬 @bethanychaffin

乔恩·萨缪尔森 @jonsamuelson

林赛·斯图尔特 @lindstew

全球朗读项目

对于全世界数百万人来说，阅读本身就是好玩和有趣的。虽然身体可能没有物理意义上的活动，但大脑却可以随着彩虹、鹦鹉、飞镖蛙的叫声和呱呱声去穿越充满世界上最美丽树叶的热带雨林。看看我们在那里做了些什么？看看阅读可以是怎样的有趣好玩？我们已经准备好了，我们要马上收拾行李，现在就前往亚马孙丛林！与朋友一起阅读会更有趣。读书俱乐部、读书分享会和阅读练习都是以识字为重点的有趣好玩的学习体验。全球朗读项目（http://theglobalreadaloud.com）是一个很好的机会，可以向我们的学生展示他们如何才能成为更大世界的一部分。他们只是"一个"人，但是他们会看到"一个"人能和多少人建立起联系！当学生知道自己手中的书籍也在全球各地的教室里被其他人阅读时，世界会突然变得非常小。人与人之间发生的联系会让他们同时生出同理心。我们每个人难道不都是需要更多的同理心吗？

来自全球朗读项目网站的说明：

前提很简单，我们会在 6 周的固定时间内挑选一本书让我们的学生大声朗读。在此期间，我们会尝试建立尽可能多的全球联系。每位老师都可以决定他们愿意投入多少时间以及他们希望参与的程度。有些人选择只与一个班级联系，而有些人则希望尽可能多地去联系不同的班级。项目的范围和深度由您自行决定。虽然有 Skype、Twitter、Padlet 或 Flipgrid 等常用平台，但您可以选择最适合您的工具。老师们可以与其他教育者们组成一个社群，一起做一个全球化的项目，希望这个项目能激励他们在这一年里保持这些联系。

这种美妙的体验是由佩尼尔·里普（@pernilleripp）在 2010 年创造的，并且从那时起就一直在快乐地增长。

全球创作者日

如果您的课堂是有趣好玩的课堂，那么您的学生每天就都在创作。他们创作出的作品是否会有真正的观众呢？可能会有的。您可能已经有了一个课堂推特账户，您可爱的小天使们正在每天用推特上传他们漂亮的作品。如果我们告诉您有一种办法可以做得更好呢？您可以：

- 吸引更多的观众。
- 找到更多的创意。
- 通过获得来自全球的反馈去提高您的投入产出比。
- 玩得更开心。

全球创作者日（www.globalmakerday.com）是一个为期一天的活动。在活动期间，全球各地的教室可以虚拟连接并观看其他创作者讨论他们的项目、学习空间、创作、编码、3D 设计、艺术课程等。这些教室可以使用 YouTube Live 应用进行全天的收听。您的学生甚至可以注册、申请演示并被添加到活动的日程表中。

除了现场直播，老师和教育者们还在活动期间和活动结束后使用 #GlobalMakerDay 标签在社交媒体上分享学生的创作过程和作品。无论今天是否是全球创作者日，您都可以通过搜索这个主题标签来查看所有过去的创作。

如果您正在寻找创作者、创造力和优质游戏的机会，请查看该网站并与这些令人惊叹的创作者联系以参与这项运动。

全球创作者日团队

艾米·斯托尔 @techamys

杰梅·多纳利 @JaimeDonally

凯蒂·麦克纳马拉 @KatieJMcNamara

莎拉·托马斯博士 @sarahdatccchur

玛瑞阿利丝·柯伦博士 @mbfxc

迈克尔·德雷泽克 @m_drez

好玩的课堂

相信……

有趣好玩的课堂尊重每一个人，每一个人都很重要。

学生的姓名具有神奇的力量。要知道、说出、喜欢这些名字。

我们的使命是创造有趣好玩的体验，以便将学生的兴趣与要求他们学习的内容融为一体。

社群必须延展到我们教室的墙壁之外。

第六部分

游戏玩耍促进成长

成长升级玩耍

我们总是可以变得更好。让我们彼此帮助，成为更好的自己。

第三十四章
成功的真相

"纸牌屋挑战"是我们最喜欢的用于玩耍学习研讨会的实验之一。我们给每组教师发一副纸牌,要求他们建造一个至少有五层楼高的结构。我们允许他们花三首歌的时间来一起制订计划并开始构建。

他们设计的结构刚一搭上就倒了。

纸牌坍塌成一堆,然后他们重新开始搭。

倒了再搭。

倒了再搭。

倒了再搭。

是的……我们本来打算写很多很多的"倒了再搭",因为他们建造纸牌屋的实际画面就是这样的。这对他们来说非常难,而失败的原因有很多种。随着一次又一次的失败,他们会发现更多的困难。纸牌是全新的,基座的表面太光滑了,他们先前没有经验,需要更多的工具,需要更多的时间,等等。我们却很高兴他们能得出这些结论。因为如果没有花费时间、空间和机会去尝试、失败、然后习得新技能,他们可能永远也无法得出这些结论。

当三首歌播完后，在挫败感让他们几乎要说"我退出"的那一刻，我们与他们分享了一段视频。视频中是最高的独立式纸牌屋。它高 7.86 米，由拜仁·伯格于 2007 年 10 月 16 日在德克萨斯州达拉斯搭建而成。伯格本人则因为这不可思议的壮举成了吉尼斯世界官方纪录的保持者（吉尼斯世界纪录）。播放视频后，我们会让参与者再次尝试。观看专业人士的作品给了他们新的技术、新的角度和新的方法。最重要的是，让他们的精神为之一振。之前他们动手的速度像是乌龟爬，现在他们动手的速度就快多了。

我（朱莉）在我的教室里挂了一张图，这张图能帮助学生们认清现实。在这点上，我可不是在吹牛。我确实知道这张图对学生们有帮助，因为是他们亲口告诉我的。我先把这张图画下来，稍后再做详细的介绍。

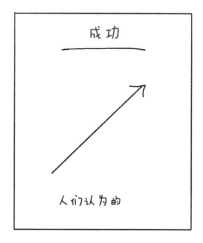
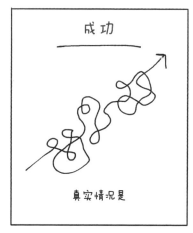

我出生于 1977 年。如果您不是在 20 世纪 80 年代和 20 世纪 90 年代（我的孩子们喜欢称它为"19 世纪"）的美国学校长大的，我就需要给您介绍一点背景知识。那是一个国家教育标准尚未出台的时代。因此，讲什么内容以及讲哪些主题完全取决于课本和老师的经验。工作表在那时是一种创新，因为您可以在一台带有曲柄的机器上为学生的练习创造机会，摇动那个曲柄就可以用紫色墨水滚印出工作表的副本。我还记得大楼里每一位老师沾满墨水的双手。他们戴着这些污渍，就像戴着荣誉徽章那样。那时候老师们无所不知。

当然，作为一个五年级的小学生，我根本不关心这些。那时我在南卡罗来纳州瓦尔哈拉小镇松树街小学史密斯夫人的班级中（这里的化名是为了保护那些还在职业中成长的人们）。我只记得我有一个很酷的、用新的丽莎·弗兰克贴纸做成的蓝色文件夹。这个文件夹比我座位上的抽屉还要大，但这没关系，因为它撑在我的桌子边上时，会让我看起来很酷。

而且，在年初，我做的关于克拉拉·巴顿的口头报告令人惊艳（我是穿着戏服做的这份报告）。令人惊艳？那只是我自以为的。实际上，我的这项作业获得了"B"，不是 88 或 82 分，评估表的顶端就只写了一个红色的"B"。在我写到此处的时候，我还有 8 天就满 42 岁了，但我仍然可以看见那个"B"。我相信您也有类似的、记忆犹新的、关于学校的某一时刻的故事。在我 9 岁的大脑中，成功被定义成了"那些获得 A 的人"。我知道这个事实，因为我三年级的老师基洛夫人教会了我：两点之间直线最短。

我想成功，我想要得到 A。所以，我更加努力了。（看到上文图中那条直线了吗？）

请注意，我并不知道自己因为什么得了 B 而不是 A。有关我当时倍感困惑的记忆在此刻仍然栩栩如生：我到底哪儿做错了？怎么做才能把 B 变成 A 呢？

但是，老天呀！我可不敢去问老师。在我们美国南方的文化中，尤其是在我家，小孩子是不可以向权威提问的，因为这是对老师的不尊重。当然，我将其理解为"不要质疑权威"。明白我脑子里想什么了吧？我可以看到"最短距离"，但我被卡住了，我无法找到出路。我认为抵达成功只能是直线。您看，任何不是 A 的成绩对我来说都是没有达到标准，都是不理想的，都是一次挫折。所以，我的成功之路改变了方向。为什么我没有一直向前进呢？那时没有人告诉我，实际上我是在成长。这种情况即使不发生在我的克拉拉报告上，也可能以许多其他的方式发生。当然，这是另一章的内容。在这里我想解释的是，当时我对成长的看法非常偏颇，非常不正确。

现在，回到我之前提到的、挂在我教室里的那张图上来。当学生们看到这张图时，他们会问："您的经历真的是这样的吗？"或者"您画得对吗？"无论是哪种反应，他们接下来总是会说出"嗯，这很令人欣慰"或者"也许再添上一些曲线，就是我的真实生活了"。整个过程真的是一模一样。他们以为我本人已经获得了成功。他们的这种想法总是让我感到很吃惊，我们不都还在旅途中吗？

成功的真相难道不美吗？我们之所以成为我们，正是因为我们有过的所有经历。当我看着图画里的曲线时，我试着想象没有曲折、没有转弯的生活。好轻松！但如果一切都像我小时候认为的那样，只是从 A 到 B 的

九年级的朱莉

直线，那么生活将会是多么无趣啊。每次向上、向下、向左、向右、360度大回环、之字形和锯齿形变化都为我（也为您）提供了成长的机会。这些动作都充满了欢笑和玩耍的时刻，这些时刻又带来了更多的笑声和玩耍。笑声和玩耍是犯错、重试和吸取教训的结果，而吸取教训能带来深刻的理解。我们必须从这个角度开始思考学校教育。我们因犯错而成长。我们成长是因为我们做错了什么或者看到我们的朋友做错了什么。我们因为这些向上、向下、向左、向右、360度大回环、之字形和锯齿形的经历而成长。每个人的成长曲线都是不同的。我们要记住，学习就像是一根根的小木棍，而有趣好玩的时刻可以像胶水那样把它固定在原处不动。

鲸脂和一点沙砾

你们是否有过在课堂上尝试全新的东西，结果惨败而归的经历？你们当然有过那种经历。我们都有过。这正是使我们成为伟大的老师的原因。如果您还没有过这样的经历，那就试一次吧。明天，选择第七部分中的某项活动，尝试一下。如果失败了，找出原因，再试一次。这叫作反思性练习。这是让我们不断成长的原因。

杰德说："当我的鲸脂课失败的时候，我当然做了反思。呃……事情是这样的。"

这件事发生在我职业生涯的早期，大概是 2003 年。我是在万维网上（那是我们当时对互联网的称呼）找到的这节课，它将有助于学生了解脂肪是如何帮助北极动物保暖的。该课程需要两种主要材料：猪油和可以密封的塑料袋。想想克里斯科猪油罐头。在我的家乡，南卡罗来纳州的沸腾泉，我们随时可以拿到的一样东西就是猪油。（朱莉说在南卡罗莱纳州的考彭斯也是这样。）我的奶奶手头就有一箱。因为谁也不知道什么时候就会有人突然去世，而那时就需要炸一堆鸡肉，送去给那家人当晚餐。

这个脂肪袋课程并不是什么新的想法。当您读到这段的时候，我们保证我们已经无数次地完成了这节课并已经分享在社交媒体上了。但那时，这个课程的想法在当时还是很新颖的。我感到非常兴奋，因为我要为自己的第一批学生带去如此有趣好玩、如此有吸引力的体验。

像课程计划所要求的那样，我准备了一些塑料袋，里面装上了猪油，并为五个小组各准备了一桶冰水。学生们上体育课的时候，我就把这一切都准备好了。我邀请了校长来观摩，希望这节课可以为我的桂冠再赢取一些额外的宝石。

学生们一回到教室，我们就立即开始了实验。首先，为了向伯尔赫斯·弗雷德里克·斯金纳[⊖]致敬，我向学生们示范了把手放进猪油袋子里的正确方法。我在每一袋猪油里另外放入了一个塑料袋，所以，从里到外是袋子—猪油—袋子。这样做的目的是让学生们能把手放入猪油里，同时又不会碰到猪油。听起来有点儿乱，对吧？学生们把手放进最里面的袋子，然后把两个袋子和手都浸在冰水桶里。挺合理的吧？

我发誓。前几轮很顺利。在充满冰水的桶里，我们的手都被"鲸脂"保护着，就像北极动物在他们生活的寒冷栖息地被脂肪保护着一样。这种顺利接下来被小乔纳森给终结了。他打开了一个塑料袋，然后所有人真正的欢乐就开始了。真正的欢乐是乔纳森浑身上下都沾上了猪油，然后是杜尔塞……然后是米里亚姆……然后是斯奎丝娅……然后是柯蒂斯……然后……

教室里到处都是猪油、猪油、猪油！亮闪闪、滑溜溜，真恶心。到处都是！桌子上、地板上、墙壁上、孩子们的嘴里、头发上、衣服上，全都是猪油。如果说我曾经需要唱凯莉·安德伍德的那首《耶稣啊，请帮我掌握方向盘》，也就是在那一刻了。可惜她两年多都没有再唱那首歌了。

那可真是一场灾难。四个孩子不得不打电话让妈妈送新衣服到学校来。一个孩子必须请生活老师帮忙把身体洗干净。一个孩子不得不回家

⊖ 美国著名行为主义心理学家，新行为主义的代表人物。斯金纳从小喜爱发明创造，富有冒险精神。——译者注

去，收拾好了再来上学。我失败了。

但是，我没有放弃。随后的每个学年我都会尝试这个·实验。实事求是地说，随着我一次又一次地做，情况变得越来越好了。我增加了不同的配件，调整了不成功的部分，最重要的是，我反反复复地检查那些袋子以确保他们是密封好的。每年我还特意增加了讲述我失败故事的环节，让学生们知道：在学习中，失败是一个让人成长而不是让人放弃的机会。

这个故事可能会让您想到，您必须在您自己的领域持续练习直到磨炼好您的手艺。从现在开始坚持下去。10000 小时的刻意练习，对吗？好吧，下面请您猜个谜语。

罗杰·费德勒、艾灵顿公爵和米开朗琪罗有什么共同点？

答案是：在他们很年轻的时候，他们都没有限定自己的领域。费德勒拥有大概 20 个网球大满贯单打冠军，但他一开始并没有选择打网球。其实他玩过从足球到乒乓球的好多种运动；艾灵顿公爵翘过音乐课去玩绘画和打棒球；而米开朗琪罗年轻时则非常喜欢诗歌（他甚至写过他有多讨厌绘画！）（爱波斯坦，2019）。我们之所以提起这些看似毫无关联的故事，是想再次举例说明生活不是直线。那些 360 度大回环呢？它们也是有目的的。无论我们曾在什么时刻被吸引到了什么地方，那里总有我们成长轨迹中重要的一课。

这个真理是游戏的本质所固有的。我们敢打赌，您第一次将篮球对准篮筐边缘时一定没投进。杰德投进了。下次您见到他时，可以问问他打篮球的经历。他有好多傻里傻气的事要分享。对他来说，并不是所有的玩耍时刻都是美好的回忆，但它们绝对是学习和成长发生的时刻。在他举的一个例子中，他痛苦地学会了：在垒球场上如果站得离本垒板太近，那么投过来的球就会在你的"爱情手柄"上留下一块真正"漂亮的"擦伤。

所有的努力都伴随着失败和成长的机会。事实上，我们敢打赌，在您创作出您自己的个性化杰作之前，您一定是在反反复复地去揉捏培乐多彩泥，直到它们再也捏不动了为止。希望在您把那块泥团揉捏成您童年最珍贵的艺术品时，没有人曾试图粉碎您的雕塑梦想。

第三十五章

鼓励成长的精神

在游戏玩耍和创造力的世界中，当我们生活中的成年人对学生采用了培养和指导的方式，而不是打压或控制的方式时，益处就随之而来了。作为教育工作者，我们必须小心那些我们对学生使用的语言。我们的话语应该始终为学生赋能，鼓励他们不管在自己学习的道路上遇到什么障碍都要继续走下去。

下次当您再说或听到下面这些话时要注意了：

"不，你不能那样画南瓜。"

"圣诞老人穿的应该是红色套装，而不是紫色套装。"

"那个乐高雕塑看起来不像埃菲尔铁塔。"

"海龟不戴礼帽。"

"你做的方式不对。"

"我们从未这样做过。"

让人难过的是，上面所有这些话都是我们自己亲耳从老师或认识的人那里听到过的。与圣诞老人相关的评论发生在我们的一位老师朋友身上。当时她在读小学一年级。她的老师因为她"做错了"而对她大呼小叫。我们的问题是：圣诞老人本来就是虚构出来的，画一个虚构的人物，颜色怎么会出错呢？碰巧我们的这位朋友最喜欢紫色，所以她想让她的圣诞老人穿上紫色的套装。如今，我的邻居之中，有很多人会让圣诞老人穿上他们最喜欢的足球队队服的颜色。也许，那个当初给圣诞老人穿上紫色套装的学生能在好几年前就开启一场这样的潮流运动，但她的创造力被扼杀了，因为老师对她说："你做的方式不对。"

唉……对我们这位朋友来说，那是多么悲伤的一天啊。创造力被粉碎了。她告诉我们，她从那时开始再也没有"出过格"。

学习应该是快乐的，而且越吸引人越好。这就是寓教于乐，即将游戏玩耍的精神融入您所做的一切之中。游戏玩耍适合所有人，而不仅仅是小孩子。

朱莉　　　　杰德

我（朱莉）现在能听到您在小声嘀咕。我猜您正坐在您家的门廊上，喝着甜茶或葡萄酒。显然，我没有意识到，您精心设计了维果茨基⊖授权的直接指导课程，您还用他的最近发展区理论（ZPD）为这个指导教程搭建了"脚手架"。

哦，太有趣了。看到我们在街上向您挥手了吗？邀请我们到您家的门廊上聊会儿天吧。我们会坐在您身边的摇椅上，一边摇一边评论您家漂亮的花园。在我们闲聊时，我们会与您分享：维果茨基的发展区理论就是基于对游戏玩耍的研究。是的，我知道这套理论。

游戏玩耍是发展的源泉，它创造了最近发展区。在想象范围内、想象情境下的行动，自愿意图的反应以及现实生活计划和意志动机的形成都在玩耍游戏中出现并发挥着作用，使其成为学龄前发展的最高水平。

（维果茨基，1977 年）

对维果茨基来说，无论我们是在换装中心成为消防员的幼儿园孩子，还是沉浸于创造性工作以建立和展示同理心的八年级学生，游戏都是行动中的想象（哈卡拉宁和布迪基特，2014 年；维果茨基，2005 年）。

我们知道你们中的一些人无法理解八年级学生为什么还要做装扮模仿的游戏。但是，就像妈妈说的，如果你都没有尝过菠菜，又怎么知道自己不喜欢它呢？当然，我们也有一个关于中学生穿着戏服进行学习的故事。来，请坐舒适一点，慢慢听听吧。

我（杰德）受一位教了三年初中的老师（她在当前的学校是第一年授

⊖ 著名心理学家，最近发展区或称近端发展区（ZPD）和"脚手架"都是其心理发展和学习理论中的概念。——译者注课）的邀请去做一些示范课。她希望她的学生们能在阅读时更投入，但如何使她的课程变得有趣和吸引人让她觉得很吃力。我接受了她的邀请并开始设想一个有趣好玩的计划。

请注意，我从未教过中学。朱莉教过中学，我通过她对中学了解了很多。不过，我的确知道怎样做才能让课堂吸引人而且有趣，我也知道该怎样在教室里玩耍。我的童年背景教会了我，大多数人都像小时候（比如：小学二年级）那样热爱学习、喜欢学习。成人和小孩一样，都喜欢在动手中学习、创造、实验、玩耍。当我准备和这位老师的八年级学生一起学习时，我在整个计划中都牢记了这个想法，并创造了一个令我感到自豪的课程。只有时间才能证明这对她那些闲散的学生是否有效。

我不能撒谎。那天早晨，当我开车到达这位老师任教的学校时，我紧张得就像一只蹲在满是摇椅的门廊上的猫一样。教中学生更是让我紧张。在我过去上中学的那段时间里，我受到过无情的霸凌。直到今天，我每次拜访中学时还是会感到紧张。我竟然同意接受这样一项艰巨的任务，我开始怀疑自己，怀疑自己的能力，更怀疑自己的智商。但是，本着成长的精神，我接受了这项挑战。尽管焦虑的情绪每时每刻都在要求我转身离去，但最后我还是进了学校。

当我把车停在停车场时，我低声祈祷说："老天保佑。"然后，我走到那个无论去哪里都会拖在汽车后面的大号蓝色拖车边，卸下了里面装的物资。那是两个装满了演出服装的塑料储物箱，里面有一个蜘蛛侠面具，一件法官长袍，一顶蓝色卷发的假发，一顶螃蟹帽，一个猪鼻子，一条发光的领带，还有好多好多我希望学生们会很喜欢的物品。我准备的服装和道具很多，足够上课用的。

在那位教师上课前到达教室可能是我这一天中最好又最坏的事情。最好的是，学生还没有来到教室。最坏的是，时间足够让我向她解释我的计划，并看到她脸上怀疑的表情。她的表情足以粉碎我对一堂有趣好玩课程的幻想。我决定忽略她的不自信，牢记是她自己邀请我过来提供帮助的。我深吸了几口气，等待学生们逐渐到达教室。

当学生们开始进入教室时，我站在门口迎接他们。我戴着一顶棕色的假发，穿着一件有图案的拿破仑 T 恤，上面写着"为佩德罗投票"。当我欢迎他们时，我说话的语气就像一个口袋里装满了炸薯球、而我的叔叔就在外面他的房车旁边玩橄榄球的人。那是个历史性的时刻。马上有学生开始表现出兴趣和好奇，并跃跃欲试准备看看当天的课程是要讲些什么。

"拿破仑"指导学生从箱子里挑选服装，装扮成他们自己喜欢的角色。起初他们似乎还有些拘谨，但我自己扮演的角色玩得越嗨，他们就越是认可和接受他们自己的角色。

在那一刻发生的不是别的，恰恰就是学习。平时懒散的班级变得全神贯注并准备投入到学习之中去。一个短短的游戏时刻开启了全班投入学习的状态，看到这点我真是感觉棒极了。随后，我就算是站在讲台上或站在投影仪边上以讲座形式讲一个小时的课，我相信学生们也会认真学习的。我只是将讲课场景变了一下，呃，只是加入了戏服，就将游戏玩耍的精神引入了课堂，并为准备投入学习创造了契机。不过，那天的乐趣到此才刚刚开始。

作为拿破仑，我和学生们讨论了他们当时正在读的小说《路易斯·萨哈尔的洞》。虽然，按常规来说，这不是一本八年级水平的书，但那位老师知道她们班级的阅读水平比平均水平要低一些，而且学生们对这本书也感兴趣，所以她就特别选择了这本书。

以下是鼓励成长精神的真相。您需要先听听这个。我们不想拐弯抹角地去说。

> 我们必须想象才能成长。
>
> 我们必须拥有幻想新创意的自由。
>
> 如果不问问题，就不会成长。
>
> 我们必须有机会按我们的想法去玩。
>
> 游戏玩耍有时会失败，但那是不会受到惩罚或批评的失败。

本书这一部分的目的是解释游戏玩耍和有趣好玩的教学是如何激发成长的。为此，我们必须确保我们所有人都了解人类进行思考时的神经科学以及当认知扩大时会发生些什么。所以，下面让我们开始了解一些科学吧。

第三十六章
您的大脑是广告推销片

　　这里我们要关注的脑细胞是神经细胞，也叫神经元。一个典型的神经元有一个胞体（细胞体）、若干树突和一个轴突。当一个想法出现时，电磁活动沿着轴突移动并通过突触（如下图中阴影部分所示）传输到邻近的神经元。突触存在于神经元之间的一个个小间隙中。相邻的神经元通过它的树突（长长的羽毛状的细丝，看起来像树枝）接收活动信号。

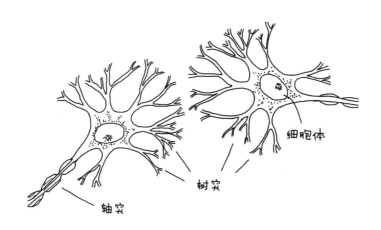

细胞体

树突

轴突

我（朱莉）看到我们读者迷茫的眼神了。让我们暂停一下，来做一个有趣的比喻。我们把我们的神经元朋友想象成穿着蜘蛛侠服装的孩子，他们把球扔来扔去。随着每次抛球，都会产生一个电磁脉冲。为了接住球，孩子发出了他的蜘蛛网——树突——去抓住球并把球拉进来。

我这样说您是不是容易理解一些了？现在将您脑海中的这个抛球—接球的动作加快 50 倍。50 倍，这可不是一个随口说出的数字。一个典型的神经元每秒放电 5~50 次。随之创建的每个连接要么会因反复使用而增强，要么会因缺乏使用而萎缩和褪色（比如您记不住的那些电话号码）。不过，不要担心"萎缩"这个词，这就是使我们的大脑具有可塑性的原因。神经的可塑性是指神经系统改变和成长的能力。每一次新的经历和新的记忆都轻微地重新改变了大脑的物理连接结构。这意味着今天的您和十年前的您不一样。我们的潜力是无限的。还记得我们曾经试图根据评估确定我们潜力的那些日子吗？

您是说那些智商（IQ）测试吗？早就过时了。我的朋友，某天某次测试的分数并不能定义您，或者说，定义的不再是您。其实说实话，这些测试从来也没能正确定义过您。

这恰恰是当我们对某事持有成见时会发生的事情。如果这些成见不正确，会发生些什么呢？如果这些想法是不完整的，又该怎么办呢？好了好了，我知道，我们就要触碰到重点了，马上就要进入最棒的部分了。

我们的大脑很酷

2011 年，那时发现号航天飞机最后一次发射，而美国最高法院正在考虑在亚利桑那州的学校里使用代金券。一群科学家对犯错这件事有了一些很酷的发现。密歇根州立大学的心理学家杰森·莫泽和他的团队（莫泽、施罗德、希特、莫兰和李，2011）研究了当人们犯错时产生的神经活动。你们都准备好要听了吗？心理学家们发现：错误会引发神经突触。错误突触有两种类型：

第一种，错误相关负波（ERN）反应是当大脑经历正确答案和错误之间的冲突时的反应。

第二种，错误正波（Pe）反应是有意识地注意到错误时的反应。

错误相关负波（ERN）
错误正波（Pe）

好吧，我看到您的眉毛越拧越紧了。（杰德说是的，当我开始说错误相关负波时，他就跟不上了。）您也许开始觉得自己需要一些闪存卡了，您的额头上也许已经开始冒冷汗了。不过，请放轻松，您不需要记住这些术语。您只需要知道共有两种错误的反应方式就行了。这个很酷的科学理论意味着我们甚至不必意识到我们犯了错误才能让大脑有错误反应，而是无论哪一种方式，大脑都会产生火花并获得成长。我们的大脑非常酷，以至于它们能感觉到冲突、火花，无论我们对错误是有意识的还是无意识的，它都会获得成长。这里的要点是：错误是一件好事。

错误不仅能创造教学和学习的机会，它们也能创造神经系统的生长！

等一下，测试和分数是怎么回事？

我开始不受你们中一些人的欢迎了。就像我朋友温迪的爸爸那样。当他陪客人陪得厌烦了，他就会转向温迪的妈妈并说出类似这样的话："亲爱的，咱们上床睡觉吧，好让这些人可以早点回家。"是的，这些年来，成绩是学校话题中一个两极分化的话题。但是，如果我们不与您分享我们心中正在发生的变化，那我们就太失职了。您可能会感到惊讶，但我们希望您能理解。

您看，当学生们知道作业要被评分时，大多数人会尽量避免犯错。那并不奇怪，我们能理解。但是，这是一个有缺陷的系统。如果我们从神经科学中发现，允许人们犯错才能促进他们成长，那我们应该做的就是创造丰富的犯错环境，即：鼓励学生贡献新的想法，而不是让他们害怕出错。

数学教授乔·博勒正在斯坦福大学的YouCubed数学夏令营做这件事。在这个通常会持续四个多星期的夏令营中，博勒博士和她的学生们与当地学区合作，创造数学教学方面的思维转变。参加这个夏令营的是来自当地学区的一些可能被描述为数学成绩不佳或对数学失去希望的学生。他们聚在一起，在错误百出的环境中去解决一些高难度的、开放性的数学问题。夏令营的老师努力给学生们创造批判性思维的机会，鼓励他们犯错和讨论，既不给他们打分，也没有任何惩罚，只是会做一个参营前测试和一个参营后测试，用以衡量这种教学对学生的影响。

结果如何呢？在 2015 年，仅用了四周的开放性问题，就让这些孩子愿意学习二次方程式和其他数学主题的可能性平均提高了 50%（博勒，2015）。

他们没有发放学习指南。

他们没有周五的考试。

他们没有告诫孩子们要学习，也没有用奖励哄骗孩子们每天进步（我们为什么要这样做？！）。

取而代之的是（这正是令人惊讶的地方），他们让学生们体验作为一名数学家的感觉。他们鼓励不平衡，他们相信学生们会认真对待自己的学习。然后，学生们就真的去学了。

您准备好多听一些了吗？我们会教您如何才能创建这种有趣的、错误不断的课堂。相信我们，我们不会没有任何真凭实据就信口开河的。这很重要。不过，在我们开始讲之前，让我们先澄清一下在之前的几个段落中遗漏的一些内容。

学习是否有门槛

我们之前提到过智商测试。阿尔弗雷德·比奈是一位留着尖胡子的帅哥。他受法国政府的委托要创建一套评估系统，以确定哪些法国学生可能会在学校遇到困难。比奈和他的好友西奥多·西蒙（我很遗憾地告诉您，我们在任何一个网站都没有搜索到这两个人有趣好玩的照片）因此在1904 年创建了比奈 - 西蒙智力量表（Simon-Binet IQ）。1916 年，斯坦福大学的心理学家刘易斯·特曼用美国参与者的样本对比奈的原始测试进行了标准化，从此，我们美国人对智商评估产生了兴趣并开始参与了这套量表的不断修正。

所以，和您的"最终版、最后版、最后一版 3、这次真的不改了、我真的不再改了 .docx"文件一样，这么多年来，这项斯坦福–比奈测试经历了多次修订，有多个不同的版本。如今，这个智商测试的"最终版、最后版、最后一版 3、这次真的不改了、我真的不再改了 .docx"版本一直在我们的各个学区中被使用着。

最终版、最后版、最后一版 3、
这次真的不改了、我真的不再改了.docx

相信一个人的智力可以用一次笔试的分数来表示，你们相信？真的吗？你们中有些人可能已经听过我下面要讲的这个故事了，但是不管怎样我还是要再讲一遍。大约在 1968 年，一些狡猾的科学家做了一件事。他们给老师讲了一些关于他们学生的故事。他们在六个年级讲述了这些故事。看，这些科学家很聪明：这不是一个小样本的研究。他们让老师们相信他们的学生已经接受了智商测试，并被按照个人的测试结果进行了分组。他们班里的某些学生是全年级里最聪明的！这些科学家撒了谎。学生们其实是随机分组的。没有什么智商"分组帽"⊖。

随后发生了什么呢？那些故事产生了影响，学生们呈现出来的结果和科学家们撒的谎竟然是一样的！天啊！一年后（一年！），学生们的智商测试得分与老师脑中原有的错误信念竟然一致了（罗森塔尔和雅各布森，1968年）。是的，学生们的智商测试分数会根据他们老师的期望而改变。你们大家注意了，这可是在20世纪60年代末。那时我们已经知道了神经系统的可塑性，但我们仍然坚信"测试是所有课程的决策之王"。

我们的期望对学生的成功而言是至关重要的。我们在第一章中谈到过有趣好玩的社交，但请不要认为这只适用于课间的谈话交流。我们说的话会影响他人的感知，而感知会对他人产生影响。在我们和孩子们聊天之前，我们必须阻止任何出现在我们面前的标签。这不仅适用于从幼儿园到小学三年级的学生，也适用于那些七年级甚至高中高年级的学生。如果您愿意在读他们的学生档案之前先认识并了解他们，他们是会感激您的。

我们话语的力量

您是不是想听一些近期的例子？2014年，我们都在看巴西世界杯。大约在那个时候，斯坦福大学和科罗拉多大学的研究人员想测试一下感知能产生怎样的效果，特别是学生接受老师反馈后的感知能对学生产生怎样

⊖ 作者在此处借用著名小说《哈利·波特》里的分院帽来调侃根据智商测试结果分组的荒谬。——译者注

的影响。研究人员们在高中英语老师的允许下，在学生的日常反馈表中添加了一句话：我完全信任你，所以我给了你这个反馈。只有一半的学生收到了这句话，但老师并不知道哪些学生额外收到了这句肯定的话。结果如何呢？那些额外收到这句话的学生一年后取得了更高的分数。除了那句话之外，两组之间并没有任何其他的差异。

您刚刚读到的这句话对这项研究来说非常重要。再没有其他任何标志可以区分这两组学生的事实帮助我们得出了结论并对本实验进行了概括。这种特定的属性使我们想到了这样一个问题：怎么可能仅凭一句话就改变了这些学生的学术轨迹呢？！对于有色人种的孩子们来说，情况更是如此。他们往往会觉得老师不那么重视他们（科恩，加西亚，阿普菲尔和马斯特，2006；科恩、斯蒂尔和罗斯，1999）。很明显，我们对孩子们说的话会让孩子们变得与以往不同。听着，我们知道您不是毫无经验的菜鸟老师，但有时咱们最好还是提醒自己一下。

孩子们，就像我们其他人一样，需要时刻被提醒：他们很重要。
他们需要知道我们关心他们，关心他们的成长。
他们需要知道我们很看重他们。
他们需要知道他们很重要。

第三十七章
通过游戏玩耍创造一种成长的文化

我（朱莉）最小的女儿带着她装订好的每周测试的卷子回家。在把那些卷子递给我让我在最上面的一页签名之前，她翻了翻它们。我看到她的脸沉了下来，她变得非常安静。我注意到她额头和眉毛周围的肌肉在动。过了一会儿，她说："我得了一个B（眼睛还盯在卷子上）。但是×××夫人原来说这项测试只是为了展示我们知道些什么。她原来告诉我们说，如果我们碰到不会做的题就跳过去。但是，她给我们判了分。妈妈，她为什么要判分呢？"

好吧，读到此处你们肯定会想到很多。为什么一个10岁的孩子会因为一个分数给自己这么大的压力？我可以告诉您，作为一位反对传统评分的妈妈，我可从没对我的女儿灌输过对成绩字母表（ABCDF）的恐惧。为什么我们教育工作者中会有这么多的人口头上在谈成长心态，实际上却仍然在使用代表成长对立面的评分系统呢？这种情况集中在了数学测验的一个特定的分数上。您想猜猜我女儿在此之后完成数学作业时会受到怎样的激励吗？（耗时耗力的教科书作业！她甚至都不愿开始！）她根本就没有受到任何激励。事实上，她气得上气不接下气的。我分享这个故事不是为了抨击或批评我孩子的老师，绝对不是。事实上，这个故事并不是南卡罗来纳州独有的。它每天都在世界各地发生着。

卡罗尔·德韦克创造了"成长型思维"这个术语，她告诉我们，孩子们如果能在一种认为智力可以像肌肉一样加以塑造的文化中学习，那么他们就会享受犯错。他们会将犯错视为学习的机会（1999）。我们知道，错误会促进大脑发育并创造学习的机会。在第六部分的前几章中，您读到过神经反应的过程，您确信那些吗？您是信徒了吗？我们该讨论如何到达那里了。此刻，它可能看起来遥不可及，但实际上并没有那么复杂。我们该如何站稳立场并影响变革呢？

> 从改变心态开始。
>
> 心态的改变会带来刻意的计划。
>
> 刻意的计划会带来好的体验。
>
> 好的体验会带来自信。
>
> 自信会让好的体验产生自发性。
>
> 这些体验会引发新的体验，新的体验会引发更新的体验，更新的体验引发……你懂的。

与成长型思维相一致的有趣好玩的课堂通常会展示以下内容（鲍勒，2019）。

- 与您所教的科目建立一种探究的关系。老师会定期分享学习未知技能的方式方法。用 WISH 模型学习：好奇（Wonder）、想象力

（Imagination）、自发性（Spontaneity），欢呼（Huzzah）。

- 让学生有时间进行有趣的交流与协作。给他们时间对彼此说说他们的想法。他们为什么选择这种特殊的方法？这种方法还能用在哪里？在学生们合作时，请他们确定各自的方法有何相似或不同之处。

- 邀请学生体验多条有趣好玩的路径。让他们用有多个解决方案或者用可以通过多条路径达到同一个解决方案的概念或问题去游戏玩耍。

- 让所有学生都能轻松地参与有趣好玩的学习。课堂体验应从一项容易实现且有趣好玩的任务开始，随着学生的探索，这项任务会变得复杂起来。这些体验的入门门槛要低，但天花板设置得要高，这样学生才可以在自己能达到的最高且最适合自己的水平上工作。

- 应经常进行有趣好玩的课程整合，让学生能够跨越课程的领域，通过各种各样的游戏个性展示自己对现实世界的理解。

- 有趣好玩的教学语言会通过分组、任务分配、口头信息传递和评估方法引入成长型思维的认知体系和科学原理。

- 游戏玩耍被珍视为评估学习的一种方式。这些评估不是要给学生在同龄人中排名，而是要回顾之前的学习并给未来的教学提供信息。学生会定期收到关于成长的诊断性反馈，但这种反馈不是惩罚性的，也不是以获得外部奖励或惩罚为目的的。

让我们逐条详解一下，好吗？来吧，续上一杯咖啡，拉过一把椅子坐下。

用 WISH 模型学习

当您给学生朗读流行的《棚车少年》一书时，他们可能会被困在主角阁楼里的松鼠所吸引。他们开始好奇如何才能摆脱一只困在您阁楼里的松鼠。当一名学生说"去拿 BB 枪[⊖]"时，有些学生甚至发声反对说要支持动物的权利。然后，要求学生用干净的垃圾和普通的教室用品设计一个捉松鼠的陷阱（用一个网球来代替松鼠）。

之后连续几天，这些学生用他们的想象力来决定什么东西既能（a）引诱松鼠，又能（b）逮住松鼠。他们设计、测试、再重新设计他们的原始模型。来自他们自己团队的想法以及他们从其他团队的工作中窥探到的想法激发了他们，使他们不厌其烦地改变自己的想法并修正自己对团队作品的贡献。当小组有机会展示和讨论他们的模型时，等待的时刻就到来了。他们以小组为单位向其他小组提出问题、给其他小组提供反馈。他们扮演专家回应来自同龄人的询问。那一刻，那种感觉，就是在欢呼！

在本地学校的一间教室里，我们有机会目睹了一年级的学生做上面这件事。老师并没有事先在她的计划书中写下"学生将会设计……"。她既没有事先订购材料，也没有事先设计一场笔试来评估学习成果。她只是倾听了学生的想法，并做出了回应。这才是有趣好玩的教学。

⊖ 一种枪械外形的仿真玩具。一般通过弹簧压缩空气或预压缩气体可发射不具杀伤力的塑胶子弹。——译者注

有趣的交流与协作

我们在第四部分介绍过，游戏玩耍是一种文化现象。和狩猎—采集文化中的孩子一样，我们的学生也需要参与到游戏玩耍中去，从而促使他们在个人的、社会的和认知的领域去发展。文化塑造了我们的合作观，因此，我们不能只考虑某一个人而不考虑其他人。如果我们的课堂文化不能对其他观点持开放态度，我们就会面临视野狭隘的风险。我们知道，如果我们不接受解释、证明、塑造和重构想法的挑战，我们就无法成长。没有人愿意活在回音室中。由于我们个人文化上的局限性，持一种"我们一直以来都这样做"的心态可能会导致有害甚至危险的结果。一个有趣好玩的课堂会重视多样性，并尝试去理解文化。一个有趣好玩的课堂会对人们聚在一起时自然产生的动态很敏感。

在一个有趣好玩的课堂上，我们常常会看到老师和学生的角色从一个人转移到另一个人。有时，学生是老师，有时情况则正好相反。有趣好玩的协作能让学生成为他们自己领域的老师。这种角色的转换对于我们深入解决问题来说是很重要的：它帮助我们更好地理解问题，更高效地合作并设计出解决方案。在有趣好玩的课堂上，加强协作的方法是努力避免教条主义，更确切地说，要为追求实用主义和集体共同的想法而努力。

多条有趣好玩的路径

您一定听说过"四岁的小孩能提出 100 个问题，而小学四年级的孩子只能回答老师提出的 100 个问题"。这句话在我们教育领域可能是老生常谈了，但这是多么悲哀啊。为什么孩子提问题的数量急剧下降呢？这显然是在呼吁我们行动。我们必须转变课堂文化，不仅要邀请学生提问，而且还要接受他们在曲折反复的过程中去寻求答案。我们的教育者同行约翰·斯宾塞和 A.J. 朱利安尼（2016）在他们的著作《如何用设计思维创意教学：风靡全球的创造力培养方法》中大力宣传了课堂创造力的必要性。书中引用了 70 多位创意天才对笔记本和草图的使用方法。他们思考问题的方式吸引了我的注意力。

我随身带着笔记本。我在上面涂画我的想法、罗列我正在运作的项目、摘抄我正在读的书、写下我听到的有趣的短语、创建自己的目标列表、对做过的事情进行反思……

我们有多少人是这样做的呢？如果我们尊敬的天才都是这样做的，为什么我们的学生不能呢？请注意：我不是指那种用胶水棒贴上工作表然后矫揉造作强行扮可爱的互动日志。那种东西是老师的产品，不是学生的产品。您觉得学生最引以为豪的会是上面哪种笔记本呢？

我们给出的作业中有多少是有明确答案的？您在判作业时，手边是不是就有那些标准的答案呢？让我们在这里挑战所有的教育工作者（包括我们自己）：如果我们可以用标准答案来判作业，那我们留的作业就需要重新设计了。只有一种答案的问题和具有多种答案可能性的问题不会引起相同的讨论。好像在科学领域（设计）和社会研究领域（观点和来源分析）等方面创造多解决方案的机会会比在数学上创造多解决方案的机会要容易很多。

嗯，对我来说曾经似乎是这样的。但是，那是在我意识到自己对数学问题的看法完全错了之前。数学不是习题讲义，不是第 42 页上的偶数问题。数学是对模型的研究，是在游戏玩耍，是的，和数字游戏玩耍。当然，我们希望学生提高对数字的敏感度。然而，以下哪个数学问题（开根号方程挑战和简化根式）在这点上做得更好呢？

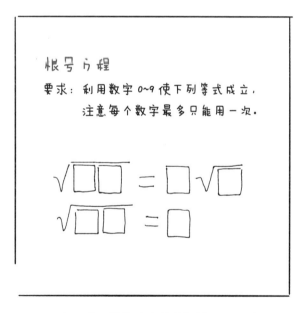

开根号方程挑战（卡普林斯基，2019）

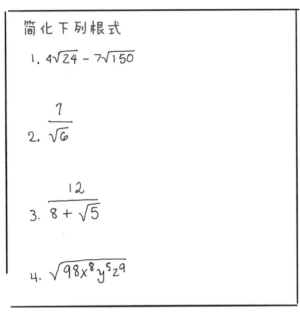

简化下列根式

1. $4\sqrt{24} - 7\sqrt{150}$

2. $\dfrac{7}{\sqrt{6}}$

3. $\dfrac{12}{8 + \sqrt{5}}$

4. $\sqrt{98x^8 y^5 z^9}$

简化根式

我们认为，相比之下，开根号方程挑战体验可以在以下方面为学生提供更多的机会：

- 理解问题并坚持解决问题。
- 进行抽象和定量的推理。
- 构建切实可行的论点、论据，并批判他人的推理。
- 用数学方法建模。
- 策略性地使用合适的工具。
- 注意精确度。
- 寻找并利用结构。
- 在重复推理中寻找并表述规律。

这份列表是不是很眼熟？如果您和"数学实践的通用核心标准"打过交道，您应该对此非常熟悉。我们难道不希望这八种行为都适用于我们的学生吗？这不是一条政治声明，这是就我们共同的目标而提出的一个问题。天啊，这八种行为是不是也应该适用于我们自己呢？当然是了。

让所有学生都能轻松地参与有趣好玩的学习

我们相信您读到此处已经感觉到了，我们为自己来自美国南方而感到自豪。住在美国南方并不总是那么轻松，我们这里有过很多灾难性的事件和令人难以置信的不公，我们正在努力纠正这些（我们在某些方面会比其他地方的人更积极）。在美国南方的历史上，曾有过很多并非所有人都可以平等进入的地方。我们必须努力改变这一点。游戏玩耍就是一种改变的途径。因为不管我们是谁，我们都可以聚在一起，参与到游戏中去。

我们说这些是因为下面的例子可能会让您大吃一惊。

想象一场吐西瓜子儿的比赛。这是我们文化的一部分。我们的很多朋友都有这样的童年回忆。在一个炎热的七月天，坐在门廊上吃一片冰凉的西瓜。不能嚼瓜子，不能吞瓜子，否则您的肚子里就会长出一个西瓜。那么，您能拿这些瓜子怎么办呢？您可以把它们远远地吐出去。有一个夏天，在我们家的前廊旁边，就在之前我们把瓜子吐出去的地方，居然长出了一棵西瓜藤。那是多么有趣好玩的学习时刻啊！

真实的故事是：我（朱莉）是受不了西瓜子的。在吃红色多汁的瓜肉之前，我会把瓜子先都挑出来。在美国南方，我们有各种各样的东西，各种各样的西瓜和各种各样的人。当我们在八月份开始返校时，市场上的西瓜仍然很多，它们可以为返校提供非常有趣好玩的学习体验。我们可以很容易地利用这一丰富的资源作为启动今年第一项科学研究的内容。这很好玩，几乎人人都会吐瓜子。力量的大小和瓜子落得远近之间的联系是显而易见的。这种有趣好玩的方法使得学习变得非常容易。在这个游戏中我们可以：

- 使用非标准和标准的计量单位进行测量。
- 播下种子，开始研究植物的生命周期。
- 研究不同年龄组吐瓜子的最远距离，绘制数据图表并分析其意义。
- 使用街头涂鸦粉笔创作一幅巨大的条形图。

您住的地方没有西瓜？那您是不是可以给每个人发一些普通的白色复印纸和胶带，让他们挑战设计服装呢？大多数学生都有能力把纸和胶带粘在一起。显然，这个任务的门槛很低。但是，我们来看看随后带来的可能性吧：

- 想法的视觉表现。
- 用模型来展示对书中描写服装的段落的理解。
- 独立研究服饰是如何受到文化和政治的影响的。
- 为现实生活中的服装创建一种款式（空间推理和网络应用）。

机会只受限于我们想象力的大小。从所有人都可以做的一种体验开始，然后看看它将把您带到哪里去！

有趣好玩的课程整合

我们不是只教科学，其他不管；我们不是只教社会学或历史，其他不管；我们不是只教数学，其他不管。我们是同时在教识字、历史、数学、音乐、艺术、社群建设、社交技能和拼写。是的，甚至是您，大学的哲学教授，也是在同时教这一切。

整合我们的课程体系，最简单的方法之一是从语文开始。我们教的每一个单元里都有一个等着被读出来的故事。当我们读给学生听时，我们就为他们打开了一个新的世界。那些故事通常都有发生的背景。为什么不借助这个时刻，利用在线地图工具把学生从我们上课的地方带到我们读到的地方呢？

现在，不再是数学模块、英语模块和科学模块，取而代之的是"这就是我们要学习的内容"模块。不要再将每门课程视为孤立的单独模块，而是想象一个由相互交织的丝线织成的网。阅读可以是科学、是数学、是化学、是生物学、是历史、是微积分……虽然每门学科都有自己的方法论，但有趣好玩的老师可以像一只天才蜘蛛那样，把学习编织成一幅布满美丽的发现和奇迹的马赛克。

您观察过蜘蛛织网吗？它们通常会在深夜织网，因为他们想要从傍晚开始捕猎。这项工作看上去像是最流畅和最不费力的过程。但实际上，蜘蛛的进化史教会了这些八条腿的小奇迹们为了自己的生存而前后来回地挪移、纵横交错地穿梭。这和我们老师的工作非常相似。我们没有时间教所有的东西。我们不能在规定的孤立时间内去分别涵盖所有的标准、强化社交技能、给予反馈、评分、培养个性。如果我们想生存下来并让学生茁壮成长，我们就必须进化为编织者，把所有要教的内容编织在一起。这需要花时间，但这是学生成长所需要的时间和机会。

迈克·索斯基尔（@msoskil）是我们最喜欢的游戏玩耍教育者之一，他经常告诉老师们要从体验开始。与其从教学标准开始去寻找学习途径，不如从游戏玩耍的乐趣开始去建立学生与学习的关联。

当您需要寻找有趣好玩的体验时，可以试试从下面这些内容开始：

- 艺术材料
- 文献
- 全球课堂资源
- 游戏玩耍
- 学生的问题和想法

例如：不要只教磁铁，可以收集艺术材料并让学生画出有道路的城镇地图。根据学生的水平去找一本与磁铁有关的书，进入识字阶段，阅读磁铁如何相互吸引和排斥。在小车的底部放一块磁铁，在画好城镇地图的纸下面放一块磁铁，让学生控制汽车沿着城镇地图的道路移动。用这种方法把学生刚刚读到的磁铁引力的内容与现实世界联系起来。然后，试着让学生使用 Skype 软件在全国范围内找到一个班级，要求那个班级画出他们所在城镇的地图，从而学习如何认识新的社群。第二天，再次在线召集开发一个关于磁力的互动游戏，并邀请一个新的班级参加疯狂磁铁挑战赛。学生在前一天的在线合作中提出的一个想法现在已经变成了学生自己创建的网站。世界各地的教室已经通过推特被邀请加入这个由学生主导的倡议，以帮助他们的同龄人去了解磁铁相关的科学。

哇！您看到学习磁铁这件小事是如何像滚雪球一样变成了神奇的事情吗？这一切都是从一场有趣好玩的课程整合体验开始的。

有趣好玩的教学语言

卡罗尔·德韦克（1999）对成长型思维的研究显然改变了教育。我们不仅要做一个新的学区计划，还应该时刻牢记我们所做事情背后的科学原因。让我们来看看我们从她的研究中了解到了什么吧：

- 我们现在知道大脑是可塑的。
- 学习导致大脑发生永久性变化。
- 我们现在知道神经元之间的连接会随着时间而变化，尤其是当我们经历失败时。
- 当我们相信自己的大脑能够成长时，我们会做出不同的反应。
- 告诉学生他们很聪明会强化固定型思维，而对努力和勤奋工作的反馈会培养学生的成长型思维。

1998年，穆勒和德韦克与美国中西部小镇的128名五年级学生合作，进行了一次语言相关的实验。这些学生被分为三组：

一组给出额外的对努力的反馈（41名）："在解决这些问题时，你一定非常刻苦努力。"

另一组给出额外的对智力的反馈（41名）："你一定很聪明，这些问题对你来说不在话下。"

还有一组是没有收到上述两种额外反馈的对照组（46 名）。

随后，他们有 4 分钟的时间再解 10 道题。在这 10 道题之后，他们被告知这次的表现"糟糕得多"。这种负面反馈对这项语言相关的实验来说是至关重要的。所有学生都收到了否定他们进步的反馈。这项研究结果支持了研究人员的猜测，即表扬努力与表扬智力会使学生在失败后有不同的努力目标。被表扬努力的学生更愿意继续尝试。

后续研究中发生的事情很有趣。研究中，来自东北部一个大城市的公立小学的 51 名五年级学生（26 名女生和 25 名男生）被随机分配到和上面相同的三个类别组中。这次，当学生被问到"你有多希望再做一套类似的问题"时，研究人员得到的结果与第一项研究一致的。不同的是，这次我们得到了能了解学生未来学习愿望的数据，即：是什么在激励着他们。后续研究显示，对智力的表扬会让学生希望继续显得很聪明，而对努力的表扬会让学生想要学习新的东西。在下图中可以看到这项研究的结果是：

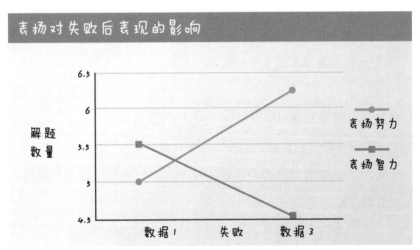

表扬对失败后表现的影响（心态研究，2017；穆勒和德韦克，1998）

我们想为我们的学生提供什么？学习的愿望还是对"更好"的感觉？如果我们想要培养终身学习者，我们使用的语言可以对他们产生影响，我们说出的话可以对他们产生影响。

游戏玩耍被珍视为评估学习的一种方式

您在第五部分"游戏玩耍构建社群"中读到过这个主题。这里还有一些很棒的应用实例。马特·约翰逊是我们伟大的教育者朋友之一。他现在是斯巴达堡第二学区的一名管理员。他曾经告诉我们："相比去学生兴趣数据库里搜索来说，在 Breakout EDU⊖游戏里对学生进行观察能让我更好地了解他们。"难道不是这样吗？当学生有机会游戏玩耍时，我们就可以清楚地看到谁在这个班里是：

- 一位领导者
- 一位安静的思考者
- 能坚持不懈的人
- 能集中注意力的人
- 需要运动的人
- 需要静止的人
- 喜欢独自工作的人
- 喜欢与他人合作的人

⊖ Breakout EDU 是一个整体概念，借用了密室逃脱游戏解谜步骤的游戏化教育平台。它结合了语言文字、数理化等学科知识，让学生进行团队合作，在规定的时间内找到线索解开谜题。只有找到正确的答案才能打开密码锁，打开箱子实现"逃脱"。——译者注

- 需要老师或同学支持的人
- 容易生气的人
- 有耐心的人

如果您从未听说过 Breakout EDU 应用，我们将在第七部分与您分享更多关于这种交互式的、游戏化的学习体验的信息。

当学生知道他们正在接受评估时，他们可能会表现得与平时不同。事实上，我很确定每个在读这篇文章的人都曾为了考试而学习过。明明已经掌握了所有的内容，但考试压力造成的焦虑使他们无法在答题的那一刻把事先准备时的水平发挥出来。当这种情况发生时（我们敢打赌这种情况是经常发生的），测评结果能真实体现出学生的强项和弱项吗？当然不能。

如果将这些相同的技能嵌入游戏之中会怎样呢？让我们来看下面这些课堂的例子：

例 1，高中英语课堂上正在玩"故事编织者"。这是一个大家共同协作讲故事的游戏。学生要在游戏中合作编出一个故事。老师可以用任何幻灯片程序来制作这个游戏。游戏的每张幻灯片上都有一组卡片，为情节元素提供不同的选择（例如，背景、冲突）。学生选择一组卡片（例如，视角或背景），写出几个句子后，轮到下一个玩家。老师可以在游戏过程中观察学生、提出问题、记录他们玩的过程并评估他们的选择（鲁福·泰珀，2015）。通过这个游戏，老师可以清楚地看到学生如何将他们对这些知识概念的理解融入他们的创作，也可以明确地了解学生在哪些主题上还需要更多的指导。

例 2，您听说过那种玩家可以描述一个概念但不能直接说出其名字的猜词游戏吗？这个游戏很容易在各个年级里开展，从而让老师能够收集学生概念理解力的强弱，然后用作其形成性评估的数据。在高中几何课上，学生可以用扭扭乐游戏垫来玩猜词游戏。随着坐标平面的加入，玩家可以使用与象限和坐标轴相关的语言来描述一个更为复杂的头脑中的情景。

例 3，迈克尔·马特拉在他的 YouTube 频道上（@mrmatera）介绍了三维笔记的概念。三维笔记本质上是让学生利用他们的课堂笔记来创建一个代表这些想法的 3D 模型。材料是多种多样的。在马特拉先生的视频中，他使用了木块、乐高积木、牛皮纸和记号笔等材料。不过，您可以使用任何东西。下面给出了一些示例，这个想法显然是做形成性评估的一个很棒的方法。

迈克尔·马特拉（@mrmatera）课堂的三维笔记

在这些示例中，学生们正在真实地工作。老师可以一边与他们互动（建立关系和社群），一边为成长提供反馈。与此同时，我们都在玩耍。该游戏压力低，洞察力高。在游戏中，无论是采用探索还是指导，抑或是创造的形式，都是学生在掌控。

有关将游戏玩耍作为学习评估方式的更多想法，请参阅第七部分"出去玩吧！"。

第三十八章

一堂玩耍课：
滋养管理者的成长

我们在本书中多次提到了来自南卡罗来纳州的教育工作者马特·约翰逊。一次是关于他和朱莉如何在圣诞派对上聊天，另一次是我们刚刚提到的，关于他如何通过 Breakout EDU 去了解学生。因为看到他的行动并被他的工作所折服，所以我们想，既然我们写这本书，那么我们应该和他聊聊。于是，我们给他打电话，询问他目前在小学里扮演的是什么角色。他在一所大约有 650 名学生的小学里担任副校长。他的故事非常适合写在这本书里，因为您将清楚地看到游戏玩耍如何滋养了他本人的成长。

马特为他的学生制订了一个名为"引导式午间休息"的计划。经过多年在午间休息时间对学生的观察，马特意识到他的许多学生竟然不知道怎么玩。对于这些多年来一直在成人指导下玩耍的学生来说，自由玩耍的概念让他们害怕。他们是 5~10 岁的孩子，不是第一次参加交谊舞时像墙上的花饰那样羞涩静坐的中学生。他们不仅应该知道怎么玩，更应该喜欢玩才对，但马特亲眼看到的情景却不是这样的。像任何一位优秀的老师都会做的一样，马特决定去教孩子们怎么玩。以下是我们与马特就该过程进行的采访。

本书作者（以下简称"作者"）：请告诉我们的读者您是谁，您是做什么工作的。

管理者马特·约翰逊（以下简称"管理者"）：我做过 12 年小学三年级到六年级的教学工作以及 3 年小学副校长的工作。我在教学上的专业知识包括教授科学课程、捐助者定向赠款项目、翻转课堂以及组织在校期间的体育活动。我的学生最喜欢的大脑休息方式是跟着 AC/DC 乐队的"大吃一惊（Thunderstruck）"做波比跳⊖。作为一名小学三年级的老师，我特别喜欢科学实验室，因为我们可以使用干冰、气泡以及任何能爆裂并嘶嘶作响的东西做实验。如果您去问我以前的学生，他们可能会说，我出名的原因之一是我在午间休息的时间里为学生做橄榄球比赛的四分卫。我最大的捐助者定向赠款项目之一是一个完整的课间包，其中包括橄榄球腰旗设备，以便学生在玩耍时更安全、服装更统一。

作者：对于午间休息您曾有什么疑问或担忧吗？是什么让您对午间休息产生了疑问呢？

管理者：我知道我必须找到让午间休息变得更安全一些的方法，让学生在保持乐趣和参与度的同时，与他们的同学共同做出明智的选择。我开始与我们的体育教练合作，观察她在上课中的一些教学案例，我咨询她是否可以将其中一些课堂游戏转移到午间休息时的操场上去做。这些游戏需要是以学生为主导的、高度活跃的，并且在午间休息时做是安全无害的。

⊖ 波比跳又名"波比运动"，也叫立卧撑，是一位擅长生理研究的科学家波比发明的。它结合了深蹲、伏地挺身、跳跃等动作。起初波比跳是为了测试学生的体能。——译者注

作者：您当初希望或预测您的策略会带来什么样的结果呢？

管理者：我的设想是学生可以在适当的空间里玩有组织的游戏。游戏的规则是经过深思熟虑后制定的，老师的参与度可以减到最小。从长远来看，我希望学生发挥他们的创造力，慢慢开始自行开发新的游戏或当前流行游戏的变体。我希望他们开始接触新的游戏，开始练习足球、长曲棍球等运动技能。我也希望学生在沟通技巧上有所提升，并在出现问题时学会合作。我希望学生在玩游戏时，打架、受伤以及其他问题会减少，学生会变得更加活跃。我想与学生合作，营造一个可以让午间休息时间再次变得愉快的氛围。

作者：您是怎么得到那些想法的？涉及的利益相关者有哪些呢？

管理者：除了体育教练，我还把我的想法分享给了我们学校的健康委员会，该委员会由老师、学生、家长和当地社区成员组成。我提出了这个想法，并就它是否真的能产生我希望的结果征求他们的意见。我对他们说，我们一年级到四年级使用的操场将被划分为多个区域。每个区域都有不同的用途。区域 1 将是一种伙伴式游戏，区域 2 将是团队游戏，区域 3 将遵循传统的午间休息方式，我们称之为"自由玩耍"。学生可以自行选择在哪个区域玩，并且可以在没有老师指导的情况下按自己的意愿进行互换。

作为参与健康学校倡议行动的一员，我们学校获得了一笔捐款。我们用这笔钱为每个学生和教职员工购买了水瓶以及整个学校的加水站。此外，我们还建造了一条健身和自然步行道并添置了一些新的体育设备。健康委员会建议我们使用该捐款的一部分来为这项新的午间休息计划购买一些游戏设备。我们的体育教练还从其他的基金中获得了额外的一部分钱，这让我们能够购买一些新的游戏要用的材料。

作者：您是如何向利益相关者阐述它的？利益相关者最初接受的是哪些点？

管理者：当我们开始计划推出新的午间休息模式时，我预计会遭到学生甚至一些家长的强烈反对，尤其是在高年级，因为学生已经习惯了我们目前"随便玩"的模式。我决定慢慢推出我的计划，以便为教授新的游戏提供时间，也给学生一些时间让他们慢慢接受。我们称其为"引导式午间休息"，但它与您所知道的引导式阅读是不同的。大约一个月左右一次，我会选择一个简单的游戏与学生一起玩。我的第一个选择是学生曾在体育课上玩过的名为"飞行常客"的游戏。玩家通过"石头、剪刀、布"来定输赢，"赢"的人可以从一个角落移动到下一个角落。

我排好时间表轮流为不同的年级提供支持，并给予学生时间、空间和机会去进行练习。当学生看到这样做是那么有意思并体验到游戏中的乐趣后，他们就开始将这款新的游戏融入自己的午间休息中了。正如我先前所料，我开始听到某些学生的抱怨，所以我不得不采取行动了。

一个名叫内森的学生完全不喜欢这种引导式午间休息。根据他的反馈，我意识到我实际上没有给这个过程中最重要的利益相关者（学生）足够的发言权。

作者：所以，内森给了您第一次反思的机会。您当时是怎么反应的呢？

管理者：我反复思考内森的想法，然后我意识到，要继续前进并看到成功，我必须尊重他的声音。我必须把我的情绪放在一边。我的转变不是一夜之间发生的，但最终，我鼓起了勇气。有一天我把他拉到一边，询问他对这一切的看法。我从未如此害怕与三年级的学生交谈。他告诉我，他更愿意玩躲避球之类的游戏。我向他询问其他同学的意见，他们也有同感吗？他说他认为是的。所以，我决定调查学生在午间休息时想玩什么游戏。调查问卷上包括了足球、躲避球、橄榄球等游戏，然后有一些空白的地方，让学生添加上自己想玩但调查表上没有的游戏。调查的结果是，躲避球或类似的游戏以压倒性优势成了学生的选择。

作者：所以，内森是对的。

管理者：是的。所以，我去找了我们的体育教练，征求她的意见。我们选择了一款名为"城堡球"的游戏，学生需要将躲避球投向由呼啦圈制成的"城堡"。这个游戏很快变成了学生的最爱。负面评论很快就消失了，大家都很开心。

作者：啊，您必须允许自己有成长的空间。您从这个过程中学到了什么？关于游戏玩耍，您又学到了什么呢？

管理者：所有这一切中让我收获最大的是我认识到了学生反馈的重要性。在内森发表意见后，我组建了一个只有三年级和四年级学生参加的午间休息项目小组。我询问了那些我认为会对我诚实，并且可能还没有以最积极的态度参与到游戏中去的学生。

作者：所以，您考虑的不仅仅是动觉者。太棒了！

管理者：另外，如果没有员工和学生的支持，这种方法必定会失败，留给我的只会是沮丧和挫败感。我最近的学习收获是：如果没有学生的投入，不管我们制定并执行多少规章制度，他们还是会感到沮丧和挫败。

马特的经历是一个关于成长的故事。我们允许您观察他的行动过程并感受他所感受到的情绪。我们允许您坐下来在 IMAX 屏幕上观看关于他的午间休息的电影。您也经历过这些，现在轮到您了。但是，您还没有意识到这件事的美好之处。您也许曾经在自己的教育世界中看到过一些可以被修复的机会。我们该怎么办？我们要如何去做？亲爱的朋友们，你们一直拥有这些工具的，像多萝茜⊖一样，只需脚后跟互相碰三下，它们就会出现了……

有趣好玩的心态

1. 寻找有趣好玩的时刻，它们就在我们身边。（意识）

2. 为我们自己和学生提供时间、空间和机会。制订计划将游戏玩耍引入课堂。（意愿）

3. 不要害怕，去玩耍、去搞砸、去学习、去重复。接受感知到的混乱，将其作为学习体验的一部分。（过程）

4. 时刻牢记：我们玩得越多，就会变得越有趣、越爱玩。平均而言，创建一套常规日程只需要 3~6 周的时间。（习惯）

5. 永远不要忘记游戏玩耍是如何让我们感到快乐的。快乐的人更爱玩、更会玩。（结果）

在我们与马特交谈之后，我们可以看到在他的整个故事中，有趣好

⊖ 童话故事《绿野仙踪》里的主人公。——译者注

玩的心态一直在幕布边上偷看我们并向我们眨着眼睛。让我们拉开大幕，好吗？

马特意识到了这种需求。他看到学生在一天中本应享受乐趣的时间里因为不知道自己该怎么玩而纠结。这种纠结的结果使得有些学生会因违规被叫到老师的办公室去，有些学生会因行为不当被剥夺了午间休息时间，甚至到下午上课时也不能回到教室。作为一名管理者，马特知道，学生的认知、社交能力和情感关系都与他们的发育有关，因此有必要制订一个计划，给予学生时间、空间和机会，通过游戏玩耍来滋养他们的成长。马特意识到了这个问题，并有意愿寻求解决方案。他愿意接受下面这些过程以便找到合适的解决方案：

- 与老师们交谈。
- 成立一个委员会。
- 为计划中所需的材料撰写捐款使用申请。
- 开始执行计划的第一阶段。
- 观察第一阶段实施后的反应。
- 邀请利益相关者表达他们的想法。
- 修改、调整计划。
- 执行计划的第二阶段。
- 观察第二阶段实施后的反应。

马特发起这个"引导式午间休息"计划已经两年了。在此期间，学生玩耍学习的习惯逐渐养成了；学校发现午间休息时被叫到老师办公室的学生数量急剧减少了；学生能在无人指导的情况下积极参与各个不同区域的活动；而且，学生还游说了他们的管理人员，让学校采取了更有效的策略来满足自己的需求。通过这样的方式，学生实现了为自己的体验做主、负责。

除了这些有趣好玩的习惯，我们还看到了周期循环的习惯。当我们愿意退后一步，允许有趣好玩的事情发生时，我们就会看到循环的成功，循环本身就变成了一种习惯。

计划产生的结果并不是这个故事的结局。马特的学校仍在努力通过所有相关者的投入来改善他们的午间休息时间。这里的结果只是周期延续的催化剂。

马特的故事讲述了他如何在系统中努力工作去激发变革。他是一个与众不同的管理者，他相信游戏玩耍的力量可以促进成长。我们每个人不都是在这个系统中工作吗？读到此处，我们希望您已经明白应该怎么做了。

想象一下，如果这种游戏玩耍的革命不断发展壮大，最终我们将这种学习文化推广到了全国范围，那会发生些什么？想象一下，全球各地的孩子每隔 45 分钟都可以跑到户外去玩耍；想象一下，强调个性的发展让学生知晓什么是好的选择——更少的自我主义和更多的公民责任感；想象一下，当用毯子和椅子搭建帐篷的能力就像做乘法的能力一样受到尊重时是多么美好；想象一下，世界上到处都是彼此信任的人，他们可以像树林里的熊一样自由玩耍；想象一下，当我们首先将学生视为人，而不是首先考虑他们在学校的分数时，他们会感受到多少爱；想象一下，当我们将社群（本校的人、本区的人、全国各地的人、全球各地的人）引入我们的课堂时会发生些什么……

我们总是可以变得更好。让我们互相帮助，共同成长，成为更好的自己。

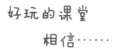

好玩的课堂

相信……

每个人都有天赋和才能，因此每个人都可以体验成功。

错误是有价值的，它们鼓励大脑成长和学习。

当我们重视多样性并努力理解不同文化时，问题就会得到最好的解决。

我们所说的话会对学生成长的机会产生影响。

第七部分

出去玩吧！

"她永远无法回到过去把细节再做得更完美一些。她所能做的就是继续前进，让整体变得美丽就好了。"

——特丽·圣·克劳德

第三十九章

有趣好玩的心态

我们都是爱玩的人。我们爱玩天性的核心来自于我们共同的艺术家背景。朱莉是一名画家和作家。杰德是一名音乐家，也是一位创造者。朱莉的第一幅画诞生在她爸爸的水暖店的后院，画在废旧的纸板箱上，而杰德曾一边听着 8 轨磁带上阿尔文唱的关于呼啦圈的歌，一边在他爷爷的钢琴上当当地敲奏出自己的圣诞曲。在我们的职业生涯中，包括一起写作这本书时，我们一直在欢笑，从微笑到笑得肚子痛。我们编故事，我们画漫画，我们在森林里散步时也在做笔记，我们主动给社团的人打电话，我们对大家正在做的这份教育工作已经有了信念上的飞跃。

然而，我们也需要你们知道，教育工作对我们来说同样是一个漫长的过程。看到本部分标题下的引言了吗？这项工作不是始终完美的，它一直是并将永远是一项需要持续改进的工作。不过，正如小说人物玛丽·波宾斯提醒我们的那样："在每一份必须完成的工作中，都有一份乐趣。"让我们找到这份乐趣吧！

艺术使我们成了不同类型的学习者。艺术和创造是我们的游戏方式。我们能在图画中看到世界，能在寂静中听到音乐。朱莉听到"停"这个词时会立即脱口而出："锤子时间""以爱之名"，或者"好好听着"^㊀。杰德每次都会在那些他需要耐着性子才能听完的研讨会上信手涂鸦，乱涂乱画（为此他带的所有东西要占满三个椅子）。正如您所看到的，我们不局限于某一个艺术领域。我们就像狡黠的蜘蛛在织网那样，把内心的所有艺术都编织在了一起。

随着时间的推移，我们彼此分享的艺术心态变成了一种游戏玩耍的心态。艺术家心态和游戏玩耍的心态一直都是一样的吗？当我们完成这本书时，我们回想起引领我们来到这里的艺术家心态。我们最终得到的结论是：我们无法把艺术和游戏玩耍分开。就像动觉者和导演者无法将运动和组织从游戏中分离出来一样。无论人们的游戏人格属于什么类型，他们都要共享同一个游戏玩耍的过程。

持续培养有趣好玩的心态

作为艺术家，我们必须意识到我们与生俱来的创作欲望。作为有趣好玩的老师，我们必须了解学生的好奇心。艺术家必须有意识地抽出时间去创作。有趣好玩的老师必须有目的地留出空间去游戏玩耍。在此过程中，我们都会惨遭失败。我们创作和玩耍得越多，我们就会变得越有艺术感、越有趣、越会玩。最后，游戏玩耍（无论哪种玩法）必定会带来效果。

经过多年的阅读、研究和在游戏社区中建立关系，我们得出了这样的

㊀ 《停！锤子时间到》和《停！以爱之名》均为歌曲名称。"停！好好听着"是歌曲 Ice Ice Baby 中的歌词。——译者注

结论：我们的艺术心态真的都是和游戏玩耍相关的。无论我们拿起的是画笔、球、指挥棒还是一本书，其发展过程都是一样的。这就是我们在游戏玩耍的轨迹中所走的路。不，这条路不是一条直线，而是一条循环旋转的学习曲线。

我们希望通过这本书做到三件事：

第一，提供研究成果和最佳实践，让我们有信心做出接受游戏玩耍的选择。

第二，用"什么是对学生最好的"这一原则来判断我们的选择。

第三，在我们游戏玩耍的想法枯竭时，给我们提供一些可以"拿来就用"的资源。

请将这本书放在书柜外面，放在您的视线范围之内。这样，在您创造学习体验时，就可以顺手把它抓过来，从中获取一些想法或灵感。您可以去找那些我们介绍给您的人，让他们成为您快乐学习网络（PLN）的一部分。请使用书中的研究花絮引导自己更深入地了解玩耍游戏的力量。请与您的朋友分享大脑相关的科学知识，他们可能需要您温和地推动他们去理解"游戏玩耍教学法"。

对于我们所有人来说，有趣好玩的心态都是一直需要关注和培养的。在接下来的章节中，我们将通过几个挑战来帮读者一步步探究这种心态。当我们努力想让自己变得更有趣、更好玩时（无论这对我们每个人来说意味着什么），我们必须遵循意识、意愿、过程、习惯和成长这个游戏玩耍的先后顺序。

皮亚杰帮助我们理解了不平衡。现在我们用这个概念来推动自己前进，就像青蛙从热水里跳出去一样。当您阅读时，我们想给您提个要求：请您搞清楚深度游戏的组成部分（参见第一部分第二章）是如何进入每个游戏体验中的。我们在下面再次列出深度游戏的组成部分作为给您的提示。

当某种体验符合下列条件时，它就变成了深度游戏：

- 这种活动吸引人动脑，给玩家提供了挑战以及需要被解决的问题。
- 这种活动为玩家提供了新的环境，让他们可以使用自己在工作中也会用到的技能。
- 这种活动既提供了与工作相同的满足感，但又不尽相同，因为其获得的奖励更加清晰、明确。
- 这种活动为玩家提供了与自己过去的联结（童年记忆、家庭等）（庞，2016）。

第四十章

寻找有趣好玩的时刻
（意识）

挑战 1　勇敢者徽章

游戏玩耍有时会让我们变得脆弱。游戏玩耍需要勇气。无论我们是在秋千板上独自荡秋千，还是在棒球比赛中赢得第三局的跑分后站在本垒板上，我们都必须勇敢。几个月前，我们在 Target（塔吉特）百货公司排队时看到了一种创可贴。这种创可贴是由一家名为 Welly（威利）的公司制造的，它有一个独特的名字：勇敢者徽章。我们当即意识到我们必须在书里写一写这种创可贴。请您去找到它，或者自己做一个属于您自己的勇敢者徽章。无论是买一个现成的，还是您自己动手做一个，请一定提醒您的学生和您自己，游戏玩耍也需要勇气。请每天佩戴您的勇敢者徽章作为对自己的提醒。

今天，我们要玩一个新的游戏。您可能一开始不知道该怎么玩，您可能会搞砸，您可能赢不了，这些都没关系。我希望您做的最重要的事情是：勇敢地去玩。玩的时候，您要戴上一样东西，提醒自己不要害怕，只要尽全力就好了。这个东西就叫勇敢者徽章（它任何适合年龄段，适合任何新游戏）。

请您时不时地提及这枚勇敢者徽章的概念，提醒学生全天都要勇敢。关注勇敢的表现，当学生做出勇敢的事情时要及时为他们庆祝。

挑战 2　确定班上每个人的游戏人格，为他们选择合适的游戏

请使用第四部分第二十三章的游戏人格类型表来为每个人分类，并就分类的结果进行课堂讨论。我们自己也参加过游戏人格类型测试。朱莉的类型是艺术家和导演者，杰德的类型是搞笑者和收藏者，他讨厌竞争。了解自己的游戏人格类型有助于我们在做出决定时感到释然。在您与学生的对话过程中，可以针对每种游戏人格类型提出想法，并讨论一下这种想法将如何影响你们的课堂社群。下面的图表也许能帮助您开始。另外，我们的网站上还有一些其他可供参考的资源。

游戏人格类型	课堂应用	其他资源
搞笑者	1. 鼓励搞笑者成为您的迎宾员。他们会想要让每个人都微笑甚至大笑。 2. 在黑板上写下每天发生的有趣的事。 3. 为孩子们准备一个提交箱，让他们用自己写的笑话给黑板上的"笑话栏"投稿。 4. 懂技术的朋友甚至可以创造一个"约翰逊先生每日笑话"的推特账户，由学生自己管理。 5. 鼓励学生写笑话可以作为课程和学生选修内容的一部分。 6. 在课堂上使用我们的大笑卡！	1.《在学校里，幽默是件严肃的事》，李·胡伦博士著（2010）。 2. "看一看，笑一笑视频集锦"。 3. 找一位社群建设者。 4. 在互联网上搜索儿童笑话。
动觉者	1. 您听说过边走路边冥想吗？遇到过边走路边思考的人吗？可以在教室里设计一条步行道，让孩子们边走路边进行头脑风暴。另外，边走路边听有声读物怎么样？ 2. 创造戏剧性的动作来理解词汇或概念。 3. 设计一个场景来展示文本的意思。 4. 鼓励运动并在您的教室里安排出可供运动的空间。 5. 嗨，跟着GoNoodle游戏运动起来，放松一下大脑。等等，只是动觉者需要运动吗？我们不是都需要吗？	1. 玩GoNoodle 游戏⊖。 2. 玩挑战牌游戏。 3. 发起"毁掉盒子"挑战⊖。 4. 阅读《动物的运动》，达里尔·爱德华兹著。

⊖ 一款适合4~10岁孩子的休闲益智游戏，孩子可以通过挥手、跳跃、躲避等类似平常玩耍的方式来通关。它能够让孩子动起来，也能锻炼孩子的思维能力和判断力。——译者注
⊖ 一款通过思考和技巧打开箱子从而获胜的休闲游戏。——译者注

游戏人格类型	课堂应用	其他资源
探索者	1. 玩拾荒者寻宝游戏⊖。 2. 解剖/分解一件东西（一株植物、一个句子、一部文学作品等）。在分解时，要使用一个新视角。 3. 绕着您的学校散步，寻找大自然与学校课程之间的联系。 4. 嗨，天才一小时⊜。让您的探索者们选择自己的学习路径吧。 5. 安排与专家的通话。Skype教育软件有各种免费的机会等着您。	1. 漫步艺术之畔（网站）。 2. Skype教育软件。 3. 尝试使用我们的拾荒者游戏模板，设计自己的寻宝游戏（网站）。 4. 在保证学生安全的前提下安排自由活动的时间。
竞争者	1. 让这些朋友用Kahoot或Quizziz软件自己设计在线小测验或调查表。 2. 如果孩子需要练习一项技能，那就把它做成一个游戏。 3. 游戏化您的课堂。学生们将通过做更多的事情、更多的选择来赢得他们的分数！ 4. 把课程打造成一系列经典游戏，包括你来比画我来猜、扭扭乐、字母组词、英雄爆发、比手画脚猜猜猜等游戏。 5. 蒸汽半台游戏！在棉花糖或意大利面挑战赛中总有赢家。虽然那可能不是您的"菜"，但竞争者类型的学生会喜欢的。	1. kahoot /Quizziz软件。 2. 玩数学游戏，增强数字感。 3. 《像海盗一样探索》，迈克尔·马泰拉著。 4. 玩变换或改编了的传统游戏（参见第四十二章和我们的网站theplayful classroom.com）。

⊖ 拾荒者寻宝游戏是组织者给出一张表，表中列出要求参与者找到的一些物品或物体。参与者以小组为单位，先找全的队获胜，或者在规定时间内找到最多的队获胜。——译者注
⊜ 天才一小时是以激发孩子的学习热情和兴趣为目的，培养孩子的创造力，引导孩子从事研究性学习和进行自我激励的活动。——译者注

游戏人格类型	课堂应用	其他资源
导演者	1. 让孩子们为自由活动日或户外活动日设计一整天的游戏。 2. 让导演者与讲故事的人合作创作一个课堂剧，并为班级表演。 3. 承担"班主任"工作。他将确保其他人的工作都能完成。 4. 让您的导演者制作或用 iMovie Trailer 软件剪辑一段视频，宣传推广您的班级、一个概念或一本小说（可录制的对象无穷多）。 5. 要求您的导演者设计一份野外考察计划。他们想去哪儿？他们将如何证明计划的可行性？给他们一笔预算，看看会怎么样？	1. 全球游戏日。 2. 故事会模板。 3. 视频制作软件（包括定格动画视频）。 4. 将TikTok⊖带入课堂。 5. 子弹笔记官网http://www.bulletjournal.com。
收集者	1. 给学生留下空间（在教室内或在走廊上）设置他们自己的纪念品箱（收集他们最喜欢的图书摘抄、引以自豪的创作、奖牌、奖状、徽章等）。 2. 鼓励记录真实的日记。 3. 学生可以用他们喜欢的方式收集、整理学习体验。 4. 重新整理读书日志。读书日志应该成为读过的书的纪念册，而不只是记下读过了哪些书。读书日志可以作为一个可选项而不是必选项。 5. 收集一切东西，岩石、虫子、树叶等。 6. 用点子日志来收集整年的想法。	1. 各种形式的读书日志。在http://Manueldraws.com 网站上搜索点子日志或让学生创作自己的点子日志网页。 2. Pinterest⊜和Wakelet⊜是收藏家的梦想……做一个自己的数字版收藏网站吧。 3. 拾荒者寻宝游戏。 4. 从网站上了解更多特定项目的详情。

⊖ 一个自媒体视频制作分享平台。——译者注

⊜ 一个图片分享网站，类似图片版的推特，用户可以存储、分享图片，公司可以展示产品图片用以营销等。——译者注

⊜ 一个提供收藏、整理、分享服务的网站，它能帮助用户收藏一切互联网上的东西，比如网页、图片、视频、文字，就像 Pinterest 对图片做收藏分享一样。——译者注

游戏人格 类型	课堂应用	其他资源
艺术家/ 创造者	1. 您可以把艺术融入每一件事。 2. 写一本儿童读物，向比您年龄小的听众解释您的课程设计。 3. 模仿一首歌，将您的内容放进这首歌里，让它和音乐融为一体。 4. 用水彩、可以贴在墙上的画家胶带或锡箔纸做成的小玩偶来阐明概念。 5. 设计一个文身来说明某个概念。 6. 让学生挑战在教室里随便找齐五个物件，并用它们创作一个新东西（一个新游戏或一个改进的小装置）。	1.《如何用设计思维创意教学》，约翰·斯宾塞和A.J.朱利安尼著。 2.《邻里美好的一天：罗杰斯先生的诗》。 3.《展示你的作品》，奥斯汀·克莱恩著。 4. 综合艺术快速入门指南。
讲故事 的人	1. 为——词汇、某个主题、性格、想法……制作戏服，戏剧性地解释概念。 2. 创作一个定格动画视频来讲述您的故事。 3. 给学生一个麦克风，让他们用声音记录他们的故事。 4. 发表他们的作品。 5. 用Skype教育软件连线一位作家，询问他的经历。 6. 所有讲故事的人都需要听众。给他一个目标、一批观众和一些信任。	1. Skype教育软件。 2. 戏服、装扮材料。 3. 绿幕抠像技术。 4. 博客。

挑战 3　庆祝随机发生的事

在午休后返回教室的路上，或者在两节课之间的休息时间，又或者在从教室走到餐厅去吃午餐的那一小会儿，在墙上找一个点，或者在布告栏上找一幅学生的艺术作品，又或者找一只可能正在爬行的随机蜘蛛……与它互动，跟它谈谈。想象一个它要与您分享的故事，问问它当天过得怎么样，请它喝茶吃饼干。毫无疑问，笑声会接踵而至。学生们肯定会认为您失去了理智。然后，您要求他们也这样做。

这可能是向他们介绍"幻想性视错觉"这个概念的好时机。简单来说，"幻想性视错觉"这个术语描述了在不应该出现人脸的物体或位置上看见了人脸的情形。下图是我们为您提供的一些"幻想性视错觉"的例子。这是一种非常有趣、非常有互动性的方式，它能让我们意识到周围的一切是多么有趣好玩！

挑战 4　在线关注有趣好玩的教育者并与他们互动

推特上的游戏教育者

@juliepjones

@mrdearybury

@educaptamerica

@mrs_smoke

@gruffcorn13

@jmattmiller

@mrmatera

@mrpowley

@liuhrich

@2017GATOTY

@darcygrimesNC

@ProfesoraEspaña

@thatsbwhite

@jemellehCoes

@Miss_Sugg1st

@miss_larkins

@Daniel1Teach

@msoskil

@techamys

@Mister_Kelly

@aaronmaureredu

@tonyvincent

@scotteach

@pintobeanz11

@lkegode

@ericcrouch

@paulsolarz

@crumpsclass

@yaujauku

@joboaler

@carlaantunesmcp

@yjkimchee

第四十一章
时间、空间、机会
（意愿）

挑战 5　收集玫瑰花蕾，作为游戏工具

请您用最像罗宾·威廉姆斯朗诵"啊，船长，我的船长"时的声音说出下面这句话：

去收集玫瑰花蕾吧，你可以用它当工具玩上一整天！

作为老师，我们必须主动去关注课堂环境和内部机会。鉴于这种责任，我们要求您随时收集可用的材料。您可以去拜访您所在地区的旧货店、向学生家长寻求捐赠，在网上发布愿望清单等。当这些材料被放在显眼的地方时，学生们就会被提醒去用它们、去玩它们。这些东西可以包括：

- 戏服

- KEVA 积木

- 乐高积木

- 呼啦圈

- 培乐多彩泥

- 铝箔

- 绘画颜料

- 成卷的牛皮纸

- 成桶的记号笔和彩色铅笔

- 乐器

- 毛绒动物玩具或塑料玩偶（从熊到士兵）

- 干净的垃圾 / 回收材料

- 毛根扭扭棒

- 纽扣

- 冰棍棒

- 黏合剂：胶带、水晶泥、胶水等

- Makedo 纸板建筑工具套件

- Lefty Mcgoo 左撇子麦古论坛⊖

一旦您有了这些工具，就可以让您的学生去使用它们。

⊖ 一项创意慈善项目，要求人们根据发布的一张有趣的图片提供故事、诗句、音乐或舞蹈等来阐述图片里的内容，回帖数达到设定比例数时，发帖方将捐赠一笔钱。——译者注

挑战 6   通过改编游戏重新思考规则

无论您是准备在自己家里翻箱倒柜寻找材料，还是准备使用从旧货店里淘来的，或通过挑战 5 的愿望清单收集来的新的或保养良好的二手材料，您都要去寻找一些传统的游戏来增加您的课堂趣味。当然，您可以用这些传统游戏来让大脑放松一下，但同时，您也要挑战您的学生，让他们试着改变游戏原有的规则。下面的这些点子可以帮助您开始：

- "猜猜我是谁"桌游（Hedbanz）
  - 把你们一直在学习的概念做成卡片。学生可以创建这些卡片并使用它们来代替原来的游戏卡包。
- 扭扭乐游戏毯（Twister）
  - 使用可擦除标记笔在彩色圆圈上写下数字、字母或问题。可以考虑写
    - 高频词汇
    - 数学公式
    - 单词拼写
  - 将扭扭乐游戏毯用作图形编辑器
    - 给概念分组
    - 将事件按年代排序
    - 创建时间线
  - 多游戏混搭
    - 将扔沙包游戏与四子棋游戏的规则混合，通过答对 4 个问

题来赢取沙包。

■ 当扭扭乐遇到《危险边缘》游戏！为每种颜色分配答案和
分值。用扔沙包的方法进行选择或让学生自己选择。

● 字母组词游戏（Scattergories）⊖

○ 随机选择课堂相关主题创建这个游戏的分类列表（参见下图示
例）。在我们的网站上可以找到更多列表。

字母组词游戏

写出以"ish"结尾的词：

动词_____

形容词_____

您喜欢的书_____

你不喜欢的书_____

演讲中的词_____

动名词_____

标点符号_____

书中人物_____

作家名字_____

识字版

⊖ 字母组词游戏是一种考验文字和想象力的游戏。每轮随机生成一个字母和一张包含 10 个或
12 个分类的列表，规则是在规定的时间内填上以这个字母为首字母并且符合种类描述的词
或者词组。和别人重复的词不得分，最后以有效答案多的一方为胜。——译者注

- 猜词游戏（Catch Phrase）
  - 这个游戏是一个单词联想游戏，玩家根据队友的描述尝试猜出一个词语。开始的时候可以先按原样玩，那就已经很有趣了。随后，您可以请学生创造出他们自己的版本。学生可以参照之前的教学内容编写他们自己的词语清单，然后再以同样的规则去玩。

挑战 7   "艺术之路"

无论您是在城市学校还是在乡村学校，户外都是一个能够吸引人去游戏玩耍的自由空间。您可以带学生去校外，走一走"艺术之路"，获得一些独特的学习体验。如果你们的学校靠近林区，您可以让学生收集自然的材料，创作艺术品来代表他们对特定主题的思考。例如，如果您在加利福尼亚州，您可以要求学生创作图画，来描述他们对淘金热的理解。如果您在缅因州，可以让他们做一个捕龙虾的陷阱。您不要以为必须要等到传统教学单元结束后才能引导学生完成这一体验。您完全可以把这项活动作为一次预评估，看看学生们在教学单元开始时就已经知道哪些知识了。您也可以在教学过程中，把学生们带到外面，了解他们在学习新内容方面的进展。这个想法是将艺术、游戏、户外和教学内容关联起来，没必要弄成一个"壮举"。活动的目的是让学生通过与同龄人的有趣互动进行思考。

挑战 8　改良版抢椅子游戏

您的学生坐了多久了？为什么不让他们站起来玩个"抢椅子"的游戏呢？不，不是我们小时候玩的那种跟着音乐抢椅子的游戏，这是一个新的改良版，让我们来解释一下。

把椅子排成一个圆圈，确保每个学生都有一个座位。在每张椅子上放一张卡片，上面有您需要学生去学习的内容。如果正在学习古埃及历史，那这些卡片可能包含服装、职业、发明等和古埃及人生活相关的信息。把卡片放好之后，让学生们跳着自己的舞步绕着椅子转。我们喜欢使用不同风格的音乐，从而引出环绕椅子的不同类型的舞蹈。但让学生们自己创造用于此游戏的音乐播放列表可能会更有意思。

让学生们跳一会儿后，停掉音乐，每个人都抢坐在一把椅子上。然后他们轮流表演出卡片上的信息，让坐在他们旁边的伙伴猜。一旦他们猜出了彼此卡片上的内容，音乐就可以继续播放。在下次音乐停止的时候，他们必须换一个新的座位。这个游戏有无数种变化，可以在课程中多次使用。在您第一次和学生们一起玩过之后，可以尝试创造出您自己的版本。

第四十二章

玩耍、搞砸、学习、重复（过程）

挑战 9　Breakout EDU

密室逃脱游戏现在非常流行。但在把孩子单独锁在房间之前，您可能想按下暂停键。可以让学生解锁一个装有未知奖品的盒子，用"破门而入"代替"破门而出"。Breakout EDU 提供了带有各种锁的盒子以及按课程领域预先规划和组织好的带有"密室逃脱"体验的在线资源宝库。如果您的预算有限，这套在线工具包可能会有点贵。您可以将这个资源定为您每年教师开支的重点项目，也可以将它列为捐赠者可选的项目。

您已经把钱花光了？不要让这一点限制了您的创造力。我们有像 @techtiesthomas 这样的朋友，他们创建了免费的在线数字逃脱体验。上网搜索 #digitalbreakout，您就可以找到一些示例。

挑战 10　培乐多彩泥大象

如果您或您的学生需要对创作过程中自带的挑战性有所了解，那就尝试用培乐多彩泥捏一头大象吧。任务：让您的大象看起来和下方图片中的大象一模一样或尽可能相似。

您需要告诉学生，他们只能用一分钟来观察图片。一分钟结束后，他们将有大约五分钟的时间来重新捏制它。事实上，大多数人第一次的尝试都不会那么好看。您可以鼓励小组合作，让学生集思广益加以改进。还可以将这项活动与课程联系起来，例如，讨论历史上失败的一刻，或者阅读一个首次尝试某个挑战没有成功的人物故事，或者复查一项失败的科学实验。讨论结束后，允许学生以团队形式在同样的时长内再制作一遍。几乎每个学生都会在第二轮中有所进步。当他们在每次尝试中都有所改进时，这个尝试、再尝试的过程就会变得越发清晰可见，而且也会对学生们之前讨论的内容做出有趣好玩的可视化提醒。

挑战 11 搭建纸牌屋

您有没有尝试过搭建纸牌屋？这是一个会让人感到挫败的游戏，尤其是当卡片是全新的，而房子的地基是超级光滑的桌面时，没有任何小凸起可以让纸牌立住。这项挑战的难度对于五年级及以上的学生是非常适合的。工程和设计能力对于完成这项大工程来说尤为重要。

任务：建造一个至少五层高的纸牌屋。准备好了吗？预备！开始！当任务开始时，您可能会看到学生们在画他们房子的草图和预想策略。他们可能会立即搭建好一层，随后却眼看着它坍塌成一堆。当他们的"建筑"一遍又一遍倒塌时，他们可能会开始使用手边的黏合剂将卡片固定在一起。在这样的任务中，有趣好玩的老师会只给出很有限的指导，以避免影响到学生的创造力。如果您还想在这个游戏里建立我们经常提到的 C（参见第五章借口 1）以外的内容链接，请在每张卡片上贴上数学方程式。学生们正确解题之后，就可以使用那张卡片了。使用这种策略可以满足一些数学技能和练习的需要，同时也使任务变得更有意思、更好玩。

挑战 12 姜饼社区 / 神奇曲线 / 虚拟情人节

我们的朋友丹妮·斯莫科罗夫斯基（@mrs_smoke）和米迦·布朗（@MBrownEdTech）都是有趣好玩的教育者。他们创造了几个在线体验，纪念和庆祝将课堂变好玩的过程。在一年中的特定时间段，会有一些季节性的挑战，所以一定要在网上查找这些令人难以置信的教育活动，这样您就可以尽快在您的学校日历上填入每项活动的时间表了。

姜饼社区

您住的地方有什么亮点？您觉得您的社区在哪方面最有趣？是设施和服务，还是历史建筑和景点？或是其他什么显著的地方？我们很乐意在我们的 STEM/STEAM 全麦姜饼工程挑战中看到这些亮点。全球姜饼社区 http://gingerbreadstemcommunity.weebly.com 协会期待您的学生设计和构建他们自己的社区并做在线分享：主题 #GingerbreadSTEM。

神奇曲线

神奇曲线是一个全球性的艺术挑战项目，幼儿园至十二年级的学生根据四条曲线设计出原创艺术品，然后与世界各地的新朋友们分享他们的作品。这个项目最棒的点是什么？就是艺术可以翻译成所有的语言。快来加入这项有趣的活动吧！

虚拟情人节

虚拟情人节项目是一个简单且免费的活动。项目设计的初衷是在情人节那天连线世界各地的课堂，从而让学生们了解地理知识和理解不同的文化。我们的目标是通过这种虚拟环球旅游的体验，通过虚拟情人节问候和文化交流，为世界各地的孩子们传播一点快乐。无论您的学生是在幼儿园还是在高中，这个项目都能帮助他们学习到新的东西。

我们迫不及待地想看到您参与到这些挑战中来，并通过互动玩耍的方式与世界各地的教室合作！

第四十三章

我们玩得越多，就越爱玩、越有趣（习惯）

挑战 13 反思课堂上的语言

我们在第六部分内容中了解到，我们作为老师所使用的语言对终身学习者的成长影响非常大。我们需要说更多的"我喜欢你在这方面的努力"，而不是"看看你有多聪明"。

1. 从我们自己做起。

与其想"这个学生就是不守规矩"，不如把您的想法重新组织为："我想知道究竟是什么事让这个学生违犯了纪律？"或者"我想知道我可以做些什么来鼓励这个学生。"

2. 在句子中加上"还没有"。

我们需要有意识地在我们的课堂对话中加入"还没有"的表达。

我还没有学会画南瓜。

我还没有擅长乘法运算。

我还没有……

3. 用关键词提醒我们自己。

我喜欢便笺，它们是一种温柔的提醒方式。"吸奶器""牙医，下午三点""给威瑞森打电话"这些只是现在我桌面上贴的几张便笺的内容。为什么不把有关"成长型思维"的关键词写在便笺上提醒我们在日常语言中使用它们呢？毕竟，有意识的练习能够形成习惯。

我喜欢你做……的选择。

我注意到，当你……时，你会……

我想知道你是否考虑过……

你考虑过……没有？

看你取得了多么大的进步啊！

这些成就中最让你自豪的是什么？

4. 具有感染力的心态。

当我们修正自己的语言时，我们会改变。但是，难道我们不想帮助学生形成积极的思维吗？为什么不鼓励学生写下口号来提醒他们自己错误背后的科学以及意愿和语言的力量呢？我们在这里举些例子来帮助您开始：

- 万事皆有可能。这就是说我是可以的！——奥黛丽·赫本

- 失败很痛苦，但更糟糕的是从未尝试过成功。——西奥多·罗斯福

- 我可以接受失败。每个人都会在某件事上失败，但我不能接受不去尝试。——迈克尔·乔丹

- 如果你什么都不付出，就不要期望能得到什么。成功不会过来找你。你必须过去找它。——玛瓦·柯林斯

- 现在努力工作，不要等待。如果你足够努力，你会得到你应得的。——沙奎尔·奥尼尔

- 20年后，那些你没有做的事情会比那些你做过的事情更让你失望。所以从安全港湾起航出发吧。探险、梦想、发现。——马克·吐温

- 行为不要过于谨慎和娇气，整个生活就是一场实验。——拉尔夫·沃尔多·爱默生

- 没有失败这回事，只有结果。——托尼·罗宾斯

- 我喜欢批评，它让我变得更强大。——勒布朗·詹姆斯

- 失败是如此重要。我们一直在谈论成功，但往往是拒绝失败或重新再来的能力才会带来更大的成功。——J.K. 罗琳

- 不是我有多么聪明，只是我和问题待在一起的时间更长。——阿尔伯特·爱因斯坦

- 伟大的成就不是靠实力，而是靠毅力。——塞缪尔·杰克逊

- 成功是从一次失败到另一次失败而热情不减的能力。——温斯顿·丘吉尔

5. 赞美过程而不是作品。

您可能想翻回去看看第六部分"游戏玩耍滋养成长"中关于教师语言背后的研究。要从说："哇，你的字写得太好看了！"变成说："我喜欢你在写字上付出了如此多的努力！"从长远来看，这两种说法的效果会有很大的不同。

挑战 14　雕塑然后快闪！

在这个挑战中，每个学生都需要一罐培乐多彩泥和一张雕塑时垫在下面的纸，还需要一份文学作品的片段摘抄，或一篇文章，或一段你们曾使用过的工作表中的话。要求学生先读文字，然后用他们的彩泥做一个雕塑，来表达他们从阅读中学到的东西。完成后，让他们在作品旁边写一句话，然后快闪（移动）到邻桌的椅子上。当他们坐到邻桌的雕塑面前时，他们会读到邻桌为雕塑写的话并将那句话添加到邻桌的雕塑中。他们自己也要写一句话来澄清自己对邻桌雕塑的添加。当他们完成后，就快闪去下一张桌子并在时间允许的情况下重复该过程。当每个人都看过并做过了所有的雕塑，就可以将这些作品拍照并发布在社交媒体与全世界分享这个学习的过程。您还可以让那些雕塑作品有关联性的学生聚在一起，讨论他们从文学作品中学到的东西。

在这项挑战中，快闪的目的是让学生们更少地专注于他们的最终杰作，而更多地专注于思考。通过养成这个习惯，学生将开始重视工作的过程，而不仅仅是关注结果。比如写一本书时，如果没有一整套支持这一过程的写作习惯，这本书就不可能被写出来。

挑战 15　你今天是怎么通过玩耍来学习的?

邀请学生家长和利益相关者来督促您建立游戏玩耍的心态。

- 在教室门上张贴告示,请访客就您设计的课堂游戏提出问题。
- 把"你今天是怎么通过玩耍来学习的?"这个问题作为家长和孩子互动通讯的一部分,这样家长就会询问学生今天是如何通过玩耍来学习的了。
- 在每节课或每一个上学日结束时,要求学生与您做一个 high five[⊖]手势,同时找出他们通过游戏学到的五个概念。
- 给自己设定目标:将自己的想法加上主题 #theplayfulclassroom 在推特分享给负责任的伙伴(建立您自己的快乐学习网络)。

⊖ 代表"庆祝成功的击掌",同时隐喻了"五"的意向。——译者注

挑战 16　玩耍历程分析

抓起一张纸、一个海报板或一张大牛皮纸和您最喜欢的彩色马克笔——是的，必须是一支马克笔，因为生命太短暂了，不能总是用 2 号铅笔——写下您童年时关于游戏玩耍的所有记忆，能写多少就写多少。不要给自己限定时间，也不要觉得列表必须包含一定数量的项目。这可能需要花费您一小时或几天的时间。如果您和我们一样，那么请您知晓，我们在这份记忆清单上花费了一年多的时间。当您觉得您的清单已经完成时，就可以去寻找那些能将您的过去和现在联系起来的亮点、共同点和连接点。

- 游戏玩耍最常发生的地方是在哪里？
- 您玩得最多的玩具、物品或材料是什么？
- 您过去是和谁一起玩的？
- 您通常什么时候最爱玩？
- 您一个人游戏玩耍时感觉如何？和一位朋友一起游戏玩耍时感觉如何？和一群朋友一起游戏玩耍时感觉如何？
- 您曾和家人一起游戏玩耍吗？
- 您从游戏玩耍中学到了什么？

当您回忆游戏玩耍的经历时，请随时在上面这个列表中添加问题。在您回忆起尽可能多的游戏玩耍经历，并且已经通读了所有问题之后，请试试尽可能多地把过去游戏玩耍的感觉带入到当下。这样的回顾和对照有助于拓展您当下的游戏路径。

第四十四章
玩耍让人快乐，快乐的人爱玩、会玩（结果）

挑战 17　举办一个小型艺术展览

每个人都喜欢小小的东西——小房子、小狗、小提姆。我们每一个人都喜欢。

为什么不举办一场小型艺术展呢？给学生发一张便利贴或者一小块彩泥。只要确保所有学生都有相同数量的材料就可以了。

如果您正处于教学的开始阶段，那么可以请学生创作艺术品，展示他们所知道的或他们所好奇的。

如果您正处于教学的中间阶段，那么可以通过小型艺术展收集形成性评估。

如果您正处于教学的结束阶段，那么为什么不把这个小小的艺术展作为新想法和新奇事物的跳板呢？

美在于过程，而不在于产品。这个过程发生在他们参观艺术展时进行讨论，并就彼此的作品提出问题的时刻。

挑战 18　胶带艺术博物馆

使用彩色胶带，或把普通胶带涂上学生自己设计的颜色。将您的班级分成三人或四人一组，让他们在墙壁、地板或窗户等地方创作图画，就某个具体的学习目标交流他们的学习或理解。我们通常要求艺术品至少要有 3 英寸 ×3 英寸那么大，这样它才足够大，大到从教室或学习空间的各个角度都可以看得见。光秃秃的走廊或健身房或自助餐厅这样的地方，都会是一个很棒的办展地点。

当学生分小组完成了他们的作品，您就可以欢迎大家来到正式的胶带艺术博物馆了。要鼓励各小组在房间里随意穿插走动。起初他们可以安静地观看同伴们的作品。然后，您可以为每个学生提供便笺纸，以便他们写下可能会出现的问题。您可以要求他们把问题贴在作品旁边。在用足够的时间评估完所有作品之后，让学生们返回到他们的原创作品旁，去了解同学们给自己提出的问题，并根据这些问题为自己的艺术作品添加更多的细节，深化自己的学习体验。

挑战 19　目的地学习

在建筑物中进行拾荒者寻宝游戏。让学生分小组找到地点、破译线索。引导他们前往一些特定的地点，搜寻范围要遍布整个校园。您需要在他们要到达的地点张贴或隐藏一些问题，引导他们进行交流、创造、协作和发展批判性思维。

在建筑物中创建寻宝游戏。让学生分小组访问站点，解读出能将他们带到校园内特定地点的线索。在他们到达后，您需要发布或隐藏一些问题，这些问题将引导他们进行沟通、创造、协作和发展批判性思维。当寻宝线索将他们带到各个不同的地点时，学生们将进行真实的、有相关性的学习。

- 当他们在自助餐厅时，他们可以就减少食物浪费进行头脑风暴。
- 当他们穿过公共区域时，他们可能会创建一个方法列表，使空间更有利于有趣好玩的学习。
- 当他们聚集在操场、空地，或通风道附近的室外时，可以让他们在学校的反霸凌倡议上合作，以确保所有学生都有平等的机会在安全的空间里学习。
- 在他们的最后一站，学校体育馆里，学生可能会批判性地思考高中体育的社交功能。

正如您在此处所看到的，这些想法可以是广泛的，还可以是更集中于您的课程目标的。一旦学生们体验了这些不同目的地代表的学习空间，您就可以要求他们为班级设计一个学习空间了！

挑战 20　做个标记

学生需要一张白色复印纸和一支马克笔。如果有可能，最好每个学生都用不同的颜色。老师需要一本彼得·雷诺兹的《点》。老师开始读这个故事，即使学生以前听过也可以读。在读到瓦实提做标记的那一刻，要求学生在纸上做同样的标记。大的点、小的点、胖的点、瘦的点，甚至是波尔卡点。标记的大小与课程无关。然后，当瓦实提在书中签名时，请学生在自己的纸上签名。接下来，他们要把这张纸传给邻桌。

收到朋友的圆点后，要求学生用涂鸦的方式添加圆点。可以接触"点"、靠近"点"，或者与原始点完全分离。持续进行这个过程，每阅读两页就传递图画并添加新的插图。故事结束时，每张纸上都会填满一幅新的、前所未见的作品，这些作品是由学生们共同创作的。现在您有了一个充满视觉艺术写作心得的班级，一本独特的班级儿童读物，可以用来做插图，也可以用来自豪地在公告板上展示新项目。这里的教学内容连接的是什么？它可以是您想要的任何东西。

- 您可以要求添加的每个涂鸦都与班级当前的学习领域相关联。
- 您可以提出一个问题并让学生合作将答案用艺术作品表达出来。
- 您可以限制艺术的时间线，让它只包括来自特定时代的想法。
- 您可以要求学生在任务中加入多边形或特定角度或添加坐标规则。
- 您可以要求画纸每被传递一次就增加一条规则。
- 在这里，唯一的限制是我们的想象力。

无论您用这个挑战做什么，请记住瓦实提的老师的话："画出第一个点，看看它能成为什么。"

第四十五章
出去玩吧！

有一天，当我们在最喜欢的咖啡店里写这本书的时候，一位老人和我们聊了起来。他已经 89 岁了。他刚买了一大杯加了奶油泡沫的热巧克力。他在我们的餐桌旁坐下来等待那杯热巧克力凉到能喝进口的温度。他问我们是做什么工作的，我们都回答说我们是教育工作者。他立即谈起他那个时代的教育。他提到他们那会儿没有计算器和电脑，所以他们不得不开动脑筋。"现在孩子的学习和那会儿可不一样"，他说，"他们不想阅读或做数学题，他们喜欢的是玩电子设备。"当然，我们不敢反驳这位老人。他的精神是如此可爱，他的心地是如此单纯善良。虽然我们不认同他对现在孩子的看法以及他们对学习没有渴望的观点，但我们承认时代确实已经变了，和他上学的时候大不一样了。

当那位老人笑着谈起自己的童年时，我们也回忆起自己受教育的那些年。世界以最不可思议的方式一直在进化。和这个见证过世界变迁的老人聊天真是有趣。他走了之后，我们把话题从过去一直延伸到现在，并开始反思他的话。我们得出的结论是：虽然很多事情发生了变化，但仍然有一些是不变的。孩子们仍然想学习。孩子们仍然喜欢玩。孩子们仍然有一种好奇心和敬畏感。孩子还是孩子。

我们作为教育工作者必须有意愿去发现孩子们不同的游戏人格（以及我们自己的游戏人格），去激发出他们各种爱玩的天性并为之喝彩。那位老人所说的关于他自己的学习经验让我们产生的想法是：有趣好玩的课堂与材料、书籍、技术或商店购买的现成品完全无关，想法或概念才是关键。下面这些想法或概念可以贯穿在学校整个学期的时间线上，以保证我们始终能创造出有趣好玩的课堂。

- 创造力
- 信任
- 关系
- 社群
- 成长的精神

不管您的学校排名如何，不管教室或教学环境中包含几个年级，这些核心概念是我们所有被叫作老师的人所必须具备的。我们可以像世界各地的教育家所做的那样培育滋养它们。

我们可以像利文斯通·凯戈达在肯尼亚的课堂上、安·米尔钦在澳大利亚的课堂上、姚库在世界各地的课堂上一样去培育滋养它们。这些老师和成千上万像他们一样的老师（无论年老年少）每天都在努力通过游戏玩耍使学习变得更有意义、更相关、更有趣好玩。无论您的学校名气如何，无论您的教室或教学楼有多受欢迎，这些核心原则都适用于我们所有以教育工作者或老师为名的人。游戏化学习和年龄大小无关。

您和我们在一起了吗？

您想让课堂变得更有趣好玩吗？

您准备好了吗？

让我们一起边玩边学吧！

致谢

首先，我们必须感谢咖啡和茶。没有它们，我们不会有太多成就。我们还要感谢烤饼和甜椒奶酪饼干，尤其是周五的特殊风味。还有，有一天，在邦德街葡萄酒公司，Jeff House 为我们提供了免费的午餐。对此，我们深表感激。

感谢 Little River 咖啡吧、Pharmacy 咖啡馆、Hub City 书店和市中心的小吃及甜甜圈店。哦，那些马芬蛋糕，哦，那些蛋糕上的裱花。我们无法忘记我们第一次旅行时吃到的草莓茶和免费甜甜圈。真是让人想想就会流口水啊！

很多爱好游戏玩耍的人们鼓舞了我们。他们分享了自己的天赋，让世界变成了一个更加美丽和相互连接的地方：

皮特·雷诺兹，您一直是我们心目中的英雄，但我们做梦也没想到您的作品会成为这本书的封面。非常感恩我们能有交集。

斯图亚特·布朗，您跟着蜘蛛侠电影的主题曲起舞，仿佛这是每天都会发生的事情。您骨子里是那样爱好游戏玩耍，我们很高兴认识您并与您一起工作。

我们要特别感谢每天激励我们的教育工作者。您知道自己是谁，因为每次见到您，我们都会告诉您。如果我们不在这里提到马特·约翰逊和吉娜·拉夫康的具体贡献，那我们就是失职的。你们让我们的头脑充满了新的想法，并且还挑战了我们过时的想法。感谢梅丽莎·沃克博士（@heydaycoaching），是您指导我们渡过了难关；我们喜欢争论，而您总是让我们放下分歧走上协作。

感谢在这段旅程中支持我们的家人和朋友。你们给了我们如此多的耐心、如此多的爱和如此多的白眼（在这一点上，我们已经原谅你们了）。

另外，特别感谢杰克提供了一个私密的房间，显然缪斯一定是在此房间中度过的寒假。抱歉我们把房间弄脏了，我们发誓，那是巧克力弄上的污渍。

致 Wiley 团队：感谢你们选择了我们的书并与我们一样对与世界分享这些信息感到兴奋。

参考文献

Ackerman, D. (2000). *Deep play*. New York: Vintage Publishing.

Aspelin, J. (2012). How do relationships influence student achievement? *International Studies of Sociology in Education, 22*(1), 41–56. doi:10.1080/09620214.2012.680327.

Barton, P. E. (2003). *Parsing the achievement gap: Baselines for tracking progress*. Princeton, NJ: Policy Information Report, Educational Testing Service.

Bateson, G. (1955). A theory of play and fantasy; a report on theoretical aspects of the project of study of the role of the paradoxes of abstraction in communication. *Psychiatric Research Reports, 2*, 39–51.

Berridge, K. C., & Kringelbach, M. L. (2015). Pleasure systems in the brain. *Neuron, 86*(3), 646–664. doi:10.1016/j.neuron.2015.02.018.

Bjorkland, D., & Pellegrini, A. (2000). Child development and evolutionary psychology. *Child Development, 71*, 1687–1708.

Boaler, J. (2015, September). *Youcubed summer math camp 2015*. Retrieved from https://www.youcubed.org/resources/youcubed-summermath-camp-2015.

Boaler, J. (2019). *When you believe in your students they do better*. Retrieved from https://www.youcubed.org/wp-content/uploads/2017/05/When-You-Believe-in-Your-Students-They-Do-Better.pdf.

Brown, B. (2011). *The power of vulnerability*. Retrieved from https://www.youtube.com/watch?v=iCvmsMzlF7o.

Brown, B. (2019). *Daring classrooms*. Retrieved from https://brenebrown.com/daringclassrooms.

Brown, S. (2009). *Play: How it shapes the brain, opens the imagination, and invigorates the soul*. New York: Penguin Group.

Brown, S. (2010). *Play: How it shapes the brain, opens the imagination, and invigorates the soul*. New York: Penguin.

Carey, B. (2015). *How we learn: The surprising truth about when, where, and why it happens*. New York: Random House.

Carnegie, D. (1936). *How to win friends and influence people*. New York: Pocket Books.

Carney, D. R., Cuddy, A. J., & Yap, A. J. (2010). Power posing: Brief nonverbal displays affect neuroendocrine levels and risk tolerance. *Psychological Science, 21*(10), 1363–1368.

doi:10.1177/0956797610383437.

Centers for Disease Control. (2017). *Physical activity during school: Providing recess to all students*. Retrieved from https://www.cdc.gov/healthy schools/physicalactivity/pdf/Recess_All_Students.pdf.

Chaouloff, F. (1989). Physical exercise and brain monoamines: A review. *Acta Physiologica Scandinavica, 137*, 1–13.

Christensen, T. (2014). *Why play is essential for creativity*. Retrieved from https://creativesomething. net/post/84134598535/why-play-is-essential-forcreativity.

Christensen, T. (2015). *The creativity challenge: Design, experiment, test, innovate, build, create, inspire, and unleash your genius*. Avon, MA: Adams Media.

Cohen, G. L., Garcia, J., Apfel, N., & Master, A. (2006). Reducing the racial achievement gap: A social-psychological intervention. *Science, 313*, 1307–1310.

Cohen, G. L., Steele, C. M., & Ross, L. D. (1999). The mentor's dilemma: Providing critical feedback across the racial divide. *Personality and Social Psychology Bulletin, 25*(10), 1302–1318.

Common Core Standards Initiative. (n.d.). *Standards for mathematical practice*. Retrieved from http://www.corestandards.org/Math/Practice.

Davidson, C. (2017). *The new education*. New York: Basic Books.

DeBenedet, A., & Cohen, L. (2011). *The art of roughhousing: Good old-fashioned horseplay and why every kid needs it*. Philadelphia, PA: Quirk Books.

DeBenedet, A. T. (2018). *Playful intelligence: The power of living lightly in a serious world*. Solana Beach, CA: Santa Monica Press LLC.

Dewer, G. (2014). *The cognitive benefits of play: Effects on the learning brain*. Retrieved from https://www.parentingscience.com/benefits-ofplay.html.

Dweck, C. S. (1999). *Self-theories: Their role in motivation, personality and development*.

Philadelphia, PA: Psychology Press.

Elkind, D. (2007). *The power of play: Learning what comes naturally*. Philadelphia, PA: Da Capo Press.

Empatico. (n.d.). *Help us spark empathy*. Retrieved from https://why.empatico.org.

Encourage Play. (2019). *Teach through play*. Retrieved from https://www.encourageplay.com/teachthrough-play.

Epstein, D. (2019). *Range: Why generalists triumph in a specialized world*. New York, NY: Riverhead Books.

Finkelhor, D., Turner, H. A., Shattuck, A., & Hamby, S. L. (2015). Prevalence of childhood exposure to violence, crime, and abuse: Results from the national survey of children's exposure to violence. *JAMA Pediatrics, 169*(8), 746–754.

Fisher, E. P. (1992). The impact of play on development: A meta-analysis. *Play and Culture, 5*(2), 159–181.

Fordyce, D. E., & Wehner, J. M. (1993). Physical activity enhances spatial learning performance with an associated alteration in hippocampalprotein kinase C activity in C57BL/6 and DBA/2 mice. *Brain Research, 61*(1–2), 111–119.

Frank, S. J. (1978). Just imagine how I feel: How to improve empathy through training in imagination. In J. Singer & K. Pope (Eds.), *The power of human imagination: New methods in psychotherapy (pages of chapter)*. New York: Springer.

Gallup. (2016). *How millennials want to work and live*. Retrieved from https://enviableworkplace.com/wp-content/uploads/Gallup-How-Millennials-Want-To-Work.pdf.

Garza, R., Alejandro, E. A., Blythe, T., & Fite, K. (2014). Caring for students: What teachers have to say. *ISRN Education, 2014*, Article ID 425856, 7. doi:10.1155/2014/425856.

Geertz, C. (1973). *The interpretation of cultures*. New York: Basic Books.

Geirland, J. (1996). *Go with the flow*. Retrieved from https://www.wired.com/1996/09/czik.

Gergen, K. (2009). *Relational being. Beyond self and community*. Oxford: Oxford University Press.

Gibbs, A., & Bryer, T. (2017). *Award-winning "Hamilton" musical was "no overnight success", says creator Lin-Manuel Miranda*. Retrieved from https://www.cnbc.com/2017/12/28/hamilton-creator-linmanuel-miranda-on-the-making-of-the-musical.html.

Gilbert, E. (2016). *Big magic: Creative living beyond fear*. New York: Riverhead Books.

Ginsburg, K. R. (2007). The importance of play in promoting healthy child development and maintaining strong parent-child bonds. *Pediatrics, 119*(1), 182–191. Retrieved from https://pediatrics.aappublications.org/content/119/1/182.short.

Gordon, N., Burke, S., Akil, H., Watson, S., & Panskepp, J. (2003). Socially induced brain "fertilization": Play promotes brain derived neurotrophic factor transcription in the amygdala and dorsolateral frontal cortex in juvenile rats. *Neuroscience Letters, 341*(1), 17–20.

Gray, P. (2013). *Free to LEARN*. New York: Basic Books.

Gray, P. (2014). *The decline of play*. Retrieved from https://www.youtube.com/watch?v=Bg-GEz M7iTk.

Greenough, W. T., & Black, J. E. (1992). Induction of brain structure by experience: Substrates for cognitive development. *Developmental Neuroscience, 24*.

Grosin, L. (2004). *Skolklimat, prestation och anpassning i 21 mellan- och 20 höstadieskolor*. [School climate, achievement and adjustment in between 21 and 20 high schools, in Swedish]. Stockholm: Pedagogiska institutionen.

Guinness World Records. (n.d.). *Tallest house of cards*. Retrieved from https://www.guinnessworld records.com/world-records/tallest-house-ofcards?fb_comment_id=963675110327047_1854066534621229.

Hakkarainen, P., & Brdikyt, M. (2014). How play creates the zone of proximal development. In *The routledge international handbook of young children's thinking and understanding* (pp. 65–76). UK: Routledge.

High Scope. (n.d.). *Curriculum*. Retrieved from https://highscope.org/our-practice/curriculum.

Hughes, B. (2002). *A playworker's taxonomy of play types* (2nd ed.). London: PlayLink.

Hurren, L. (2010). *Humor in school is serious business*. Nashville, TN: Incentive Publications.

Jenson, E. (2005). *Teaching with the brain in mind*. Alexandria, VA: ASCD.

Jeynes, W. H. (2003). A meta-analysis: The effects of parental involvement on minority children's academic achievement. *Education and Urban Society, 35*(2), 202–218.

Kahenman, D. (2013). *Thinking fast and slow*. New York: Farrar, Straus, and Giroux.

Kaplinsky, R. (2019). *Open middle radical challenge*. Retrieved from https://www.openmiddle.com.

Kesslak, J., Patrick, V., So, J., Cotman, C., & Gomez-Pinilla, F. (1998). Learning upregulates brainderived neurotrophic factor messenger ribonucleic acid: A mechanism to facilitate encoding and circuite maintenance. *Behavioral Neuroscience, 112*(4), 1012–1019.

Kriete, R., & Bechtel, L. (2002). *The morning meeting book* (2nd ed.). Greenfield, MA: Northeast Foundation for Children.

Kriete, R., & Davis, C. (1999). *The morning meeting book*. Turners Falls, MA: Northeast Foundation for Children.

LaFrance, M., & Hecht, M. A. (1995). Why smiles generate leniency. *Personality and Social Psychology Bulletin, 21*, 207–214.

Lang-Raad, N. (2019, September 14). *Our job is not to teach the standards*. It's to break the standards apart, discover what's interesting about them to students, and then create learning experiences to bridge the two. [Twitter post]. Retrieved from https://twitter.com/drlangraad/status/1173053905942536192.

Lewis, P., Boucher, J., Lupton, L., & Watson, S. (2000). Relationships between symbolic play, functional play, verbal and non-verbal ability in young children. *International Journal of Language & Communication Disorders, 35*(1), 117–127.

Macleod, G., MacAllister, J., & Pirrie, A. (2012). Towards a broader understanding of authority in student–teacher relationships. *Oxford Review of Education, 38*(4), 493–508.

MacLeod, H. (2009). *Ignore everybody and 39 other keys to creativity.* New York, NY: Portfolio.

Marano, H. P. (2008). *A nation of wimps: The high cost of invasive parenting.* New York: Crown Archetype.

Martin, R. A. (2006). *The psychology of humor: An integrative approach.* Waltham, MA: Academic Press.

MindsetWorks. (2017). *Teacher practices: How praise and feedback impact student outcomes.* Retrieved from https://www.mindsetworks.com/science/Teacher-Practices.

Miron, Y., Wilf-Miron, R., & Kohane, I. S. (2019). Suicide rates among adolescents and young adults in the United States, 2000-2017. *Journal of the American Medical Association, 321*(23), 2362–2364. doi:10.1001/jama.2019.5054.

Moser, J. S., Schroder, H. S., Heeter, C., Moran, T. P., & Lee, Y. H. (2011). Mind your errors evidence for a neural mechanism linking growth mind-set to adaptive posterror adjustments. *Psychological Science.* 0956797611419520.

Mueller, C., & Dweck, C. (1998). Praise for intelligence can undermine children's motivation and performance. *Journal of Personality and Social Psychology, 75*(1), 33–52.

NEA. (2008). *Parent, family, and community involvement in education.* Retrieved from http://www.nea.org/assets/docs/PB11_ParentInvolvement08.pdf.

Nordenbo, S.-E., Söaard Larsen, M., Tiftikci, N., Wendt, R. E., & Ötergaard, S. (2008). *Laererkompetenser og elevers laering I föskole og skole. Et systematisk review utföt for kunnskapsdepartementet, Oslo.* [Teacher competences and pupil achievement in pre-school and school]. Danish Clearinghouse for Educational Research. Copenhagen: Danmarks Paedagogiske Universitetsskole.

Pang, A. (2016). *Rest: Why you get more done when you work less.* New York: Basic Books.

Pelligrini, A. D., & Holmes, R. M. (2006). The role of recess in primary school. In D. Singer, R. Golinkoff, & K. Hirsh-Pasek (Eds.), *Play=learning: How play motivates and enhances children's cognitive and socio-emotional growth.* New York: Oxford University Press.

Pepler, D. J., & Ross, H. S. (1981). The effects of play on convergent and divergent problem solving. *Child Development, 52*(4), 1202–1210.

Play and Playground Encyclopedia. (2019). *US Play Coalition.* Retrieved from https://www.pgpedia.com/u/us-play-coalition.

Rhea, D. (2019). *The LiiNK project: Results.* Retrieved from https://liinkproject.tcu.edu/results.

Rhea, D., Rivchen, A., & Pennings, J. (2013). The LiiNk Project: Implementation of a recess and character development pilot study with grades K & 1 children. *Texas Association for Health, Physical Education, Recreation and Dance Journal (TAHPERD), 84*(Summer, 2), 14–35.

Robinson, K. (2007, January). *Do schools kill creativity?* Retrieved from https://www.youtube.com/watch?v=iG9CE55wbtY&t=1077s.

Rosenthal, R., & Jacobson, L. (1968). Pygmalion in the classroom. *The Urban Review, 3*(1), 16–20.

Rufo-Tepper, R. (2015). *Assessing students as they play.* Retrieved from https://www.edutopia.org/blog/using-games-for-assessment-rebecca-rufotepper.

Sacks, O. (2015). *On the move: A life.* New York: Vintage Books.

Sahlberg, P. (2006). Education reform for raising economic competitiveness. *Journal of Educational Change, 7*(4), 259–287.

Sahlberg, P., & Doyle, W. (2019). *Let the children play: How more play will save our schools and help children thrive.* New York: Oxford University Press.

SCDOE. (2019). *Profile of the South Carolina graduate*. Retrieved from https://ed.sc.gov/about/profile-of-sc-graduate.

Silverman, S. (1993). Student characteristics, practice, and achievement in physical education. *Journal of Educational Research, 21*(2), 141–157.

Skenazy, L. (2010). *Free range kids: How to raise safe, self-reliant children*. San Francisco, CA: Jossey-Bass.

Spariosu, M. (1989). *Dionysus reborn: Play and the aesthetic dimension in modern philosophical and scientific discourse*. Cornell University Press.

Spencer, J. (2019). *Keynote address at the Innovation Exchange Conference*. Fishers, IN: Innovation Exchange.

Spencer, J., & Juliani, A. J. (2016). *Launch: Using design thinking to boost creativity and bring out the maker in every student*. San Diego, CA: Dave Burgess Publishing.

Stevenson, H. W., & Lee, S. Y. (1990). Contexts of achievement: A study of American, Chinese, and Japanese children. *Monographs of the Society for Research in Child Development, 55*(1–2), 1–123.

Turner, V. (1969). *The ritual process*. New York: Aldine.

Tversky, A., & Kahneman, D. (1974). Judgement under uncertainty: Heuristics and biases. *Science, 9*(5), 340–346.

Twenge, J., Gentile, B., DeWall, C. N., Ma, D., Lacefield, K., & Schurtz, D. R. (2010). Birth cohort increases in psychopathology among young Americans, 1938-2007: A cross-temporal metaanalysis of the MMPI. *Clinical Psychology Review, 30*, 145–154.

UN Human Rights Office of the High Commissioner. (1989). Convention on the rights of the child, New York, 20 November. *United Nations Treaty Series, 44*(25). Available from https://www.ohchr.org/en/professionalinterest/pages/crc.aspx.

Vygotsky, L. S. (1977). Play and its role in the mental development of the child. In M. Cole (Ed.), *Soviet developmental psychology* (pp.76–99). White Plains, NY: M.E. Sharpe.

Vygotsky, L. S. (2005). Appendix: From the notes of L.S. Vygotsky for lectures on the psychology of preschool children. *Journal of Russian and East Europena Psychology, 43*(2), 90–97.

Winerman, L. (2015). The mind's mirror. *Monitor on Psychology, 36*(9). Retrieved from https://www.apa.org/monitor/oct05/mirror.

Wyver, S. R., & Spence, S. H. (1999). Play and divergent problem solving: Evidence supporting a reciprocal relationship. *Early Education and Development, 10*(4), 419–444.